역사 문해력 수업

누구나 역사를 말하는 시대에

과거와 마주하는 법

역사 문해력 수업

: 최호근

누구나 역사를 말하는 시대에 과거와 마주하는 법

신을 믿듯이 시대에도 역사를 찾는 이유 / 역사적 사실과 진실 / 시간 감각과 역사의식 / 세계사를 읽는 네 개의 키워드 / 역사를 어떻게 볼 것인가: 세 개의 역사관 / 객관적 역사서술의 꿈 / 역사가의 망탈리테 사유실험지 / 다시, 역사란 무엇인가

푸른역사

역사가 무엇이길래 걸핏하면 사람들을 진영으로 갈라놓는 것일까? 역사에는 두 얼굴이 있는 것일까? 어떤 때는 한 마음으로 같은 곳을 바라보게 해주지만, 어떤 때는 불화의 씨앗과 명분이 되는 것이 역사. 어떤 사람들은 역사의 교훈을 잊지 말자고 역설하는데, 어떤 사람들은 역사가 밥 먹여주냐고 빈정거린다. 역사의 법정을 요구하며 과거의 시시비비를 반드시 가려야 한다고 믿는 사람들이 있다. 1945년 도쿄재판이 기소하지 못한 일본 천황 히로히토를 2000년 도쿄 민간법정에 사후 소환한 사람들이 바로 그들이다. 정반대의 주장도 있다. 잘잘못은 훗날 역사의 심판에 맡기자는 논리가 그것이다. 현실의 법원보다는 역사법정의 칼날이 훨씬 더 무딜 것이라고 기대해서일까?

역사가 무엇인가? 궁하면 언제든지 불러도 되는 마음씨 좋은 변호인인가? 아니면 기댈 곳 전혀 없는 약자를 달래주는 공의의 심판자인가?

역사 자체는 사람 가리지 않고 고르게 내리는 비와 같다. 역사는 보수주의자에게 언제나 지혜의 원천이 되어왔다. 지금의 현실이 과거에 가능했던 것들 가운데 최선임을 역사가 입증한다고 믿기 때문이다. 최선이었기에 살아남았고, 시간의 풍파 속에서 살아남은 것이 최선이라는 논리다. 어찌 보면 흠잡을 데 없는 주장이다. 그런데 진보주의자들의 논리도 빈틈없기는 마찬가지다. 지금 우리가 누리는 수많은 혜택은 세상을 바꾸고자 분투했던 선인들 덕분임을 역사가 말해준다고 하니 말이다. 노예제가 그냥 사라지고, 제국주의가 때가 되자 저절로 자취를 감춘 것은 아니라는 것이다. 그래서 진보를 믿는 사람들은 역사를 가파른 언덕길의 수레에 비유하고 대의를 위한 희생의 제단에 관해 말하길 좋아한다. 보수와 진보. 이들이 말하는 역사 중 어떤 것이 진짜일까?

역사는 물건 가득한 초대형 창고가 아니다. 그것보다는 약간의 완성품, 단순 가공이 필요한 중간재들, 장인의 손길을 기다리는 소재와 원료들이 질서 없이 뒤섞여 있는 끝없는 대지다.

무궁무진한 소재들이 어떻게 채굴되고 가공되는지, 역사가들이 어떤 자세와 도구로 이 소재들을 역사로 탈바꿈시키는지 차분하게 말해주는 책이 있으면 좋겠다는 생각을 했다. 어렵지 않게, 하지만 공허하지도 않게. 무엇 때문에 역사를 공부해야 하는지 묻는 사람에게 친절하게 말해주는 책이 있어야 하겠다는 생각을 오래전부터 했다. 그 결과가 바로 이것이다. 이 책이 역사 전공자는 물론 역사에 관심을 가진 모든 분들에게 읽고 생각할 거리가 되길 바란다.

역사를 전공하겠다고 마음먹고 대학에 입학한 후 처음 만난 책이 카

E. H. Carr의《역사란 무엇인가》와 하야시 겐타로林健太郎의《역사학 입문》이었다. 이 두 책을 지도 삼아서 토인비의《역사의 연구》, 콜링우드의《서양사학사》, 크로체의《역사의 이론과 역사》를 살펴봤다. 드레이, 머레이, 월쉬가 쓴 분석적《역사철학》을 차례로 읽은 것은 그 후였다. 독서와 사고의 밀도가 조금씩 높아지면서 '역사란 무엇인가'에서 시작된 애초의 질문이 '역사는 어떻게 전개되는가'로 이어졌고, 이 물음은 다시 '역사를 어떻게 파악할 수 있는가'로 나아갔다. 지금 나의 관심은 '역사가는 과거를 어떻게 쓰는가'에 와 있다.

《역사 문해력 수업》은 한 중견 학자가 걸어온 지적 여정의 산물이다. 30년 넘게 과거의 숲길을 걸으며 가다듬어온 생각의 중간 보고서라고 해야겠다. 숲길의 시작에 호기심이 있었다. 그 막연한 호기심이 독서로 이어졌고, 책으로 해갈되지 않을 때는 선배들에게 물었다. 박사학위 취득 후에도 여전히 엉성했던 생각이 조금씩 다져진 것은 연구와 강의 덕분이었다. 특히 학교 강의와 학교 밖의 강연은 내 사고에서 부족한 부분들을 알아차릴 수 있는 소중한 기회였다.

처음 책을 구상하면서 다루고 싶은 주제를 생각나는 대로 적어보니 80개가 훨씬 넘었다. 그 가운데 먼저 29개를 이 책에 담았다. 기회가 주어진다면, 또 한 권의 책을 써야 할 것 같다. 무엇보다 역사 내러티브의 특성을 다루는 '역사가의 글쓰기'나 집단기억의 세계를 세밀하게 분석하는 '역사와 기억'에 관한 글들이 그 속에 담길 것이다.

이 책에서는 좀 더 고전적인 주제들을 다루고자 했다. 오랫동안 '역사학 개론' 수업에서 다뤘던 사항들 가운데 학생들이 가장 선호했던 내용을 여덟 개의 범주로 나누어 정리했다. 초중고 현장 교사들의 요구도 책의 구성에 적극 반영했다.

1장 〈실용 만능 시대에도 역사를 찾는 이유〉의 답을 찾기에는 의외로 많은 시간이 필요했다. 이 주제에 관해서 일목요연하게 정리된 선배 학자들의 글을 찾아보기 어려웠기 때문이다. 그럼에도 '역사를 왜 공부해야 하는가?'에 대한 답변은 특별히 중요한 일이었다. 무엇보다 한국사회 안에 역사 공부에 대한 홀대와 역사 지식에 대한 기대가 공존하고 있다는 점이 크게 작용했다. '왜 하필 역사인가?'에 관해 설득력 있게 답할 수 없다면, 직업적 역사가도 존재할 필요가 없게 될 것이다.

2장 〈역사적 사실과 진실〉은 역사이론가들에게 치열한 전쟁터 같은 영역이다. 지난 150년 동안 인식론적 회의주의와 상대주의, 가치 다원주의와 포스트모더니즘 등 다양한 'ism'의 깃발 아래 진실 찾기의 어려움이나 불가능성에 관한 논쟁이 이어져왔다. 날 선 이야기들이 차고 넘치면서 역사학 분야에서도 사실의 유동성과 진실의 부재를 주장하는 것이 대세가 되었다. 이 책에서는 그 문제의식에는 동의하면서도, 진실 규명에 대한 포기가 초래할 수 있는 엄청난 부작용에 주의해야 한다는 것을 말하고 싶었다. 세련된 방법론적 비평이 역사가를 각성시킬 수는 있지만, 과거에 관한 풍부한 지식을 제공해주지는 못하기 때문이다.

이러한 이유에서 〈역사적 사실과 진실〉에 많은 시간을 들였다. 한국전쟁 때 춘천전투의 영웅으로 불리는 고 심일 소령에 관해 수많은 의문이 제기되었음에도 국방부가 그의 전공을 사실이라고 서둘러 발표한 것이 이 부분을 집필하는 동기가 되었다. 독자들에게는 이 부분에 특별한 관심을 가져줄 것을 요청한다.

3장 〈역사가의 방법 사용 설명서〉는 과거에 관한 지식을 발견하는 역사가의 작업 절차와 도구에 관해 이야기한다. 과거는 우리에게 친근한 동시에 낯선 세계다. 낯선 역사 세계에 들어선 역사가는 어떤 수단과 절차를 통해 이해의 길을 개척해갈까? 도제에서 직인으로, 직인에서 장인으로 올라서기까지 역사가는 여러 가지 훈련을 받는다. 이 책에서는 직업적 역사가로 인정받기 위해 체득해야 할 수많은 방법 가운데 네 가지를 소개한다. 사료비판, 비교, 반反사실적 가정, 계량이 바로 그것이다.

4장 〈시간 감각과 역사의식〉은 인문사회과학의 여러 분과학문에 대해 역사학이 가지고 있는 고유한 특성을 탐색한다. 역사학의 특별한 강점은 시간의 축 위에서 세상사의 변화 궤적을 추적하는 데 있다. 시간에 대한 예민한 감각은 인간사의 변화를 포착하게 해주는 토대다. 과거-현재-미래로 이어지는 삶의 현실을 파악하는 인간 사고의 특성을 사람들은 '역사적 사고'와 '역사의식'이라는 말로 압축해서 표현한다. 그럼에도 이에 관해 국내 학계에서는 충분한 논의가 이루어지지 않았다. 그 결과 이 두 개의 개념은 역사 전공자들에게도 주술적 언어처럼 남아있다. 역사적 사고 육성과 역사의식의 신장이 역사교육의 주요 목표라는 점에서, 이 두 개념에 관한 탐색은 매우 중요하다. 역사교육 전공자와 역사교사들의 관심과 비판을 기대한다.

5장 〈세계사를 읽는 네 개의 키워드〉는 역사의 진행 방식에 관해 탐색한다. 역사책을 읽는 일반 독자들의 가장 큰 기대는 과거에서 현재에 이르기까지 역사의 전개 패턴을 한눈에 파악하는 데 있을 것이다. 이 지식에 힘입어 사람들은 지금 이후 인간의 삶이 어떻게 전개될 것인지를 예측하고 싶어 한다. 이러한 기대에 부응하기 위해 지난 수천 년 동안 역사가들은 여러 개념의 틀을 정제해왔다. 그 가운데 대표적인 것이 순환, 진보, 발전, 문명이다. 〈세계사를 읽는 네 개의 키워드〉는 바로 이 네 개의 개념적 주형을 정리했다. 이 사고의 틀을 다양한 방식으로 조합할 때 우리는 인간사의 다양한 패턴을 좀 더 쉽게 파악할 수 있을 것이다.

6장 〈역사를 어떻게 볼 것인가〉에서는 세 개의 역사관을 다룬다. 역사관에는 밀도 높은 도식을 통해 인류가 축적해온 성과를 빠르게 파악하겠다는 인간의 열망이 반영되어 있다. 세련된 도식은 역사 이해에서도 필수적이다. 인간사의 전개과정 속에 깊은 의미가 담겨있다고 전제하고, 그 의미가 어떻게 실현되어왔는지 일관되게 설명하는 방식은 우리 안에 내재된 설명의 욕구에 잘 부합한다. 구원의 관점에서, 자유의 관점에서, 해방의 관점에서 각각 인간의 장구한 역사를 일관되게 설명할 수 있게 해주는 통일적 역사관은 공부할수록 흥미롭다. 다만 특정 역사관에 대한 집착이 독선적 판단으로 빠져드는 부작용을 갖고 있다는 점만은 잊지 않아야 하겠다.

7장 〈객관적 역사서술의 꿈〉에서는 세 명의 역사가를 통해 객관성에 관한 상이한 견해와 해법을 살펴본다. 오늘날에도 대다수 역사가는 우리에게 남겨진 사료들을 통해 과거를 (어느 정도) 복원할 수 있다는 믿음을 고수하고 있다. 반면에 역사학 외부의 전문가들과 이론 지향적인 역사가들은 이런 믿음을 '사료−물신주의'라는 말로 비판한다. 인간의 과거를 '있었던 그대로' 복원하는 것은 아예 불가능한 일일까? 불가능하다면, 그 이유는 무엇일까? 가능하다면, 어떻게 해야 할까? 이 책에서는 이처럼 꼬리에 꼬리를 무는 질문에 독자들이 각자의 답을 찾아갈 수 있도록 안내한다.

8장 〈다시, 역사란 무엇인가〉에서는 가능한 한 이론적 유행을 따르지 않고자 노력했다. 그보다는 갓 대학교에 입학한 학생들과 이야기를 나누는 것처럼 소박하게 사건−기억−기록−역사의 연쇄적 관계에 초점을 두어 생각을 전개했다. 여기서 출발하여 독자들이 '역사란 무엇인가?'라는 물음에 대해 자신의 답을 찾아갈 수 있을 것이라고 기대한다. 이러한 생각에서 기라성 같은 학자들의 이름을 인용하는 것을 일부러 피했다.

이 책을 완성하기까지 많은 분의 도움을 받았다. 은사이신 이상신 선생님은 대학 입학 후 지금까지도 세밀한 지도와 격려를 통해 역사이론 전반에 관한 나의 관심을 심화시켜주었다. 박사과정의 지도교수였던 뤼젠Jörn Rüsen 선생님은 특유의 예리한 저작과 대화로 역사의식과 객관성에 관해 궁리할 수 있도록 해주었다. 코젤렉Reinhart Koselleck 선생님은 통찰력 가득한 글을 통해 역사적 시간에 관한 문제의식을 벼릴 수 있게 해주었다. 푸른역사의 박혜숙 대표는 이 책이 탈고되기까지 10년이 넘는 시간을 기다려주었다. 그 세월이 숙성을 위한 시간이 되었기를 바랄 뿐이다.

최호근

2023년 5월

역사 문해력 수업

차례

1

실용 만능 시대에도 역사를 찾는 이유

문·사·철이라는 약어에서 보듯, 역사학은 오랫동안 문학, 철학과 더불어 인문학을 대표하는 학문으로 불렸다. 사람들은 역사학을 '제왕학'으로 부르기도 했다. 나라를 다스리는 데 필요한 바탕 학문이라는 의미에서다. 그러나 이 모든 듣기 좋은 말도 이제는 옛날 이야기가 된 듯하다. 취업이 무엇보다 중요한 삭막한 시대가 되면서, 역사학의 필요성에 공감하는 사람이 크게 줄어들었기 때문이다. '취준생'에게 자기 돈 주고 역사책을 사보는 것은 사치처럼 보이기도 한다.

하지만 모두가 역사의 가치를 인색하게 평가하는 것은 아니다. 취준생들 사이에서도 한국사는 전략적으로 포기할 수 없는 분야다. 한국사능력검정시험 자격증 때문이다. 그런데 특이한 것은, 청년 시절에는 역사를 도외시하던 친구들이 기업 임원이나 고위직 공무원이 되고 나면 역사에 큰 관심을 갖기 시작한다는 점이다.

일반인들 사이에서도 역사에 대한 관심이 아예 없지는 않은 것 같다. 수많은 퓨전 사극과 '정통' 사극이 꾸준히 인기를 끄는 것을 보면 말이다. 영·정조 시대와 일제강점기를 배경으로 한 영화들이 연이어 흥행에 성공하는 것을 봐도 그렇다. '○○○의 역사'라는 이름으로 시중에 번역되어 나온 책들 가운데 상당수의 원제목에는 '역사'가 들어있지 않다. 이 모든 현상을 볼 때, 역사에 관한 한국인의 관심은 식지 않았다.

왜 그럴까? 무엇이 눈앞의 일을 해결하기에도 시간이 부족한 우리에게 역사에 대한 관심을 갖게 만드는 것일까? 이 장에서는 다섯 개의 측면에서 그 이유를 찾아간다. 호기심에서, 정체성을 찾기 위해, 삶의 방향을 파악하기 위해, 또는 교훈을 얻기 위해서 우리는 역사에 묻거나 역사의 언저리를 배회한다. 물론 이것이 이유의 전부는 아니다. 사람들은 때때로 자기 선택과 삶이 틀리지 않았다는 것을 입증하기 위해 역사에 기대거나 역사에 호소한다.

01

올바름의 기준 : 역사의 심판에 기대는 세 부류의 사람들

"세계사는 세계법정이다Die Weltgeschichte ist das Weltgericht."
많은 사람이 인용해온 이 문장은 1784년(혹은 1785년)에 독일의 문호 실러Friedrich Schiller가 지은 시 〈사임Resignation〉의 한 구절이다. 철학자 헤겔이 인용해서 더 유명해진 이 구절도, 사람들 사이에서 널리 회자되어온 명구들의 운명이 모두 그렇듯, 종종 오해되어왔다. 때로는 생각 없는 사람들이 맥락과 무관하게 자의적으로 사용해서 비롯된 일이다. 더 심하게는 자격이 아예 없는 사람들이 이 말을 사용해서 상황이 악화되기도 했다. 오해 위에 오해가 덧칠되어 왔다면, 이제는 위대한 문호에 대한 예의에서 거칠고 조잡하게 덧칠된 부위들을 벗겨낼 때가 된 것 같다.

실러의 시에서 주어는 '세계사'가 아니라 '세계법정'이다. 이 점은 실러가 말하고 싶어했던 의미를 찾고자 할 때 중요한 단서를 우리에게 제공해준다. 여기서 세계사란 인간이 살아가면서 체험하는 모든 것, 그리고 인간과 그의 행위에 영향을 주는 일체의 것을 의미한다. 그러므로 실러의 애초 의도는 훗날의 용법과는 사뭇 다르다. 본래의 뜻은 각 개인이 자기 운명에 대해 책임져야 하며, 모든 개인은 생의 마지막 순간에 직면하게 될 심판의 순간에 자기 생에서 스스로가 이룩한 것에 따라 판단받게 되리라는 것이다. 기독교적인 내세관과 최후 심판의 순간이 전제되지 않으면, 이해할 수 없는 내용이다. 이와는 달리 오늘날 서구 세계에서 실러의 경구는, 세계사적 사건들은 이미 그 안에 훗날 받게 될 판단을 선취하고 있다는 뜻으로 넓게 사용되고 있다.

실러 시대에 "세계법정이 곧 세계사"라는 경구는 철저하게 기독교적 종말론의 색채를 띠었다. 세상을 살아가는 주체는 우리 개인일지 모르지만, 세상이 끝나는 날에는 반드시 심판의 순간이 도래할 것이고, 인간사의 옳고 그름을 최종 심급에서 판단할 그 위대한 심판자가 바로 그 판단의 눈으로 우리 개인의 삶을 매 순간 응시하고 있다는 뜻이다. 궁극적인 의미, 절대적이고 최종적인 가치, 지상至上의 기준에 의한 심판이 엄연히 존재한다는 믿음은 사람들에게 큰 위로가 되어왔다. 세속적인 기준을 초월한 심판자가 있다는 신념은, 성실하게 살았으나 무시당하고 억울한 판단을 받아야 했던 약자들에게 그 어떤 것보다 큰 위로가 되어왔다.

역사의 끝에 도래하게 될 최후의 심판, 그리고 그 축소판으로서 개인의 생애 마지막에 이루어질 실존적 심판은 억울한 일을 겪었으나 하소연할 데조차 없는 이들에게 신원伸冤과 절대자의 인정을 약속해준다는 점에서 감동적인 복음이 되어왔다. 신약성서의 첫 부분인 〈마태복음〉은 이렇게 말한다.

> 의인들이 대답하여 이르되, "주여 우리가 어느 때에 주께서 주리신 것을 보고 옷 입혔나이까? 어느 때에 병드신 것이나 옥에 갇히신 것을 보고 가서 뵈었나이까?" 하리니, 임금이 대답하여 이르시되, "내가 진실로 너희에게 이르노니, 너희가 여기 내 형제 중에 지극히 작은 자 하나에게 한 것이 곧 내게 한 것이니라"(〈마태복음〉 25: 37~40).

이와는 반대로 어린이 하나라도 천국에 들어가는 것을 가로막은 자는 지옥 형벌에 처한다는 것이 성서의 약속이다. 세상의 법과 상치되는 공의로운 심판에 대한 염원은 종교개혁의 마지막 물결 속에서 민중을 대변하다 처형된 토마스 뮌처의 고백 속에서 뚜렷하게 발견된다. 최후의 심판과 예수가 다스릴 천년왕국이 임박했다고 믿은 뮌처는 마르틴 루터가 제안했던 츠비카우Zwickau의 목사직을 단호하게 거절했다. 그는 오히려 세상의 적폐를 칼로 쓸어버림으로써 이 땅에 하나님의 법정을 집행할 것을 농민군에게 촉구했다. "불이 뜨겁게 달아오른 바로 지금 시작하라. 그대들의 칼이 식지 않도록 하라!"

결전의 날인 1523년 5월 15일 프랑켄하우젠Frankenhausen 전투에서 뮌처는 "하나님께서 그대들의 도움으로 세상을 정결케 하고자 하시니, 용감하게 싸워라!"고 외치며 농민군을 격려했다. 그러나 전투는 농민군의 일방적 패배로 끝나 6,000명이 목숨을 잃었다. 생포된 뮌처는 잘못을 시인하라는 제후 측의 요구를 거부하고 잔혹한 고문을 받은 후 참수당했다.

종교개혁가 루터는 이것을 영원한 하나님의 법정이 뮌처에게 내린 형벌로 천명했다. 뮌처와 루터 가운데 과연 누가 하나님 편이었는지는 알 수 없다. 그러나 분명한 것은 영주들 편에 섰던 루터와 달리 하나님 법정의 이름으로 농민군 편에 섰던 뮌처가 지금도 많은 사람의 기억 속에서 교회가 지녀야 할 사회적 양심의 상징처럼 남아있다는 점이다. 그렇다면 역사의 법정은 뮌처의 손을 들어주었다고 말해야 할까?

세상의 법 위에 교회법을 두고, 세속의 법정보다 하나님의 법정을, 그리고 그 논리적 귀결로서 역사의 법정을 우선시하는 사고는 우리 선인들에게서도 얼마든지 찾아볼 수 있다. 그 가운데 하나가 안중근 의사의 최후 진술이다.

안중근: 한국에 대한 이토 히로부미의 시정방침을 개선하지 않는 한 한국의 독립은 요원하며 전쟁은 끊임없이 계속되리라고 생각한다. ……한국 국민은 오래전부터 이토를 증오하고 그놈을 없애버리고 말겠다는 적개심을 품어왔다. 사람이라면 누구나 생을 즐기려고 할지언정 죽기를 원할 자 있겠는가? ……한국과 일본 두 나라의 친선을 저해하고 동양의 평화를 어지럽힌 장본인이 이토이므로, 나는 한국의 의병 중장 자격으로 그를 제거한 것이다. 그리고 나의 희망은 일본 천황의 취지와 마찬가지로, 동양 평화를 이루고 5대주에도 모범을 보이고자 한 것이다.

재판장: 그만하면 되지 않았는가?

안중근: 아니, 좀 더 할 말이 남아있다. ……만일 일본의 천황이 한국

에 대한 이토의 시정방침이 실패했음을 알게 된다면, 오히려 나를 충성스러운 사람이라고 칭찬할 것이다. 그리고 나를 단지 이토를 죽인 자객으로 대우하지 않을 줄로 확신하는 바이다. 나는 아무쪼록 한국에 대한 일본의 방침이 개선되어 일본 천황이 의도한 바 있는 동양의 평화가 한일 양국 간에 영원히 유지되기를 희망해 마지 않는다.

재판장: 더 할 말은 없는가?

안중근: 모두 말했으니 더 이상 아무것도 없다.

재판장: 그러면 오늘은 이것으로써 본 건의 심문을 끝맺겠다.

이 기록에서 보면 안중근은 법정의 관용에 호소하는 여느 피고인과는 크게 다른 모습을 보여준다. 그는 단순히 약소국의 훼손당한 권리에 기초한 민족(주의)의 법정 논리에 서려고 하지도 않았다. 그는 한 국가의 실정법을 초월하여 영구평화를 지향하는 국제법적 관점에서, 그리고 그 연속적 귀결로서 항구적인 역사의 법정에 서서 발언하고 있다.

암울한 독재 시기의 법정에 서서도 패기를 감추지 않았던 청년들의 태도도 안중근이 보인 모습과 서로 통한다. 그들은 모두 '역사가 우리를 무죄로 하리라'는 소신을 가지고 있었다. 이 말은 2016년에 타계한 쿠바의 지도자 피델 카스트로가 남긴 법정 진술의 한 부분이다.

1953년 정부군의 몬카다 병영 습격 후 체포되었다가 법정에 선 그는 역사의 법정에 호소하면서 독재정권의 정당성을 부정했다. 카스트로는 고대부터 현대까지 인류 역사에서 인간의 자연적 권리가 침해당했을 때 선인들이 보여준 저항과 봉기의 사례들을 제시하면서, 불법과 전횡으로 가득한 바티스타 정권을 힐난했다. 그는 조국 쿠바의 역사도 저항으로 점철되었음을 환기시키면서, 스페인 식민통치에 맞서 싸운 호세 마르티, 막시모 고메스 같은 독립 영웅들을 예로 들었다. 이어서 카스트로는 이렇게 밝혔다.

우리는 이 모든 것을 (역사에서) 배웠고, (앞으로도) 영원히 잊지 않을 것입니다. 오늘날 우리 조국이 살인으로 넘쳐나고 요람에서 배운 가르침대로 실천하는 사람들이 감옥에 갇히는 지경이 되었지만. 우리는 우리 부모가 물려준 자유로운 나라에서 태어났습니다. 이 섬(쿠바)이 바다 밑으로 가라앉지 않고서야, 우리는 누군가의 노예로 사는 것에 결코 동의하지 않을 것입니다.

카스트로의 최후 진술은 이렇게 끝났다.

저는 야비한 독재자의 분노를 두려워하지 않습니다. 감옥 역시 두려워하지 않습니다. 역사가 나를 무죄로 할 것입니다.

카스트로는 현실의 법정에서 역사의 법정을 언급한 그 어떤 피고보다 행복했다. 수많은 독재국가에서 민주와 인권에 호소했던 대부분의 수감자가 중형을 선고받거나 사형당했던 데 반해, 그는 2년간 복역한 뒤 석방되었기 때문이다. 게다가 그는 결국에는 친구 체 게바라와 함께 혁명에 성공해서 1959년 권력을 장악했다. 이후 세계의 수많은 젊은이가 카스트로의 선례를 따라 민주와 민족을 위해 투쟁한 죄로 법정에서 사형을 선고받는 자리에서도 오히려 영광이라고 당당하게 밝혔다.

그 후 '역사의 법정'이라는 표현은 너무 남용되었다. 상황에 어울리지 않게, 전혀 엉뚱한 사람들이 사용하면서, 용어의 혼란까지 초래되기도 했다. '역사의 법정'이 사용되는 경우는 크게 세 개의 범주로 나눌 수 있다.

첫 번째인 신원伸寃형은 힘없는 사람들이 억울함을 호소하는 경우다. 안팎의 엄청난 시련들로 점철된 한국 현대사는 억울한 사연을 양산했다. 1894년 동학농민혁명에서부터, 일제 식민치하의 부역, 한국전쟁 전후의 민간인 학살, 독재 시기의 인권유린에 이르기까지 한반도에서는 공권력과 사적 권력에 의해서 파괴당한 가정의 이야기가 넘쳐난다. 부담스러운 과거사에 대한 진실 규명이 본격화되기 전, 유가족들은 가해자들에 대한 사법적 처벌과 정치적 책임 추궁은 꿈도 꿀 수 없었다. 그들은 기껏해야 역사의 심판에 호소할 수 있었을 뿐이다. 역사적 심판의 최대치는 가해자에 대한 도덕적 정죄였다.

드물기는 하지만, 역사법정에 대한 호소가 가시적 결과를 낳은 경우도 있었다. 일본군'위안부' 문제 해결을 위해 2000년에 열린 도쿄 민간법정이 바로 그 사례다. 국제 인권단체들과 일본·한국의 여성단체가 힘을 합해 마련한 이 민간법정은 강대국 간의 이해관계 때문에 미봉에 그친 제2차 세계대전 직후 도쿄 국제전범재판의 대체물이었다. '사후적 정의' 실현을 목표로 내세운 이 민간법정은 실정법상의 구속력이 없었다. 하지만 57년 전 도쿄재판에서 기소되지 못한 히로히토 일본 천황의 유죄를 이끌어내는 성과를 거두었다.

역사법정에 호소하는 두 번째 부류의 사람들은 '책임회피형'으로 부

를 수 있다. 여기서 즐겨 사용하는 레퍼토리는 '역사는(가) 말하리라'
다. 또는 '모든 판단을 역사에 맡기자'다. 문민정권으로 불리던 김영삼
정권 초기의 태도가 여기에 해당한다. 하나회 척결과 금융실명제 도입
을 통해 국민의 열광적 지지를 받은 김영삼 정권도 12·12사건과 5·18
민주화운동 탄압 주모자들에 대한 처벌은 생각하지 못했다. 이런 정
치적 분위기 속에서 검찰도 피해자들의 고소·고발에도 불구하고 각각
'기소유예'와 '공소권 없음' 결정을 내렸다. 김영삼 대통령 자신이 이
두 사건에 대해서는 '역사의 심판'에 맡기자고 했다.

그러던 중 갑자기 반전이 일어났다. 국회의원 한 사람이 전직 대통령
노태우가 비자금 4,000억 원을 감추어두었다고 폭로한 것이다. 민심은
요동했다. 이를 계기로, 김영삼 정권의 트레이드마크가 된 '역사 바로
세우기' 캠페인이 시작되었다. 그 결과 노태우와 전두환이 구속되고,
'5·18민주화운동 등에 관한 특별법'과 '헌정질서 파괴범죄의 공소시
효 등에 관한 특례법'이 제정되었다. 이로써 우리나라는 이행기 정의
transitional justice 실현의 최선봉에 서게 되었다. 아마도 사회의 거센 요
구가 아니었다면 문민정부는 그 후로도 이 모든 문제를 '역사가 말하
도록' 요구했을 것이다.

그러나 모두가 아는 바와 같이, 행위 주체로서 '역사'는 존재하지 않
는다. '역사' 그 자체는 입이 없다. '역사의 신'도 이 세상에 없다. 역사
를 기록하는 역사가가 있고, 그 역사가들로 하여금 과거사를 기록하지
않으면 안 되게 만드는 국민과 사회가 있을 뿐이다. '역사가 말하리라'
는 책임 회피를 위한 꾸밈말에 지나지 않는다. 그 말을 하는 사람이 누
구인가에 따라서 '역사는 말하리라'는 아무것도 말하지 않겠다는 말과

동의어가 된다. 이때 역사는 메아리 없는 죽음의 계곡일 뿐이다. 역사에 힘입어 발언하고야 말겠다는 누군가의 의지와 결단이 없다면, 역사는 스스로 말하는 법이 없다.

세 번째 유형은 좀 묘해서 하나의 명칭으로 표현하기 어렵다. 굳이 명명하자면, '언어도단형', '전도顚倒적 확신형', '오인誤認 학습형' 같은 하위 유형이 있다. 그러나 이 유형들 사이에 본질적인 차이는 없어 보인다. 불과 몇 년 전 현직 대통령에 대한 탄핵 여론이 들끓었을 때, 어떤 보수 정치인이 말했다. "탄핵은 역사의 법정으로 미뤄놔야 할 사안"이라고 말이다. 한때 민족·민주 진영 인사들이 매달렸던 '역사의 법정' 이야기를 반대편에 선 사람들이 주저 없이 사용하는 것이 인상적이었다. 시대 상황의 급변 때문이었을까?

'역사의 수레', '역사의 법정'은 본래 소수파나 약자, 또는 현실에 도전하는 사람들이 선호하는 어법이다. 절대왕정과 귀족지배 시대에 도전했던 시민계급의 용어다. 계몽사상에 기초한 프랑스 백과전서파가 이성과 더불어 강조했던 것이 역사의 진보였다. 구체제 타파와 새로운 유토피아 건설을 주장했던 시민계급의 이론적 대변자들이 즐겨 썼던 용어가 바로 '역사의 수레', '역사의 법정'이었다. 그러므로 '역사의 법정'은 미래지향적 변화를 반대하는 사람들이 사용하기에 적절한 용어가 아니다.

개인적으로는 역사의 법정 같은 표현은 가능한 한 사용하지 않으면 좋겠다고 생각한다. 그 이유를 길게 설명하는 대신에 오용의 사례 하나를 소개하는 것으로 마치겠다. 뮌헨 폭동 직후 체포되어 반역 혐의로 기소된 히틀러는 1924년 3월 24일 법정에서 이렇게 발언했다. "당신이 우리에게 유죄라고 수천 번 선고할지라도, 영원한 역사법정의 신들은 검사를 비웃으면서 기소문과 법정의 판결문을 찢어버릴 것입니다. 왜냐하면 역사는 우리에게 무죄판결을 내릴 것이기 때문입니다." 최후변론 직후에 히틀러는 5년 형을 선고받고 란츠베르크 요새 감옥에 수감되었다. 그의 전기 《나의 투쟁》도 이곳에서 구술을 통해 탄생했다.

이후 그는 본래의 형기 가운데 5분의 1도 채우지 않은 채 1924년 12월 20일에 방면되었다. 엄정하지 못한 법 집행 때문에, 그가 이끄는 나치당은 8년 후에 열린 독일 총선에서 과반수에 가까운 지지를 얻었다. 그에 힘입어 히틀러는 한 달 후인 1933년 1월 정권 장악에 성공했다. 그로부터 12년 후 그는 베를린의 벙커에서 자살로 생을 마감했다. 이것이 그가 호소했던 역사법정의 판결이었다고 생각하면 될까?

02

방향성 : 가야 할 쪽을 지시하는 집게손가락

현대인의 생활에서 갑자기 사라지면 끔찍한 결과가 초래될 물품이 여럿 있다. 그 가운데 하나가 내비게이션이다. 위성항법장치GPS(Global Positioning System)에 연동된 내비게이션이 없다면, 미국이 개발한 최신형 스텔스기도 고철 덩어리에 지나지 않을 것이다. 개인 생활에서도 마찬가지다. 내비게이션 없는 차를 운전하기보다는, 기어 없는 자전거를 타고 대관령을 넘는 게 나을지도 모른다. 경험해보니 그렇다는 거다. 이젠 거의 모든 사람이 내비게이션 대신 핸드폰을 사용하고 있으니, 핸드폰 없는 세상을 상상해도 차이가 없겠다. 어쨌거나 누구나가 방향을 잘못 잡은 탓에 낭패를 경험한 적이 있을 것이다. 등산 갔다가, 야간 행군 때, 해외의 오지에서, 낯선 도시에서 길을 잃었던 경험이 한 번은 있지 않을까?

역사 문해력 수업

내비게이션이 없었을 때, 우리는 어떻게 방향을 잡았을까? 생활 반경이나 이동 폭이 작은 경우가 아니라면, 나침반이 있어야 했다. 하지만 이것만으로는 부족했다. 지도가 함께 있어야 했다. 우리 인생을 흔히 나그네에 비유한다. 나그네의 길을 멀리 떠날 때면 지도와 나침반이 함께했다. 우리가 알고 있는 형태의 나침반이 발명된 것은 11세기 중국의 송나라 때였다. 그것이 아라비아를 거쳐 유럽에 와서 오늘날의 나침반으로 발전한 것이다. 나침반의 발명 덕분에 대양으로 가는 길이 열렸다. 그래서 19세기 프랑스의 저명한 작가 빅토르 위고Victor Hugo는 나침반을 '배의 영혼'으로 불렀다.

나침반이 발명되기 전에는 어떻게 방향을 잡았을까? 낮에는 해를, 밤에는 별자리를 보고 방향을 파악했다. 그렇지만 활용 방법이 쉽지 않았고, 그마저도 흐리거나 안개 낀 날에는 사용할 수 없었다. 그러므로 그 시절에는 경험 많은 노인의 역할이 중요했다. 소수 현인의 지혜가 집단의 생사를 좌우했던 것이다.

올바른 방향 잡기는 개인이나 가족은 물론 부족과 국가의 운명에도 결정적이었다. 지금도 마찬가지다. 방향이 잘못되면, 오랫동안 쏟아부은 노력은 허사가 되기 일쑤다. 이 때문에 오리엔테이션orientation, 곧 방향 설정의 중요성은 어떤 말로도 다 표현하기 어렵다. 우리가 역사에 기대하는 역할 가운데 하나가 바로 그 오리엔테이션이다.

학자들은 서구의 19세기를 '역사학의 세기'로 일컫는다. 이때 역사학이란 오늘날 우리가 생각하는 좁은 의미의 분과학문을 의미하지 않는다. 그보다는 지금 존재하는 모든 것은 과거가 누적된 결과이므로, 현재를 잘 알기 위해서는 과거를 세밀하게 돌아보아야 한다는 요청을 출발점으로 삼는 모든 학문적 접근 방식을 뜻한다. 19세기 유럽의 학자들은 역사적 접근법을 각 분과학문의 토대로 삼았다.

역사학에서는 아카이브 자료를 통해 과거를 재현하는 랑케의 방식이 주류가 되었고, 경제학에서도 로셔Wilhelm Roscher에서 슈몰러Gustav von Schmoller를 거쳐 좀바르트Werner Sombart에 이르는 역사학파가 주무대를 차지했다. 법학에서는 자비니Friedrich Carl von Savigny를 필두로 법제사가들의 활동이 돋보였고, 신학에서도 인간으로서 예수의 삶을 복원하려는 '역사적 예수'에 관한 저작들이 쏟아져나왔다.

역사가들, 격변의 시대 나침반이 되다

역사학의 붐을 일으킨 19세기는 혁명의 시대였고, 격변의 시간이었다. 무소불위의 권력을 행사하던 절대군주들이 몰락하고 로베스피에르처럼 평민을 대표하는 이들이 권력을 장악했다. 그러나 로베스피에르도 몇 년 못 가서 루이 16세와 마찬가지로 단두대에서 처형되고 말았다. 어디 그뿐인가? 예전에는 국왕이나 귀족과 눈도 마주치지 못했던 '상것들'이 보통선거권을 쟁취한 후 국왕과 귀족은 물론 부르주아까지 위협하는 정치세력으로 거듭났다.

이 소용돌이 속에서 모두가 갈팡질팡할 때, 시대의 나침반 역할을 자처하고 나선 사람들이 바로 역사가들이었다. 그들은 대규모 투자와 해외 진출을 앞둔 기업가들에게 조언했다. 전쟁 개시 여부를 놓고 고민하던 국가 지도자들이 그들을 집무실이나 관저로 초대했다. 과거에 점성가들이나 신관이 하던 역할의 일부를 이제는 직업적 역사가들이 담당한 것이다. 아카이브에 축적된 원자료 연구를 바탕으로 역사의 전개 방향과 동력에 관해 가장 잘 알고 있다고 자처하던 그들은 '역사의 수레'와 '역사의 신'을 언급하며, 선택해야 할 방향과 시점에 관해 의견을 쏟아냈다.

세속화 경향 속에서 약화된 기독교 신앙의 자리를 이 세속의 신이 메웠다. 시기적으로 조금 후대의 일이기는 하지만, 슈펭글러와 같은 대중적 역사가들도 《서구의 몰락》 같은 책을 출간해서 세간의 관심을 집중시켰다. 변동성이 높아진 시대에 시의에 맞는 방향 설정이 승전과 성공적 투자와 출세의 지름길로 여겨졌기 때문에, 사람들은 역사책을 탐독했다. 이처럼 서구의 19세기는 여러 가지 이유에서 '역사의 세기'였다.

역사적 지식의 효용에 대한 기대의 밑바탕에는 소박한 믿음이 있었다. 앞으로 전개될 일들이 이제까지 벌어졌던 일들의 단순한 반복은 아닐지라도, 이미 발생한 사건들의 궤적과 무관하지 않을 것이라는 기대감이었다. 말하자면, 이제까지 걸어온 길이 굵고 진한 실선이라면, 앞으로 걸어가야 할 길은 적어도 그것과 맞닿은 점선일 것이라는 생각이었다. 앞으로 펼쳐질 미래는 현재까지의 과거와 어떤 식으로든 관련될 것이라는 믿음은 역사가 기록된 이래 줄곧 유지되어온 인류의 신념이었다. 불확실성의 증대 속에서 이 오랜 믿음은 점차 약해졌다. 하지만, 어떤 의미에서는 이 믿음이 오히려 강화되었다. 왜냐하면, 역사를 주재하는 신에 대한 종교적 믿음이 역사에 대한 기대감보다 더 빨리 사라졌기 때문이다. 물론 이것은 착시였다. 가속적 변화의 시대에 사람들이 역사에 거는 기대는 확신의 부여가 아니라 불안감의 축소와 관계되었다.

역사가 우리에게 방향성을 제공해줄 수 있을 것이라는 기대감은 우리 시대에도 완전히 사라지지 않고 있다. 한 세대 전, 강만길 교수의 《분단시대의 역사 인식》은 한국의 지식 독자들에게 큰 영향을 주었다. 이 책에서 그는 헤겔의 '시대정신' 개념을 활용하여 한국 현대사의 시기를 민족이 직면한 과제에 따라 구분했다. 그에 의하면, 일제 침략 직전에는 국민국가 건설이 시대의 과제였고, 식민지 시대에는 해방이 당면 목표였다. 이보다 더 중요한 것은 다음 시기였다. 사람들이 1945년 이후를 단순하게 '해방 후' 시기로 지칭할 때, 강만길은 '분단시대'로 명명했다. 이를 통해 시대의 문제점이 분명하게 드러나고, 민족이 가야 할 길이 명확하게 드러날 수 있었다. 외세에 의존하지 않고, 분단 극복에 매진함으로써 통일시대의 도래를 앞당기는 것이 이 땅에서 태어난 사람들의 할 일이라고 강 교수는 역설했다. 민주화와 통일에 대한 염원이 강했던 시기에 등장한 이 책은 시대의 요청에 선제적으로 응답함으로써, 베스트셀러가 되었다. 엄혹했던 그 시절에는, 방향 선택과 비전 수립, 로드맵 작성과 단계별 실천 전략 같은 과제를 수행할 때 역사와 역사가에 크게 의존했다.

지금은 어떨까? 1989년과 1990년을 기점으로 동유럽 현실 사회주의 국가들이 도미노처럼 무너져내린 후, 역사와 역사가들의 역할에 대한 사람들의 기대는 크게 줄어들었다. 프랜시스 후쿠야마의 저작 《역사의 종말》은 이런 분위기의 직접적 표현이었다. 무엇보다 원대한 비전을 우리 시대에 내 손으로 이룩하겠다는 포부를 품은 지식인이 빠르게 줄어들었다. 북한의 주체사상을 공부하던 이 땅의 자생적 사회주의자들 중에 우파로 전향하는 사람도 적지 않게 나타났다. 사람들은 역사의 진보나 역사의 동력과 관계된 주장을 허황된 이데올로기로 치부하기 시작했다. 상종가를 달리던 역사가의 가치가 이제는 하한가로 돌입한 지 오래라고 말하면, 지나친 엄살일까?

실제로 1990년 이후의 세계는 과거의 관성과는 크게 다른 방식으로 작동하고 있다. 시대가 바뀌면 그 시대를 해석하는 패러다임이 바뀌어야 할 텐데, 새로운 틀은 아직 마련되지 않았다. 이런 상황에서 비롯된 곤혹스러움을 잘 표현한 저작이 헌팅턴의 책《문명의 충돌》이다. 그는 동서 블록으로 나뉘어 전개되어온 냉전체제의 구속력이 급속히 사라진 시대에 우리가 살아갈 세계의 움직임을 읽는 중요한 틀은 문명이라고 밝혔다. 그는 이 세계를 7~8개의 문명권으로 나누어 살펴볼 것을 제안했다. 이제 발전과 진보, 정체와 쇠락처럼 하나의 시간 축에 의존하여 세계사의 거대한 진행을 설명하는 개념들이 설 자리가 없어졌다. 사회주의의 종언 이후 미래에 대한 낙관이 지배적인 곳에서 역사가의 사회적 책무가 강조될 여지는 없는 것 같았다.

그러나 최근에 와서는 반전도 일어나고 있다. 신자본주의가 맹위를 떨치고, 지구적 차원의 빈부격차가 커진 것은 물론, 전 세계적 공황에 대한 공포가 확산하면서, 미래에 대한 불안이 다시 커지고 있으니 말이다. 극심한 변화 속에서 미래에 대한 불안이 가중될 때, 역사가들에게는 학문적 책무에 사회적 과제가 더해진다. 멘토에 대한 수요가 증가하는 현상은, 미래의 불확실성에 대한 두려움의 증가를 반영한다. 지구화 속에서 현실의 복잡성이 전례 없이 증가하고, 그에 비례해서 경험적 지혜의 가치가 하락하고 있음에도, 또는 바로 그것이 이유가 되어 역사에 대한 기대치가 다시 반등하고 있는 것 같다.

대학 생활을 시작하는 새내기들에게 먼저 대학을 경험한 학과 선배들의 오리엔테이션은 매우 중요하다. 언론사를 겨냥하는 취업 준비생에게 최근에 입사한 몇 년 선배의 안내는 가뭄에 내리는 비처럼 영양가가 높다. 그에 반해 학번이 너무 높은 과 선배나 취직한 지 오래되어 중간관리자급 이상의 자리에 올라간 사람의 오리엔테이션은 취준생에게 거의 도움이 되지 않는다. 이들의 관심이 직접적이고 구체적인 데 반해, 고학번 선배들의 조언은 흐릿한 기억 속에 머물러 있기 때문이다. 이들에게 필요한 오리엔테이션의 범위는 직전 과거에서 목전의 미래까지일 뿐이다. 직위가 높아질수록, 행사할 권한과 감당해야 할 책임이 커질수록, 관심사의 폭이 넓어진다. 일반적으로 신입사원은 역사에 큰 관심이 없다. 역사의 오리엔테이션이 필요한 사람은 정책을 입안하는 사람들이거나 그들에게 자문하는 사람들이다. 자신이 선택한 방향에 따라 대규모 자본과 고용이 좌우되는 사람일수록 역사에 대한 목마름이 크다.

한국이 가난했던 1960년대, 국정의 목표는 '100억 불 수출, 1,000불 소득'이었다. 지식인들의 목표는 단군 이래 이 땅의 백성을 항상 옥죄어왔던 빈곤의 사슬에서 탈피할 방안을 마련하는 것이었다. 지금은 어떤가? 수많은 이들의 수고와 희생으로 한국은 경제력 면에서 세계 10위를 오르내리는 국가가 되었다. 우리의 방향 설정과 경로 선택은 동아시아는 물론 세계의 판도에도 일정한 영향을 준다.

한국이 걸어가야 할 길을 놓고 여러 가지 제안들이 있었다. 어떤 그룹은 동아시아 허브hub 국가 노선을 제시했고, 어떤 이들은 동북아 균형자가 되어야 한다고 주장했다. 어떤 사람들은 강소국 모델을 내세웠

역사 문해력 수업

다. 이 방향 정립과 목표 설정에 따라 국가 예산과 인적자원 배분의 우선순위가 바뀐다. 서남아시아 일부까지 포괄하는 동아시아 공동체의 중심국가가 되고자 한다면, 한국의 해군은 말래카해협 너머까지 원양 작전을 전개할 수 있는 장비체계와 운용 능력을 구비해야 한다. 공군의 주력기 도입 기종도 이에 따라 재검토해야 한다. 국가 단위의 오리엔테이션 작업은 이처럼 중요하다. 0.01도의 방위 수정이 우주탐사선의 생존에 결정적인 것처럼, 온 국민을 태운 거함이 항해하는 데는 치밀한 오리엔테이션 작업이 필요하다. 역사의 경험에 기반하여 정교하게 작성된 지도와 정밀한 나침반이 필요함은 물론이다.

오리엔테이션 작업은 단순히 방향 설정만 포함하지 않는다. 시점時點에 관한 정보와 지혜도 필요하다. 많은 정치가와 각계 전문가들이 한국의 미래를 설계할 때 주의 깊게 돌아보는 구한말을 예로 들어보자. 역사로부터 얻는 교훈이라는 관점에서 볼 때, 중요한 점은 개국이냐 쇄국이냐 하는 방향 설정만이 아니다. 이보다 더 결정적인 문제는 개국이나 쇄국을 언제, 어떻게 했어야만 하는가였다.

150년 전과 지금의 한반도 사이에는 상황적 유사성도 있지만, 구조적 차이도 존재한다. 그때부터 현재까지 동아시아의 자연지리는 변하지 않았지만, 지정학적 상황은 크게 바뀌었다. 문제의 중심도 바뀌었다. 그러므로 역사를 통한 오리엔테이션 작업은 그리 간단치 않다. 또 그 작업의 결과가 유익할지도 알 수 없다. 그럼에도 불구하고, 험난한 파도를 헤치고 앞으로 나아가기 위해서는 과거의 항해일지를 다시 살펴보는 작업이 필수적이다. 미래에 대한 전망 속에서 과거를 다시 돌아보고, 그렇게 해서 좀 더 정교해진 안목으로 미래를 다시 전망하는 작업이 좀 더 나은 선택을 가능케 해줄 것이기 때문이다.

　이러한 오리엔테이션 작업에서 우리가 살펴봐야 할 것은 구한말의 역사만이 아니다. 원·명 교체기의 동아시아 역사, 제1차 세계대전 이후 동유럽의 균형자를 자처하다 나치 독일에 무릎 꿇은 폴란드의 경험, 중심 해양국가에서 금융의 허브국가로 변신했던 네덜란드 역사도 참조해야 할 사례다. 역사에 기반을 둔 오리엔테이션은 시공간적 범위를 넓게 잡아 다양한 경우들을 충분히 고려할 때, 시대의 엄중한 요구에 답할 수 있을 것이기 때문이다.

정체성 : 내가 선 곳이 어디인지 알려주는 이정표

관악산에 가면 등산로 곳곳에서 이정표를 만난다.

'연주대 3.5km, 낙성대 0.85km, 관음사 1.75km'

갈림길마다 세워진 이정표 앞에서 우리는 떠나온 곳과 가야 할 곳 사이를 가늠한다. 그리고 지금 내가 있는 곳이 어디인지 따져본다. 등산할 때나 운전할 때처럼, 개인이나 집단이 중요한 판단을 내리기 위해 이정표가 필요할 때가 있다. 큰 변화에 직면할 때, 그래서 선택과 결정이 필요한 상황이 바로 그런 경우다. 불확실한 미래를 어떻게 준비해야 할지 막막할 때가 특히 그렇다. 과거와의 단절이 커질수록, 사람들은 오히려 과거에 더 탐닉하는 경향을 보인다. 어떤 명쾌한 답을 기대해서가 아니라 후회 없는 결정에 도움이 될 작은 실마리라도 찾고 싶은 마음에서다. 그래서 사람들은 위기의 시대일수록 역사가의 글을 탐독한다. 일제

강점기에 지식인과 청년들이 단재 신채호의《조선상고사》나《독사신론
讀史新論》을 애독한 것이 대표적 경우다.

《독사신론》에서 신채호는《삼국사기》의 저자를 이렇게 힐난한다.
"김부식은 역사에 대한 식견이나 재주가 전혀 없어 지리가 어떠한지도
알지 못하며 역사의 관례가 어떠한지도 알지 못하며 자기 나라의 높일
만한 것도 알지 못하며 영웅이 귀중함도 알지 못하고 단지 허무맹랑하
고 비열하며 전혀 생각해볼 가치가 없는 얘기를 끌어모아 몇 권을 만들
고 이것을 역사라 하고 또한 삼국사라 한 사람이니, 역사여, 역사여, 이
러한 역사도 역사인가?"

신채호가 이렇게까지 비난한 것은, 김부식이 역사서술에서 우리 민
족사의 한 주체인 발해를 빠뜨렸기 때문이다. 그 결과 우리는 대륙과
더불어 호연지기를 상실한 민족처럼 되어버렸다는 것이 신채호의 판단
이었다. 나라를 빼앗긴 백성이 민족의식마저 잃어버린다면 아예 미래
가 없을 것이라는 경고는 신채호의 많은 저작을 관통하는 문제의식이
다. 이로써 신채호는 민족주의 역사가의 대명사가 되었다.

하지만, 제국주의 일본의 침략이 아니었다면, 역사가로서 신채호의
모습은 우리가 지금 알고 있는 것과 크게 다를지도 모른다. 그의 저작
곳곳에는 마르크스의 영향과 사회주의적 지향은 물론, 무정부주의적
성향까지 뚜렷하게 감지되기 때문이다. 그래서 나는 일본의 식민지배
가 아니었다면, 신채호의 사고에서 민족주의가 핵심을 차지하지 않았
을 것으로 추측한다. 신채호의 성향은 시대의 운명fortuna 속에서 정해
졌다. 그의 눈은 세계와 보편을 향했지만, 그의 발이 딛고 있던 현실로
인해 신채호는 민족이 처한 엄혹한 상황 해결에 몰두하지 않을 수 없었

다. '역사란 아我와 비아非我의 투쟁'이라는 그의 명제 속 '비아'는 시공간의 상황 속에서 일본제국주의로 구체화했다. 탈출구를 찾기 어려운 현실 속에서 신채호는 실현되지 못한 민족사의 가능성을 재발견하기 위해 '상고上古'의 역사 세계로 파고들었다.

고대사에 대한 집착적 관심은 일제강점기에 국한된 현상도 아니고, 한국만의 일도 아니다. 많은 나라가 식민지로 전락하거나 국력이 약할 때, 자기 민족의 황금기에 큰 관심을 기울인다. 아일랜드와 폴란드, 크로아티아와 세르비아가 그랬다. 베트남도 예외가 아니고, 캄보디아도 크게 다르지 않다. 군소 국가들은 하나같이 외부로부터의 시련을 강조하면서, 가장 번성했던 과거에 주목할 것을 요구한다. 모든 어려움을 민족 구성원이 똘똘 뭉쳐 이겨냈다는 '그럼에도 불구하고'의 내러티브 속에서 역사의 저점은 영광스러운 정점을 부각하는 데 필요한 어두운 배경으로 처리된다. 이렇게 해서 통일성 약한 수백 수천 년의 역사가 유구한 민족사로 탈바꿈한다.

논쟁적인 상고시대의 한 시점이 민족사의 사명 실현을 위한 출발점으로 설정되고, 민족 구성원이 시련에 처할 때마다 다시 돌아봐야 할 영존의 황금기로 신화화된다. 이질적인 역사의 순간들은 부단한 의미 부여과정을 거쳐 마침내 자기 민족 중심의 목적론적 서사teleological narrative로 올라선다. 민족주의와 고대사 사이의 돈독한 결속은 이 세상 거의 모든 나라에서 발견되는 보편적 현상이다.

그렇다면, 민족에 초점을 둔 모든 역사서술이 자의적 편집의 산물일 수밖에 없다는 것일까? 꼭 그렇게만 볼 일은 아니다. 아주 악의적인 경우가 아니라면, 전문가의 역사서술은 퓨전 역사 드라마나 역사 왜곡 문제를 일으키는 국적 불명의 드라마와는 다르다. 그보다는 다큐멘터리나 자연주의를 표방하는 예능 프로그램에 가깝다. 수백 시간 촬영한 영상을 가지고 한 시간 남짓한 방송본을 만들어내는 피디처럼, 역사가는 주제를 표현하는 데 필요한 자료 선별에 집중한다. 이러한 선택작업이 견강부회나 침소봉대로 이어지지 않도록 역사가는 끝없이 긴장한다. '숙명의 당파인Parteimann des Schicksals'으로 불리던 18세기 독일의 계몽사가 게르비누스G. G. Gervinus가 강조했던 것처럼, 역사서술은 분명 삶에 봉사해야 한다. 그렇지만, 현실에 대한 복무를 이유로 불리한 사실을 외면하거나 없는 사료를 조작하는 행위까지 용납할 수는 없다.

이 점에서 역사가는 서로 긴장관계에 있는 두 세계에 속해 있다. 첫째 세계는 역사가에게 '그것이 실제로 존재했던 대로' 과거를 연구할 것을 요구한다. 둘째 세계는 역사서술을 통해 '지금 여기'의 삶에 적극 봉사할 것을 요구한다. 이처럼 역사가는 온전한 과거 재현을 위해 엄격한 방법과 절차를 준수하도록 훈련받은 학자인 동시에 당파적 현실을 살아가는 시민이다. 이 상반된 것처럼 보이는 두 개의 요청에 어떻게 응답할지를 모범적으로 보여준 역사가가 마르크 블로크Marc Bloch다.

블로크는 중세 농민들의 삶을 재현하기 위해 프랑스의 외진 지역인 피레네산맥 일대를 거듭 답사했다. 문헌만으로는 파악하기 어려운 과거의 흔적을 경사진 경작지와 낡은 농기구 속에서 찾기 위해서였다. 이 경험을 바탕으로 블로크는 《역사를 위한 변명》에서 "역사가의 사냥감은 사람의 살 냄새가 나는 곳에 있다"고 밝혔다. 그에게는 모든 것이 사료였다. 그 어떤 역사가보다 과거 진실의 재현을 중시했던 그는 나치 독일이 조국을 침략하자 53세의 나이에 참전했다. 프랑스가 점령된 후에는 레지스탕스 활동에 투신했다가 체포되어 해방되기 직전에 총살당했다.

학문과 현실 모두에 충실했던 그를 후세대는 '역사가 되어버린 역사가'로 일컫는다. 신채호와 마찬가지로 보편을 지향했던 블로크를 '민족의 역사가'로 만든 것은 제2차 세계대전이었다. 위기에 처한 조국의 과거를 탐색한 끝에 출간한 책《이상한 패배: 1940년의 증언》에서 블로크는 문제의 원인을 이렇게 요약했다. "복잡한 지휘체계와 경직된 간부들, 서류에 대한 맹신과 형식적 보고 관행, 현장에 대한 무관심과 지연을 일삼는 관료적 습관, 부서 간의 칸막이와 책임 전가, 인적자원 낭비와 특정 인맥의 요직 독점." 이어서 블로크는 이렇게 일갈했다. "우리가 직면한 참으로 절실한 문제는, 일상적인 업무에 매몰되어 있었다는 점이다. 우리 대부분은 어느 정도 좋은 연구자였다. 그러나 우리 스스로가 그와 같은 정도로 좋은 시민이었다고도 말할 수 있을까?"

역사가의 정체성을 규정하는 시대정신

학자와 시민 사이에서 끝없이 부유하는 역사가의 정체성을 규정하는 것은 시대정신Zeitgeist으로 불리는 현실의 요구다. 현실과 대결하면서 역사가는 자신이 누구이며, 자신이 하는 일이 무엇이어야 하는지를 놓고 고민한다. 역사가는 고민의 결과를 담은 역사서술을 통해 다시 자기가 속한 공동체의 정체성에 영향을 준다. 신채호와 블로크는 치열한 삶을 통해 역사가의 표상이 되었고, 역사서술을 통해 민족의 집단 정체성

형성에 지대한 영향을 끼쳤다.

두 역사가가 살았던 전쟁과 식민지 시대는 끝난 지 이미 오래다. 그렇지만, 지구화 시대에도 민족주의의 힘은 사라지지 않고 있다. 민족들 사이의 갈등에서 영토 문제와 관련된 역사적 기억이 발휘하는 영향력은 여전히 매우 크다. 그 대표적 사례가 독도일 것이다. 2005년 3월 영국의 BBC 방송은 시마네현 의회가 독도를 다케시마로 공식화하자 격분한 한국 시위대가 일본 대사관 앞에서 일장기에 불을 지르고, 그 가운데 두 명이 자기 손가락을 잘랐다고 크게 보도했다. 이 사건은 영국뿐 아니라 유럽의 주요 언론에서 대서특필되었다. 영토 분쟁 때문에 손가락을 자르고 혈서를 쓰는 행위는 서구에서는 찾아볼 수 없는 일이었기 때문이다.

처음에는 한국인 특유의 민족 감정에 대한 비판적 기사도 많았다. 그렇지만 이 사건을 계기로 독도가 한국인들에게 단순한 분쟁 지역이 아니라는 사실이 유럽인들 사이에 알려지기 시작했다. 한국 정부가 독도 영유권을 주장할 때, 자기 손가락을 자르는 일본인은 없었기 때문이다. 한일 간의 이 비대칭적 상황에 가장 먼저 주의를 기울인 언론은 독일의 《프랑크푸르터 알게마이네 차이퉁》이었다.

독도 문제가 폭발력이 큰 이유는 한국인들이 이 섬을 단순히 경제적 가치가 있는 작은 화산섬으로 보지 않기 때문이다. 일본인과 달리 한국인은 독도를 자신이 속한 민족체의 일부로 받아들인다. 독도를 바라보는 한국인의 애틋한 마음은 일본에 가장 먼저 뺏긴 섬이라는 사실에서 출발한다. 독도는 일본이 주도적으로 참여해서 제정된 1903년 신해양법에 따라 최초로 소유권 변동이 일어난 지역이었다. 1951년 샌프란

시스코 조약에서도 독도는 한국의 영토로 공식 인정받지 못했다. 가장 먼저 빼앗긴 섬, 그리고 아직도 온전하게 되찾지 못한 섬이라는 사연이 아직 해결되지 않은 일본군 '위안부' 문제와 중첩되면서 걷잡을 수 없는 폭발성이 독도에 주입되었다.

독도와 일본군 '위안부'는 한국인들 사이에서 몸에 대한 비유적 감각을 매개로 하나가 되었다. 어떤 이유에서일까? 무엇보다 일본군 성노예 문제는 국가가 여성의 신체적 자주권을 지속적이고도 조직적인 방식으로 파괴했다는 점에서 우리 민족의 공분을 불러일으킬 수밖에 없는 사안이다. 여기에 더해 한국 사회를 오랫동안 지배해온 가부장적 전통과 정서도 생각해야 한다. 10대 소녀의 피해는 남성들 사이에서 딸과 누이를 지키지 못했다는 자책감과 죄책감을 초래한다.

트라우마에 가까운 이 상처는 유린당한 민족의 몸(국토)과 그 상징인 독도에 대한 모욕과 같은 축선 위에서 읽힌다. 민족 정서 속에서 영토는 어머니로 비유된다. 그리하여 근대 이후 패배한 전쟁은 유린당한 어머니의 몸처럼 묘사되었다. 이러한 사유와 정서의 융합 속에서 식민지배는 민족 구성원의 자존감에 대한 상처로 받아들여졌다. 우리 누이와 우리 민족의 섬을 다시는 능욕당하도록 내줄 수 없다는 무의식이 독도에 대한 애정을 절박하게 만든 것이다. 이러한 의미론적 연합을 통해 독도는 이제 우리의 지체肢體로 자리 잡았고, 나와 직결된 기억의 장소가 되었다. 이 모든 것의 배후에 공동체적 고난의 의미를 강조하는 민족사 중심의 역사교육이 있다.

다중 정체성 시대의 역사가

민족의 탄생과 민족국가 발전에서 '우리 의식'이 발휘하는 힘은 아무리 강조해도 지나치지 않다. 이 집단적 정체감은 타고나기보다는 길러지는 것이다. 집단 정체성은 가이사랴 빌립보에서 예수가 제자들에게 했던 세 개의 질문에 답하는 과정에서 형성된다.

"저들은 저희를 누구라고 생각하느냐?"
"너희는 저들을 누구라고 생각하느냐?"
"너희는 너희 자신을 누구라고 생각하느냐?"

이 세 개의 질문은 서로 연결되어 집단적 차이에 관한 의식을 길러준다. 집단 정체성이란, 다른 집단과 구별되는 자기들만의 특성에 대한 다향적 자의식이다. 이 자의식은 지극히 주관적이며, 다른 이들에게는 오만하게 느껴진다. 이러한 집단적 자의식은 서로 얼굴 한 번 본 적 없는 비대면 집단의 구성원들을 하나로 묶어주는 초강력 접착제. 원심력을 유발하는 온갖 계기들에 맞서 동질적 집단을 끌어당기는 엄청난 자력이라고 불러도 좋다.

역사는 민족 정체성에 답하기 위한 보물창고다. 한국인은 스스로 백의민족이라고 일컬으며 오랫동안 단일 민족의 신화를 의심하지 않았다. 980여 차례의 국난 극복 이야기는 이 거대한 신화를 뒷받침하는 보조 논리로 활용되었다.

그러나 유구한 한민족의 역사 서사도 이제는 여러 방면에서 도전받고 있다. 자연과학 연구도 한민족 신화에 호의적이지 않다. 2017년 2월 2일 《중앙일보》는 울산과학기술원UNIST 게놈연구소의 연구결과를 인용하면서, 한국인의 뿌리가 혼혈 남방계라고 보도했다. 이 주장은 한민족의 조상이 북방계라는 오랜 통설과 배치되는 결과여서 충격을 주었다. 국제적 명성을 누리고 있는 자연과학 학술지 《사이언스》에 게재된 새 연구에 의하면, 한민족은 거대한 혼혈의 결과라는 것이다. 이에 따르면, 3만~4만 년 전 동남아시아와 중국 동부 해안을 거쳐 극동 지방에 들어와 북방인이 된 남방계 수렵 채취인과 신석기시대가 시작된 1만 년 전에 같은 경로로 들어온 남방계 농경민족의 피가 섞여 한민족의 조상이 되었다는 것이다.

단서는 러시아 블라디보스토크 위쪽 프리모레 지역에 있는 '악마의 문Devil's Gate'이라는 이름의 동굴에서 발견된 20대와 40대 여성의 두개골이었다. 연구진은 7,700년 전 것으로 추정되는 이 두개골의 유전체를 슈퍼컴퓨터를 이용해 분석했다. DNA 분석 결과, '악마의 문' 동굴인은 3만~4만 년 전, 훗날 고구려, 동부여, 옥저의 땅이 될 이 지역에 정착했다. 이들은 한국인의 특성으로 일컬어지는 갈색 눈과 '삽 모양의 앞니shovel-shaped incisor' 유전자를 가졌고, 현대 동아시아인의 전형적 특성인 우유를 소화하지 못하는 유전변이와 고혈압에 약한 유전자, 마른 귓밥 유전자를 지녔다. 이들의 미토콘드리아 유전체 종류도 한국인이 주로 가진 것과 같았다.

이런 주장이 우리에게 왜 중요할까? 오늘날 한국 학계에서 식민사관의 원흉으로 일컬어지는 일본의 몇몇 학자들은 '기마민족 동래설'을 주장해왔다. 이 학설은 한편에서 일본과 한국이 같은 조상에서 유래했다고 강조하지만, 다른 한편에서는 결국 그 부족이 가장 높은 수준의 문화를 꽃피운 것은 일본에서였다고 주장하면서, 일본사의 우위를 내세운다. 해방 후 한국의 역사가들과 고고학자들은 이들의 주장을 논박하기 위해 애썼다. 선사시대의 상한을 구석기까지 끌어올리고, 민족의 시원에 관해서도 많은 연구를 쏟아냈다. 그럼에도, 일본과 한국의 학계는 모두 한국인의 조상이 북방계라는 점에 대해서는 의심하지 않았다.

최근의 게놈 연구가 중요한 것은 지난 한 세기 동안 진행되어온 역사학과 고고학 연구의 성과를 무력화시킬 수도 있기 때문이다. '우리는 누구인가?'라는 질문의 시작이 '우리는 어디에서 왔는가?'라는 점을 생각하면, 그리고 여기서 '우리는 어디로 가야 하는가?'라는 새로운 물음이 비롯된다는 사실을 기억하면, 사정은 그렇게 흘러갈 것이다.

그러나 한민족의 기원에 관한 물음이 예전만큼 심각하게 받아들여지지는 않는 것 같다. '한민족=단일 민족'의 신화가 이미 흔들려왔기 때문이다. 그리고 국제화가 빠르게 진행되면서, 단일 민족국가는 가능하지도 않고, 그것이 꼭 바람직한 것도 아니라는 생각이 국민 사이에서 확산하고 있다. 인구 격감의 현 상황이 워낙 위중하니 그렇다. 일부 전문가들과 세계 경제 기구들이 한국 경제와 사회가 지속 가능하기 위해서는 해외로부터 이민을 적극적으로 받아들여야 한다고 권고하는 상황 아닌가?

민족 정체성에 관해서도 우리는 지금 과도기에 있다. 다문화사회로 빠르게 이행하고, 이주와 이산이 아웃바운드에서 인바운드 중심으로 돌아섰다. 이런 상황에서 단일 민족의 역사를 강조하는 해석은 구태의연하게 비칠 수 있다. 세계화의 도전과 이주·이산의 일상화는 우리에게 새로운 각도에서 한국 역사를 돌아볼 것을 요구한다. 이제는 민족 중심의 프레임 때문에 간과했던 현실의 복잡한 결들을 세심하게 살펴보는 다원적 시각이 필요하다.

지방의 입장에서 한국 역사를 다시 살펴보는 것도 하나의 방법이다. 《조선 시대 해양유민의 사회사》에서 이영권은 15~17세기에 제주 도민들이 바다로 내몰린 이유를 세밀하게 추적했다. 그는 유민 발생의 원인을 이제까지 연구에서처럼 척박한 토지, 자연재해, 지나친 수취, 지방관과 토호의 수탈에서만 찾기를 거부한다. 이 네 개의 조건은 그 이전이나 이후에도 제주에 늘 있었기 때문에, '왜 하필이면 그때?'라는 물음에 대해 충분한 답을 하지 못한다. 이영권은 200년간 지속된 출륙 유랑의 출발점을 세종 때 실행된 말馬 경제의 국가 독점 조치에서 찾는다. 이로 인해 하루아침에 생계수단을 잃고 살길을 찾아 바다로 나갈 수밖에 없었던 사람 중 일부는 '왜구'의 일원이 되어 해적질도 불사했다. 지방의 관점에서 보면, 세종도 성군이 아니고, '왜구'가 일본 사람만도 아니다.

역사서술과 교육은 지방의 정체성을 일깨우기도 하고, 민족의 단결을 촉진하기도 한다. 더 나아가 한·중·일의 국경을 넘어 동아시아적 정체성을 만들어가는 데 기여할 수도 있다. 사실 한·중·일의 역사가 대립과 갈등으로만 이어져온 것은 아니다. 이 세 민족은 서로 소통하고 협력하며, 경쟁하고 추월하면서, 영향을 주고받으며 공존을 도모하기도 했다.

큰 창호지 위에 1년 단위의 눈금 5,000개를 그리고, 그 위에 동아시아의 전쟁을 하나씩 표시해보자. 그렇게 하면, 국가들 사이의 갈등의 시간이 생각보다 훨씬 더 적다는 사실에 놀라게 될 것이다. 쌀과 국수, 도기와 자기, 숟가락과 젓가락, 종교와 회화, 건축과 미술에서 동아시아인들이 공유하고 있는 공통점은 이미 하나의 연합을 이룬 유럽에 못지않을 만큼 차고 넘친다.

동아시아의 역사가 과연 긴장과 갈등, 대립과 충돌의 연속이었을까? 아마 아닐 것이다. 역사가 그랬다기보다 역사서술이 그랬을 것이다. 실제 역사는 우리에게 모습 그대로 나타나지 않는다. 역사가들의 서술과 역사교육자들의 가르침을 통해 그렇게 나타날 뿐이다. 민족과 국가의 채색 안경을 잠시 내려놓으면, 개인이 보이고 지방이 보이며, 더 나아가 수많은 국가와 집단들을 품을 수 있는 지역이 보인다.

국익이란 조준경에서 눈을 떼고 어린아이처럼 맨눈으로 세상을 다시 바라보는 것은 어떤가? 그 눈으로 다시 과거를 들여다보면, 민중이 보이고 여성이 보인다. 이런 과정을 거듭하면, 역사는 다원적 정체성의 형성에 봉사할 수 있게 될 것이다. 역사 연구와 서술과 교육은 개인에서 시작하여 지방, 민족, 역내 집단을 거쳐 세계 인류로서 정체성을 확인하고 키워가는 밑거름을 제공한다. 그것이 이제 우리가 막 경험하기 시작한 다중 정체성multi-identification 시대에 어울리는 역사가의 역할일 것이다.

"역사는 인생의 스승"이라고 말한 사람이 있다. 고대 로마의 정치가이자 사상가인 키케로가 바로 그다. 《연설가에 대하여*De Oratore*》에서 그는 이렇게 적었다. "역사(서술이)란 시간의 증인이요, 진리의 빛이며, 기억할 만한 삶이요, 인생의 스승이며, 고대에 관한 소식들이다testis temporum, lux veritatis, vita memoriae, magistra vitae, nuntia vetustatis."

문명은 달라도 역사에 대한 생각은 비슷했던 것 같다. 동양에서도 역사는 인간이 이제껏 살아온 길뿐만 아니라 앞으로 살아가야 할 길에 대해서도 가르쳐주는 스승이었다. 앞의 것이 현실에 대한 조명이라면, 뒤의 것은 도덕적 가르침이다. 과거를 돌아봄으로써 현재를, 그리고 미래를 살아가는 데 필요한 기준을 확보하는 것이 동아시아 문화권에서 중시한 역사의 효용이었다.

동양의 전통에서 역사는 흔히 거울에 비유되었다. 역사책에 등장하는 수많은 왕 가운데 거울과 인연이 유독 깊은 사람이 있다. 그가 바로 당 태종이다. 《정관정요貞觀政要》 가운데 〈위징전魏徵傳〉에 따르면, 태종은 세 개의 거울을 곁에 두고 자신을 바로잡고자 했다. 그것은 곧 구리 거울, 역사 거울古鑑, 사람 거울人鑑을 의미한다. 첫 번째 거울로는 의관을 단정히 하고, 두 번째 거울로는 국가 흥망성쇠의 비결을 배웠으며, 세 번째 거울로는 자신의 잘못을 살필 수 있었다고 한다. 이 이야기 끝 부분에 등장하는 태종의 고백이 재미있다. "짐은 일찍이 이 셋을 가져 내 허물을 막을 수 있었다. 그러나 지금은 위징이 죽었으니, 거울 하나를 잃어버렸도다." 충신 위징에 대한 애틋한 마음을 넉넉히 알 수 있는 대목이다.

거울은 종종 예언의 도구로도 사용되었다. 조선 후기에 수많은 역모 사건을 초래한 《정감록》의 경우가 그렇다. 서양도 마찬가지다. 마녀 왕비에게 요술 거울이 없었다면, 백설공주가 살해당하는 일도 없었을 것이다. 이렇게 사람들은 과거를 통해 미래를 내다보는 신비한 힘이 거울 속에 있다고 믿었다. 거울에는 과거 사건들에 대한 탐색과 그 사건들의 의미에 대한 통찰, 스스로에 대한 성찰, 미래에 대한 전망과 예측의 힘이 담겨있다는 것이다. 그러나 여기까지가 전부는 아니다. 사람들은 역사가 우리에게 어떻게 살아가야 할지에 대한 교훈까지 가르칠 수 있다고 믿었다.

중국을 비롯한 동아시아 전통사회에서 역사는 중요한 지침의 상자였다. 한나라의 역사가로서 동양 역사서술의 표준이 된 사마천은 《사기》에서 "지난일을 잊지 않는 것은 나중 일의 스승이 될 수 있다"고 썼다.

그러나 사마천이 실용적 교훈의 관점에서만 역사를 기록한 것은 아니다. 도덕적 교훈을 전면에 내세웠던 공자와 달리, 사마천은 가능한 한 사실에 입각해서 역사를 서술하려고 노력했다. 이를 위해 그는 《사기》를 본기, 세가, 열전, 서書, 표表의 다섯 부분으로 구성했다. 〈본기〉에서 제왕을 중심으로 권력의 변천을 다뤘다면, 〈세가〉에서는 제후들의 이야기를, 〈열전〉에서는 정치가와 군인에서 자객과 비적에 이르기까지 다양한 부류의 사람들의 삶을 서술했다. 〈서〉에는 문물제도와 천문역법과 사회경제 생활상이 포함되고, 〈표〉에서는 흥망성쇠와 관련된 역사적 사건과 인물들을 연표 방식으로 일목요연하게 정리했다.

사실과 실용, 진실과 교훈 사이의 긴장은 사마광의 《자치통감》에 계승된다. 그리하여 사마광은 역사책을 쓰는 자기 입장을 이렇게 밝혔다. "신은 국가의 흥망성쇠와 백성들의 애환, 경계해야 하거나 의미 있는 사건들을 골라내 편년체로 정리하고자 했으나, 각각의 사건에서 중요한 것과 중요하지 않은 것에 대한 판단은 역량이 부족해 구분하지 못했습니다." 이 말의 취지는 명료하다. 독자가 자기 책임 아래, 자기 필요에 따라, 자기 눈으로 책을 읽어보라는 뜻이다. 《자치통감》의 애독자들 가운데 한 사람이 우리 역사에서 성군으로 추앙받는 세종이다. 세종은 스스로가 《자치통감》을 국가 경영의 참고서로 활용했을 뿐만 아니라, 경연에서도 신하들에게 읽도록 권유했다. 더 나아가 세종은 《자치통감》을 해설한 《자치통감훈의》를 편찬토록 했다. 다산 정약용도 세종 못지않게 이 책의 애독자였다.

귀감이냐 반면교사냐

과거는 역사책을 통해 후세에게 두 가지 면에서 스승 노릇을 한다. 귀감으로서 스승 역할을 할 때가 있고, 때로는 반면교사로서 스승의 역할을 하기도 한다. 본보기를 뜻하는 귀감은 중국 고대의 주술 전통에서 비롯되었다. 여기서 '귀龜'는 거북의 등을 위에서 본 모습을 뜻한다. 거북의 등을 불에 구워서 갈라지는 상태를 보고 장래의 일을 예측했던 데서 비롯되었다. '감鑑'은 글자 모양에서 추측할 수 있듯이, 물이 담긴 세숫대야에 자기 모습을 비추어 보는 것을 가리킨다. 이 때문에 본시 거울을 뜻하는 감鑑은 감상鑑賞, 감별鑑別, 감정鑑定에서 볼 수 있는 것처럼, 판단 행위까지 의미하게 되었다.

그에 반해 반면교사라는 말이 있다. 본이 되지 않는 남의 말이나 행동이 도리어 자기 인격을 수양하는 데 도움을 주는 경우를 지칭한다. 이 말이 만들어진 지는 얼마 되지 않는다. 1960년대 중국에서 문화혁명이 한참일 때 최고 지도자 마오쩌둥이 '제국주의자', '반동', '수정주의자'를 지칭하면서, 이들을 타도하기보다는 현 직장과 기관에서 고립시킴으로써 모든 사람의 반면교사로 삼아야 한다고 말한 데서 유래했다.

교사에 대한 기대는 다른 측면에서도 생각해볼 수 있다. 예를 들어, 입시학원의 강사에게 학생들이 기대하는 것은 합격에 필요한 입시 정보와 주어진 문제를 효율적으로 풀 수 있게 해주는 기능적 지식이다. 이와 달리 학교 선생님들에게는 두 가지 책무가 있다. 기능적 지식의 전달만이 아니라 세상을 살아가는 태도와 방식까지 학생들에게 전수해주어야 하기 때문이다. 최근에 심해지는 '교실의 붕괴' 우려에도, 이 두 가지 교사의 역할에 큰 변화가 있을 것 같지는 않다. 일반적인 의미에서 교사는 실용적 지식의 공급자인 동시에 규범적이고 당위적인 지식, 곧 삶의 자세와 방식에 관한 실천적 지식의 제공자이다. 이 두 번째 역할을 제대로 감당할 때, 그에게는 스승이라는 경칭이 따라온다.

몇 가지 예를 통해 '역사는 인생의 스승'이라는 말에 함축된 의미를 생각해보자. 단 '스승'이라는 말에 담긴 무거운 의미에 연연하지 말고, 사람들이 역사에 기대하는 실용적 효용이라는 측면에서 말이다.

첫째 사례. 나치 독일은 제2차 세계대전 발발 전, 국가적 차원에서 동유럽 연구와 서유럽 연구사업을 추진했다. 이 국책사업에는 적지 않은 역사가들이 참여했다. 그중에는 제2차 세계대전 후 독일 역사학계의 거성이 된 테오도르 쉬이더Theodor Schieder도 있었다. 이들은 큰 그림 속에서 동유럽 여러 국가의 역사와 문화 전통은 물론, 지역의 엘리트 집단 구성까지 세밀하게 연구했다. 이들이 축적한 지식은 제2차 세계대전이 발발한 후 동유럽 각국의 식민지 지배나 동맹국과의 협력에 유용한 자료로 활용되었다. 특히 폴란드의 문화적 중심으로 일컬어지는 도시 크라쿠프에서는 독일 역사가들이 참여해 축적한 정보와 명사들의 명단에 기초해 수백 명의 성직자와 대학교수들이 살해되었다. 저항의 구심점을 파괴하기 위한 선제적 조치였다. 이 경우 역사 연구와 역사가의 역할을 어떻게 정의할 수 있을까? 기능적 지식의 제공자라고 하면 될까? 나치 독일에서 진행된 동유럽과 서유럽 역사 연구는 오용되었다. 이것이 나치 독일에서만 벌어진 일일까?

반대의 사례도 있다. 학자들 사이에서는 제2차 세계대전 때 미국의 저명한 역사가 라이샤워Edwin Oldfather Reischauer가 미국 공군의 교토

핵폭탄 투하 계획을 막아냈다는 이야기가 전설처럼 회자된다. 선교사였던 부모 덕분에 도쿄에서 태어나 성장했기 때문에 일본 역사와 문화에 대한 애정이 남달랐던 라이샤워가 천황의 도시를 공습했을 때 예측되는 일본인들의 격한 반응을 환기시키며, 원폭 투하의 실익이 없다고 군 수뇌부를 설득했다는 것이다. 일본 본토에 상륙했을 때 미군의 인적 손실을 최소화하기 위해 원폭 투하를 결정했던 점을 고려하면, 교토 공습은 오히려 일본 국민의 결사 항전을 초래할 수 있다는 우려는 일리가 있었다.

그러나 정작 라이샤워 본인은 전쟁이 끝난 후, 자신이 미군 정보국을 위해 복무한 것은 맞지만, 교토 공습 저지와 관련된 자신에 대한 찬사는 근거 없는 일이라고 해명했다. 그 결정의 주인공은 자신이 아니라, 수십 년 전 신혼여행을 계기로 이 도시에 호감을 갖게 된 육군장관 스팀슨Henry L. Stimson이었다는 것이다. 실제 영웅이 누구였는지가 우리에게 중요한 것은 아니다. 천년의 고도 교토의 역사에 대한 이해와 이 도시가 일본인들에게 갖는 의미를 깊이 이해하는 안목이 우리의 관심을 끌 뿐이다.

고대 그리스의 역사가 헤로도토스가 남긴 《역사Historia》는 독자들에게 과거에 관한 정보와 지식을 넘어 인간사 전반에 대한 통찰까지 제공해준다. 그 가운데 하나. "평시에는 자식이 아버지를 묻고, 전시에는 아버지가 자식을 묻는다." 페르시아 전쟁을 회고하는 헤로도토스의 서술은 전쟁의 위협 속에서 평화를 염원하는 우리에게 깊이 음미할 가치가 있는 지혜를 선사한다.

긴 호흡에서 과거를 조망한 책은 결정의 책임 때문에 늘 어깨가 무거운 지도자들에게 중요한 역할을 한다. 선택의 순간을 대비할 수 있는 지적 시뮬레이션을 가능케 해주기 때문이다. 에드워드 기번Edward Gibbon의 《로마제국 쇠망사》나 폴 케네디Paul Kennedy의 《강대국의 흥망》이 그런 종류의 책들이다. 이 가운데 대학마다 경쟁적으로 개설되고 있는 최고지도자 과정에서 큰 관심을 끌고 있는 역사가가 미국 예일대학교 교수인 케네디다.

《강대국의 흥망》에서 케네디는 명 제국의 부상에서부터 20세기까지 동서양 주요 강대국과 중위권 국가들의 성쇠를 경제력과 군사력의 상관관계 속에서 분석한다. 여기서 일종의 '법칙'을 도출한다. 기술발전과 경제성장을 통해 강대국이 된 후에는 대부분의 나라가 그 지위를 유지하기 위해 감당할 수 있는 선을 넘어 군사비 지출에 국부를 소진한다는 것이다. 이것이 망하는 법칙이라면, 나라가 흥하는 법칙은 그 변곡점에 도달한 순간부터 적절한 수준의 군사력을 유지해야 한다는 것이다. 역사로부터 얻은 이 교훈은 현재와 미래에도 중요한 의미를 지닌다. 《강대국의 흥망》은 20세기 최고의 강대국이었다가 쇠락의 조짐을 보이기 시작한 미국을 겨냥한 책이었다. 《문명의 충돌》 저자 헌팅턴도 케네디의 해석을 받아들여 미국이 '세계의 경찰국가' 역할을 단독으로 수행하려는 유혹에서 벗어날 것을 요구했다.

제국을 경험한 국가는 거대 제국의 역사에 관심이 많다. 제국을 경험한 나라의 역사가들도 제국의 역사에 천착한다. 왜 그럴까? 거함을 책임지는 선장과 승무원들에게는 예측하기 어려운 시련 속에서도 순항해야 할 책임의식이 있기 때문이다. 역사가는 여기서 선장을 돕는 조타수 역할을 한다. 전 지구적 경쟁 속에서 초일류기업으로 올라서고자 하는 기업가들도 마찬가지로 역사를 돌아보며 가야 할 길을 묻는다. 이런 이유에서 지혜와 통찰에 목마른 사람들이 역사학의 지속적인 주가 하락에도 불구하고 여전히 역사가들이 쓴 책을 찾고 있다. 이러한 수요를 잘 알기에《강대국의 흥망》의 저자 폴 케네디는 새 세기가 도래하기 전에 이미《21세기 준비》라는 또 하나의 베스트셀러를 썼다.

역사의 효용은 실용적 차원에서 끝나지 않는다. 과거의 역사는 당위의 차원에서도 우리에게 의미 있는 기준을 제시해준다. 한국과 중국, 일본에서는 포폄의 전통이 강했다. 포폄이란 과거의 행적을 되짚어 칭찬하거나 나무라는 것을 뜻한다. '포褒'는 기리고 '폄貶'은 깎아내리는 것이다. 이 용어는 공자가 남긴 책 가운데《춘추》에 나온다.《춘추》는 어떤 책인가? 공자가 자기 고국인 노魯나라의 역사를 바탕으로 편찬하여 제자들 교육에 사용한 역사책이다. 이 책이 하나의 정전正典이 되어 동아시아 3국 사회에서는 '춘추필법'이 강조되어왔다. 이 점은 동아시아 사회에서 왜 역사가 국왕과 지배층에게 특히 중요했는지를 확인해준다.

우리나라에서는 지금도 포폄을 정확히 하는 역사서술과 교육이 이뤄져야 정의가 상을 받고 불의가 벌 받는 올바른 세상이 도래할 것이라는 믿음이 강하게 존재한다. "독립운동을 한 애국자 집안은 3대가 망하고, 친일파는 3대가 호의호식 한다"는 '경험의 법칙'에 대한 믿음이 세간에 강하게 퍼져 있으니 말이다. 과거청산 요구가 우리 사회에서 유독 강하게 제기되는 것은 무엇보다 청산되지 못한 과거사가 넘쳐나기 때문일 것이다. 여기에 더해 포폄에 대한 오랜 기대도 이런 사회적 분위기 조성에 큰 역할을 해온 것이 틀림없다.

그러나 역사 자체는 엄밀한 의미에서 스승 역할을 하기 어렵다. 왜냐하면 동일한 사건, 인물, 행동에서 얻어내는 교훈이 사람마다 다르기 때문이다. 일본제국주의가 아니었다면, 우리는 지체된 근대화도 이룩하지 못했을 것이라는 '식민지 근대화론'이 한국 사회에 유포된 지 오래다. 이와 정반대되는 해석도 존재한다. 일본제국주의의 침략만 아니었다면 우리 손으로 근대화를 이룩하고 분단도 없었을 것이라는 '식민지 수탈론'이 바로 그것이다. 이 가운데 어떤 것이 정확한 해석이며, 어떤 교훈이 올바른 것일까? 오늘날과 같이 다원화된 사회에서는 옳고 그름의 잣대 자체가 혼란스럽다. 입장과 시각에 따라 상이한 판단이 이루어질 것을 생각하면, 옳고 그름을 판단하는 것이 역사가의 본령인지도 헷갈릴 때가 있다.

그러므로 '역사는 인생의 스승'이라는 말도 이제는 액면 그대로 받아들이기는 어려울 것 같다. 역사가 인생의 스승이라고 여전히 말할 수 있으려면, 스승의 개념을 수정하거나 확장할 필요가 있겠다. 역사는 후대인의 즉문에 즉답으로 응대하지 않는다. 역사는 불친절한 스승일 뿐이다. 역사가 거울이라면, 그것은 고대 사회의 청동거울처럼 흐릿한 거울일 테다. 역사에 관해 배울 수는 있지만, 그것을 통해 유일무이한 역사의 교훈을 얻어내기는 어렵다. 우리가 할 수 있는 것은 다만 과거를 읽는 독자로서 역사로부터 각자에게 필요한 교훈들lessons from history을 이끌어내는 것이다.

05

호기심 : 우리 안의 하이디는 어디로 가버린 걸까?

어린 시절 우리는 호기심이 많았다. 눈은 사방을 둘러보기 바빴고, 손은 주변의 것을 만지기에 분주했다. 구강기에 해당하는 아주 어린 시절 일이지만, 궁금한 것은 기어코 입에 넣어봐야 했다. 새로운 것이 보일라치면 두 눈을 동그랗게 뜨고 "이게 뭐야?"를 연발했다. 부모의 대답이 채 끝나기도 전에, 손가락으로 다른 것을 가리키곤 했다.

그렇게 차고 넘치던 우리 안의 호기심은 모두 어디로 가버린 것일까? 성인이 되는 길은 우리 삶에서 호기심을 억제하거나 아예 들어내는 과정이었다. 호기심이 이유가 되어 과학자가 된 친구도 있지만, 우리 중 대부분은 순탄한 인생의 항해를 위해 이 원형질적 천성을 반복해서 버렸다.

어느덧 중년이 된 나는 어린 시절에 대한 그리움 속에서 '하이디 마을'로 불리는 스위스의 산골 마이엔펠트Maienfeld를 찾았다. 《알프스의 소녀 하이디》. 읽을 책이 많지 않던 1970년대 시골 초등학교 교실 뒤편의 학급문고 책장에는 초록색 표지 책들이 꽂혀 있었다. 전국 모든 학교에 있던 바로 그 '자유교양문고'다. '자유교양부'에 속한 학생들은 그 책들을 읽고 또 읽어야 했다. 그렇게 책 하나가 끝나고 나면, 선생님과 함께 예상 문제를 풀었다. 주관식 문제를 잘 푸는 학생들이 학교 대표가 되어 군, 도, 전국 대회로 이어지는 경연에 참가했다. 먼나라 소녀 하이디는 그렇게 우리 안에 자리 잡았다.

자유교양문고가 아니었어도 하이디는 어린이들에게 친숙한 존재였다. 초저녁 시간에 텔레비전에서 방송되는 어린이 만화영화 〈알프스의 소녀 하이디〉 덕분이었다. 일본 애니메이션의 거장 다카하타 이사오의 이 작품에는 알프스산맥의 높은 봉우리와 비탈진 푸른 풀밭이 등장했다. 친구인 목동 페터를 따라 염소 떼와 함께 계곡과 능선을 뛰어다니는 하이디는 매주 월요일마다 제식훈련을 강요받던 우리에게 부러움의 대상이었다. 털북숭이 외할아버지가 장작불에 구워 어린 손녀에게 건네주던 염소젖 치즈는 도무지 정체를 알 수 없는 간식이었다. 호기심과 동경을 자극하는 낯선 세계는 이렇게 어린 시절 우리들의 상상 속에서 자리를 잡아갔다. 이야기 속 하이디의 호기심에 내 호기심이 더해졌다. 상상은 또 다른 상상을 낳았고, 더 커진 상상은 다시 주체하기 어려운 모험심을 자극했다.

저 멀리 언덕 너머 무지개 세상에 대한 호기심, 낯선 세계에 대한 동경심을 충족시켜준 책들이 또 있었다. 마크 트웨인의 《톰 소여의 모험》, 로버트 스티븐슨의 《보물섬》, 루이스 캐럴의 《이상한 나라의 앨리스》가 그랬다. 작품 속에 등장하는 강과 바다, 산과 동굴의 풍경 모두가 경이로웠다. 《톰 소여의 모험》과 《허클베리 핀의 모험》에 나오는 미시시피강이 특히 그랬다.

어릴 적에 보고 느끼는 가상세계의 중요성은 로봇 과학자들 사이에서도 확인할 수 있다고 한다. 한국과 일본 과학자들 사이에 유독 휴먼 로봇 전공자들이 많은 현상이 어린 시절 보았던 일본 애니메이션 〈아톰〉과 무관하지 않다는 지적이 나온다. 어린 시절 경험과 상상의 세계 사이에서 추체험했던 순간들은 이처럼 우리의 생에 영향을 주고, 다시 돌아가고 싶은 아름다운 시절을 구성한다. 그래서 모든 어른을 '영원한 어른이'라고 하지 않는가?

호기심은 경험세계의 완고한 법칙에서 우리를 탈출시키는 촉매제다. 거대한 우주선을 대기권 밖으로 벗어나게 해주는 초강력 로켓처럼 말이다. 2011년 미국 항공우주국NASA이 화성 탐사를 위해 발사한 탐사로봇에 '호기심 가득한 방랑자Curiosity Rover'라는 이름을 붙인 것은 무척 자연스러운 일이다. 'rover'는 해적선을 뜻하는 옛말이기도 하다. 과학 천재의 대명사인 아인슈타인은 이렇게 말했다. "내게는 특별한 재능이 없다. 다만 엄청나게 많은 호기심이 있을 뿐이다." 이 말에는 틀린 구석이 전혀 없다. 신기한 것, 이상한 것, 희귀한 것, 낯선 것, 동화 같은 것에 대한 동경 없이는 모험도, 탐색도, 새로운 발견도 없다.

우리나라 출판시장에서 서양사 저서 가운데 중세사 관련 책들이 가장 잘 팔리는 이유도 아마 이 때문일 것이다. 우리 지식 독자들이 중세사에 매료되는 이유는 그 시대가 가장 낯설기 때문이다. 출판 전문가들의 해석이니 믿어도 될 일이다. 듣기만 해도 거북한 초야권初夜權, 한국에는 없었던 봉건제와 기사도, 여러 차례에 걸친 십자군전쟁, 아서왕과 원탁의 기사들, 잃어버린 성배聖杯를 찾아 나선 용사들의 모험, 로빈 후드로 대표되는 의적들. 먹고사는 문제와 아무런 관련이 없어도 이 이야기들은 여전히 오늘날 독자들의 관심을 끌고 있지 않은가? 우리도 그렇지만, 서양 사람들도 그렇다. '낯선 중세'는 바로 그 낯섦 때문에, 지금과 같지 않기 때문에 사람들의 눈을 사로잡는다. 엄청난 차이점들 때문에 중세는 우리 시대에, 한국 땅에서도 큰 관심을 끌고 있다.

우리가 살아가고 있는 현재는 과거와 이어진 면도 있고, 단절된 면도 있다. 그렇기에 역사가들은 현재와 과거 사이의 관계를 '불연속적 연속성'으로 특징짓기도 한다. 현대인은 과거 속에서 어떤 때는 오늘날과 차이점을, 어떤 때는 그 반대로 오늘날과 비슷한 점을 찾는다. 그래서 현재와 과거 사이의 관계를 시원始原이나 기원이라는 말로 표현하고, 현재의 원형을 과거의 특정 시점에서 찾기 위해 예전으로 소급해간다. 그 과정에서 큰 차이를 발견한다면, 그 변화를 '급변'으로 명명한다. 아주 짧은 시간에 급격한 변화가 일어나는 경우, 역사가는 단절이라는 표현을 쓴다. 노예제에 기초한 서양 고대와 농노제에 기초한 서양 중세 사이의 시기, 또 중세 봉건사회와 근대 르네상스 사이의 시기가 바로 여기에 해당한다.

비교하는 두 시기 사이의 단절적 변화를 얘기하는 기준은 무척 다양하다. 예를 들어, 경제사 전공자들은 동력의 변화에 주목한다. 삶의 거의 모두를 전기에 의존하는 현대인에게 에디슨 이전의 시기는 매우 낯설거나 불편한 세계다. 전기 출현 직전, 석탄이나 내연기관에 기대 살던 19세기 말 현대인에게 후대인 20세기와 저 멀리 있는 청동기 중에 어떤 세계가 더 낯설까? 생활세계 면에서 본다면, 19세기가 등을 대고 있는 20세기라고 말하는 역사가들이 적지 않다. 왜냐하면 전기가 아예 없었던 세상과 전기 없이는 그 어떤 것도 돌아가지 않는 세상은 상상하기 어려울 만큼 다르기 때문이다. 엘리베이터가 멈춰선 잠실 롯데타워, 거울로밖에 쓸 수 없는 핸드폰, 무용지물의 LED 등은 물론 도산해버린 테슬라 자동차 공장과 LG 배터리 회사. 그런 세상을 우리는 상상하기 어렵다. 이런 이유에서 전기 없는 세상의 삶은 우리에게 매우 낯선 세계일 수밖에 없다.

호기심이 우리를 낯선 세계로 인도하는 지팡이라면, 이 지팡이는 열정과 결합해야 비로소 제 구실을 할 수 있다. 열정은 본래 타고나는 것이지만, 때로는 특별한 경험과 감정이 열정을 증강시킨다. 《역사철학강의》에서 독일의 철학자 헤겔이 강조했던 것처럼, 세계사에서 열정 Leidenschaft 없이 이루어질 수 있는 일은 아무것도 없다. 문제의식은 누구나 가질 수 있지만, 그 의식을 지속시켜 궁극에 도달할 수 있게 해주는 것은 열정이다. 하여, 열정 없이는 그 어떤 성취도 기대하기 어렵다.

호기심도 마찬가지다. 호기심에도 여러 종류가 있다. 가벼운 호기심도 있고, 묵직한 호기심도 있다. 세상 모든 어린이를 매료시키는 공룡의 세계, 지금은 멸종되어 화석으로나 존재하는 그 온갖 'SAURUS' 세상에 대한 관심이 아마 가벼운 호기심에 속할 것이다. 어른들은 모르는 수많은 공룡의 이름을 아이들은 줄줄이 꿰고 있다. 등에 뾰족한 골판이 솟은 스테고사우루스, 얼굴에 뿔이 달린 트리케라톱스, 꼬리에 곤봉이 달린 안킬로사우루스.

이정모(전 국립과학관 관장)는 아이들이 공룡에 매료되는 이유를 셋으로 정리한다. 첫째는 크기 때문이다. 아이들은 코끼리, 기린, 코뿔소, 고래처럼 큰 동물을 좋아한다. 공룡은 크기 자랑의 '끝판왕'이다. 둘째, 독특한 생김새도 이유가 된다. 공룡은 지금 살고 있는 그 어떤 동물들과도 닮지 않았다. 이 점에서 괴상한 머리, 등, 꼬리를 지닌 공룡의 생김새는 우리 호기심과 상상력을 자극하기에 충분하다. 셋째는 공룡이 지금은 존재하지 않는 생명체이기 때문이다. 누구에게나 사라진 것에 대한 아련함이 있다. 연필로 꾹꾹 눌러쓴 연애편지와 동네 곳곳에 있던 우체통, 붉은색 공중전화 부스가 나이 먹은 어른들의 회고 대상이라면, 회고할 것이 별로 없는 대신에 상상력이 넘치는 어린이들에게는 공룡들이야말로 과거 세계를 대표하는 선수다.

호기심과 직결되는 '두터운 서술'

하지만 아홉 살이 넘는 아이들에게 공룡은 더이상 호기심의 대상이 되지 못한다. 이미 지식의 대상으로 바뀌었기 때문이다. 공룡의 세계가 어땠는지, 공룡이 왜 멸종했는지를 이미 아는 아이들은 이제 SAURUS의 세계를 궁금하게 여기지 않는다. 새로운 이야기들 속에서 공룡들이 다시 자리 잡지 않는 한, 공룡의 매력은 이제 없다. 짧은 문장을 통해 명료하게 설명되는 세계는 호기심을 충족시킬 수 없다. 공룡의 세계는 인과관계 설명에 어울리는 '얇은 서술thin description'의 대상이다. 좀 더 넓어진 눈을 가지고 다양한 상상과 경험적 연상을 통해 수많은 현상을 관찰하고자 하는 이들에게 적합한 것은 '두터운 서술thick description'이다. 두터운 서술은 복합적 세계에 대한 호기심과 직결된다. 더 큰 호기심을 갖게 된 사람들에게 필요한 것은 '두터운 서술'을 가능케 해주는 복잡계다.

어떤 경우가 이런 세상에 해당할까? 중세 기사들의 세계는 수많은 인물과 제도, 기술과 문화가 어우러진 복합체이기 때문에 '두터운 서술'의 대상이 되기에 충분하다. 두터운 서술은 인과관계만이 아니라 상관관계를 살피고, 때로는 연기緣起적 관계까지 다룬다. 이 서술은 운동의 원인과 결과만이 아니라, 문화적 상징과 해석의 세계까지 포함한다.

서양 중세의 성을 생각해보자. 건축구조 면에서 이 시기의 성은 크게 해자, 외벽과 내벽, 성문과 탑으로 이루어졌다. 여기에 더해 성의 내부에는 던전Dungeon을 비롯한 여러 시설물도 있다. 오늘날 컴퓨터 게임에 자주 등장하는 던전은 본래 감옥을 뜻했지만, 실제로 상층부는 왕과 귀족의 거처로, 하층부는 포도주를 비롯한 음식물 저장고로 쓰였다. 판타지물에서 흔히 볼 수 있는 '몬스터들의 소굴'은 〈던전 앤 드래곤 시리즈〉의 영향일 뿐, 본래 중세 던전의 모습과는 관계가 적다. 이 모든 성의 형태보다 더 중요한 것은 그 성에 살았던 사람들의 이야기다.

중세는 신분제 사회였기 때문에, 거주하는 공간의 크기와 위치도 타고난 사회적 관계에 따라 결정되었다. 게다가 성은 전술의 발전이나 도시의 성장에 따라 개축을 거듭했다. 또 성의 주인도 역사의 부침에 따라 수시로 바뀌었다. 이 모든 점에서 보면, 중세의 성은 단순한 건축물이 아니라, 봉건적 사회구성과 도시경제로 특징지을 수 있는 중세 역사의 틀 그 자체였다. 이 신분제적 삶의 매트릭스 속에는 수많은 사람이 살았고, 따라서 다양한 이야기가 넘쳐났다.

그러므로 수많은 삶의 이야기들이 층층이 쌓여 있는 중세의 성은 지속적인 호기심의 대상이 되기에 충분하다. 공룡 표본에 흥미를 잃은 후 모형 만들기를 통해 성과 친숙해진 어린이들은 청소년이 되어서도 게임을 통해 그 속에 담겨있던 또 다른 모습들을 알아간다. 대학생이 되어서도 중세의 성은 여전히 새로운 호기심을 자극한다. 문학을 전공하는 청년들은 《롤랑 이야기》, 《돈키호테》, 《아이반호》를 읽고, 역사를 배우는 이들은 장원과 더불어 중세사를 이끌어간 사회경제적 축으로서 영주가 사는 성채의 의미를 재발견한다. 어디 그뿐인가? 세상의 변혁을 꿈꾸는 이상주의자들은 중세 말 독일 농민군이 함락한 뷔르츠부르크 성과 마리엔부르크 요새 이야기에 푹 빠져든다. 이렇게 축적된 호기심과 지식이 또 다른 자극이 되어 성인이 된 사람들이 가족과 함께 마리엔부르크와 런던탑과 몽생미셸을 여행하지 않던가?

과학자와 예술가에게 그렇듯, 역사가에게도 제1의 자산은 호기심이다. 호기심은 모든 일의 시작이다. '왜?'로 시작되는 물음은 개인에게 활력을 제공해주고, 사회의 역동적 발전을 가능케 해준다. 그 호기심이 우리의 운명을 어디로 이끌어갈지 우리는 알 수 없다. 때로는 호기심 때문에, 때로는 정의감 때문에 가혹한 일을 겪어야 했던 사람들을 이미 많이 알고 있기 때문이다. 인간의 근육구조를 세밀하게 파악하고 싶은 나머지 마을의 공동묘지를 도굴해서 갓 매장된 시신을 몰래 해부하다 체포된 레오나르도 다 빈치가 그런 경우다. 누구도 말리지 못할 바로 그 기질 때문에 다빈치는 하마터면 종교재판에 회부되어 목숨을 잃을 뻔했다. 교황의 선처가 아니었다면 그는 허락된 삶보다 훨씬 더 일찍 생을 마감했을 것이다.

그래서 서양에서는 이런 말도 있다. "Curiosity killed the cat." 우리말로 하면, "너무 알려고 하지 마", "알면 다쳐" 정도의 뜻이다. 그러나 더 자세히 알고 싶은 마음을 이런저런 이유로 억제하면, 그 삶이 재미있을까? 천지창조 이후 에덴동산의 선악과에 손을 댄 하와, 에피메테우스의 아내로서 끝내 제우스의 명령을 어기고 상자를 열었던 판도라에서부터 아인슈타인과 호킹에 이르기까지, 인류가 걸어온 길은 호기심 없이는 전혀 설명할 수가 없다. 과거에 대한 인간의 관심도 마찬가지다. 호기심이야말로 인간의 특징이자, 제대로 된 역사가의 자질이다.

역사 문해력 수업

참고문헌

강만길, 《분단시대의 역사인식》(창비 2018).

니체, 프리드리히, 이진우 옮김, 《비극의 탄생·반시대적인 고찰》(책세상 2005).

라카프라, 도미니크, 육영수 옮김, 《치유의 역사학으로—라카프라의 정신분석학적 역사학》(푸른역사 2008).

블로크, 마르크, 정남기 옮김, 《역사를 위한 변명》(한길사 1979).

블로크, 마르크, 김용자 옮김, 《이상한 패배—1940년의 증언》(까치 2002).

베버, 막스, 김덕영 옮김, 《문화과학 및 사회과학의 논리와 방법론》(길 2021).

설혜심, 《지도 만드는 사람—근대 초 영국의 국토·역사·정체성》(길 2007).

신채호, 《독사신론》(부크크 2018).

이영권, 《조선시대 해양유민의 사회사—15~17세기 섬을 떠난 제주사람들》(한울 2013).

코젤렉, 라인하르트, 한철 옮김, 《지나간 미래》(문학동네 1998).

코젤렉, 라인하르트, 최호근 옮김, 《역사》(푸른역사 2021).

키케로, 마르쿠스 툴리우스, 전영우 옮김, 《연설가에 대하여》(민지사 2013).

케네디, 폴, 이왈수 외 옮김, 《강대국의 흥망》(한국경제신문 1997).

히틀러, 아돌프, 황성모 옮김, 《나의 투쟁》(동서문화사 2014).

Rüsen, Jörn, *Historische Orientierung. Über die Arbeit des Geschichtsbewußtseins, sich in der Zeit zurechtzufinden*(Böhlau 1994).

2

역사적 사실과 진실

'문학은 개연성의 세계를 다루지만, 역사학은 사실성의 세계를 다룬다.'

역사를 전공하는 사람이라면 대학을 졸업하기 전에 몇 번은 들어봤을 이야기다. 사실에 대한 탐색은 진실로 향하는 첫걸음이다. 사실事實을 파악하기 위해 역사가는 낯선 시대 속으로 들어가 자료의 진위를 판별하는 사실查實 작업에 몰두한다. 이어서 과거를 복원하는 데 필요한 단서들을 선별해서 면밀하게 검토하는 사실寫實 작업을 진행한다. 이 과정이 성공적으로 이루어진다면, 역사가는 과거의 진실에 한층 더 가까워질 수 있게 될 것이다.

여기까지가 사람들이 직업적 역사가에게 기대하는 바다. 하지만 역사적 진실에 도달하기까지 역사가는 수많은 난관을 통과해야 한다. 여기서는 몇 개의 사례를 통해 국가나 공공기관이 생산한 문서자료가 사실의 전부는 아니라는 점을 보여주고자 한다. 진실 중에는 물처럼 유동적이거나 공기처럼 흩어지기 쉬워서 규격화된 용기에 담기지 않는 것들도 있다.

　민간인 집단학살 같은 경우에 역사가는 존재하지 않는 공문서나 편향적인 국가기록에 의존하기보다는, 차라리 산화된 지 오래된 희생자들의 유해 속에서 진실의 단서를 찾는다. 때로는 자연과학적으로 확증될 수 없는 영적 현상에 대한 집단적 신념이나 상상의 세계까지 사실 범주에 포함해야 한다. 때에 따라서는 단위 부대의 기록보다 전투 현장에 있던 노병들의 기억이 진실에 더 가까운 경우도 있다. 이 장에서는 사실의 다의성과 다양성에 초점을 맞춰 역사적 사실과 진실의 복잡한 관계를 생각해볼 기회를 독자들에게 제공할 것이다.

06

소재적 사실과 해석적 사실: 여양리 골짜기에서 발견한 그루터기 사실

전장에 나서는 군인에게는 인식표가 있다. 한 쌍으로 이루어진 이 군번 줄을 사람들은 '개목걸이'라고 부른다. 이 둘 가운데 하나는 자기 목에 걸고, 다른 하나는 부대에 남긴다. 적군과 아군의 사체가 뒤엉킨 전장에서, 때로는 포탄에 맞아 사체 수습이 불가능할 때 희생자의 신원을 파악하기 위해서다. 지금도 진행되고 있는 한국전쟁 희생 장병 유해 발굴과 신원 확인에도 이 군번 인식표가 큰 역할을 하고 있다.

민간인에게도 신원을 확인할 수 있는 징표가 있다. 성년이 되면 발급받는 주민등록증이 대표적이다. 대한민국 건국 후에는 공민증이라는 이름의 신분증이 발급되었다. 그러나 한국전쟁 희생자들 가운데 많은 수를 차지하는 민간인 중에는 공민증 없이 죽은 이가 적지 않다. 마산 여양리 골짜기에서 뒤늦게 발굴된 148구의 유골이 바로 그 경우다.

2005년 여름 학회 회원들과 함께 여양리 골짜기를 찾았을 때, 이곳에서 오랫동안 민간인 학살 희생자 발굴 작업을 진행해온 경남대 이상길 교수에게서 들은 이야기가 있다. 유골 더미 속 구멍 난 낡은 옷 안주머니에서 발견된 나무 도장의 주인공을 애타게 찾고 있다는 사연이었다. 성씨 표기도 없이 '태인泰仁'이라는 글자만 새겨진 그 도장은 여양리 유해 발굴지 네 곳 가운데 하나인 폐광 바닥에서 나왔다. 발굴 당시 도장을 품고 있던 유골은 엎드린 자세였고, 그 위에는 두 구의 유해가 포개져 있었다. 하의는 없이, 양복 상의만 발견되었다. 6센티미터 남짓한 목도장은 나무젓가락, 구둣주걱과 함께 쑥색 줄무늬 양복 속에 들어 있었다. 오른쪽 안주머니 바로 위에는 '대송大松'이라는 양복점 이름이 새겨져 있었다.

이상길 교수는 25세 전후의 남성으로 추정되는 이 도장 주인공의 가족을 찾기 위해 진주를 비롯해 경남 서부 지역 일대에 2만 장의 전단을 배포했다. 지역 통반장들과 마을회관을 통해서도 널리 홍보했다. 그럼에도 아무런 성과가 없자 이 교수는 자료 일체와 함께 이 사연을 언론에 공개했다. 이 교수는 유해 더미 속에서 30여 점의 혁대가 발견되고 교도소 수감자의 옷이 아닌 민간인 복장이었던 점에 근거하여 이 희생자들을 국민보도연맹 명부에 올라있던 사람들로 추정했다.

골짜기 바위에 앉아 함께 안타까워했던 내게 소식이 들려온 것은 얼마 지나지 않아서였다. 나무 도장의 주인공이 송벽학과 전명순 사이에서 태어난 송태인으로 밝혀졌다는 소식이었다. 이 교수가 일 년여 추적 끝에 거둔 결실이었다. 본적지가 진주시 옥봉동 514번지인 송태인은 1936년 진주 제2공립보통학교에 입학했고, 해방 후에는 고려예술연극

회라는 극단을 조직해 제1회 영남예술제에 참가하기까지 한 청년 연극인이었다.

물론 완전한 확증은 아니었다. 유족들을 찾아 DNA 조사를 벌였지만, 일치되는 결과가 나오지 않았던 것이다. 그러나 이 교수는 송태인의 어머니가 두 사람이었던 점과 유골 손상 때문에 DNA 분석의 정확도가 떨어지는 점을 볼 때, 이 결과가 이미 밝혀진 사실들을 부정하기 어렵다는 입장을 내놓았다.

여양리 골짜기에서 수습된 148구의 유골에는 한결같은 공통점이 있다. 엎드린 자세, 손을 뒤로 결박할 때 사용되었을 녹슨 철사, 가슴과 두개골에 남아있는 총상 흔적, 국군이 사용했던 M계열의 소총과 기관총 탄피들이 바로 그것이다. 유골의 주인공들이 끌려온 때와 그들의 모습을 기억하고 있는 촌로들의 증언, 사체들을 옮기거나 파묻는 데 동원되었던 사람들의 목격담이 희생자들의 사연을 짐작케 해준다. 학살 직후에 퍼부은 비 때문에 붉게 물들었던 인근 마을의 작은 개천, 죽음의 현장에서 피어오르던 연기와 악취에 대해 목격자들이 들려주는 기억은 반세기 이상의 시간이 흘렀어도 듣는 우리를 몸서리치게 만든다.

이만하면 1950년 7월, 그 무더웠던 여름에 마산의 외진 골짜기에서 일어난 일들을 사실로 받아들이기에 충분치 않을까? 국가의 공문서를 통해 확증하기 어려워도, 누렇게 변색된 유해와 소지품, 마을 주민들에게 아직도 트라우마로 남아있는 몸의 기억들은 모두가 한 방향을 지시한다. 희생된 이들이 누구였는지, 그리고 그들이 왜, 어떻게 죽었는지 말이다.

과거의 증인 그루터기

나는 이 모든 것이 부인할 수 없는 사실, 곧 그루터기 사실이라고 믿는다. 내가 초등학생이었을 때 아버지가 심은 자리에 고사리 같은 손으로 물 주고 키웠던 그 묘목이 유학을 마치고 돌아와보니 마을에서 가장 큰 나무가 되어 있었다. 성년을 넘어선 이 나무는 여름철이면 시원한 그늘을 만들어주었고, 마을의 까치들에게 안식처를 제공해주었다. 가을이면 나무에 달린 은행 따는 일이 연례행사처럼 반복되었다. 그렇게 나무는 자랐고 우리 가족의 기억은 나무와 점점 더 얽혀갔다. 묘목을 심은지 40년쯤 되던 해 어쩔 수 없는 이유로 나무를 베어야 했다. 포크레인과 대형 트럭이 왔고, 세 명의 인부가 반나절 걸려서 일이 끝났다. 작업을 마친 후 일꾼들이 말해주었다. 앞으로도 오랫동안 나무 그루터기와 뿌리가 사라지지 않을 것이라고 말이다. 수분이 빠지면서 뿌리가 수축되겠지만, 완전히 부식되기 전까지는 오랜 시간이 걸릴 것이란다. 지금도 예전의 자리를 지키고 있는 그루터기는 그만한 직경의 아름드리 은행나무가 바로 그 자리에서 살아 숨 쉬었다는 사실을 증언해준다. 그루터기는 과거의 증인이다.

적잖은 사람들이 우리 시대를 포스트모더니즘의 시각에서 설명한다. 그리하여 어느덧 진실이라고 주장되는 것들에 대한 의심, 끝없는 문제 제기, 가치 상대주의가 우리 시대의 특징처럼 되어버렸다. 물론 우리가 지향하는 민주주의는 다원적 사고를 전제한다. 그러므로 어떤 하나의 사건에 대해 다양한 해석이 제기되는 것은 한국 사회가 개방적이며 건강하다는 증거다.

하지만, 진실에 대한 지나친 회의가 우리에게 꼭 유익하지는 않은 것 같다. 기록된 역사에 대한 의심이 우리에게 필요한 것은 분명하다. 의심은 비판과 더불어 약자들의 가장 강력한 무기다. 기성 권력에 대한 도전이 의심에서 시작되는 것은 틀림없다. 중심의 시각에 대한 도전은 모든 학문의 출발점이다. 내가 우려하는 것은 다만 '진실은 없다'는 비판 일변도의 사고가 초래할지도 모를 부정적 결과다. 가치 상대주의의 여러 유형 가운데 양비론이 특히 문제가 될 수 있다. 'A도 믿을 수 없지만, B도 사실은 아닐 것'이라는 태도는 때때로 편의적 무관심과 똑같은 결과를 동반한다. 그 결과가 약자의 가슴에 비수를 꽂는다.

아군 총탄에 관통된 유골이 여양리 골짜기에서 발견되었다. 이것은 부인할 수 없는 일이다. 그래서 우리는 이것을 엄연한 기초적 사실로 받아들인다. 이 기초적 사실을 수집하고 해명하면서 역사가의 작업이 시작된다. 역사가의 작업은 집 짓는 일과 흡사하다.

재료가 같아도 건축가의 설계와 건축 양식에 따라 전혀 다른 건축물이 등장하는 것을 우리는 종종 목격한다. 각각의 건축물에는 석재나 목재나 벽돌이 사용된다. 그 가운데 시멘트 벽돌은 물과 모래와 시멘트로 구성된다. 모래와 시멘트 가루가 물로 인해 결합되고, 이렇게 해서 만들어진 벽돌이 상이한 건축물을 만들어낸다. 이처럼 모든 일에는 물리적으로 존재하고, 상식적으로 인정할 수밖에 없으며, 더이상 쪼개기 어려운 소재가 있다. 인간의 삶에서 한 사람 한 사람이 소중한 이유도 바로 여기에 있다. 개인은 더이상 '분할 불가능하다'는 의미에서 'individum'이다. 개인의 소중함은 망자의 시신을 우리가 가볍게 대하지 않는 데서 가장 잘 드러난다. 시신이 썩고 또 썩어 남은 것이 유골이다.

이 유골은 시간이 더 흐르면 부식되어 아주 미세한 흙가루로 해체될 것이다. 그렇게 원소적 존재로 최종 분해되기 전, 개인의 삶과 죽음을 증언하는 최후의 증거가 바로 유골이다.

소총과 기관총에 의해 훼손된 유골과 주변의 증거들은 그 주인공들이 학살의 희생자였음을 증언한다. 여양리 골짜기에서 어렵게 수습된 유해는 그 누구도 부정할 수 없는 소재적 사실이다. 이 소재적 사실이 없다면, 역사에 관한 우리의 모든 서술은 있었던 것에 관한 진술이 아니라 하고 싶은 말의 표현에 불과하게 된다. 이 소재적 사실은 증거로서의 가치를 요구할 자격이 있다. 증거로서의 채택 여부는 물론 좀 더 복잡한 과정을 거쳐야 한다. 그러나 이제까지 수많은 경험과 연구 위에 축적된 감각, 곧 경험의 법칙은 이 소재적 사실 앞에 우리 후세대가 좀 더 진중한 태도를 취할 것을 요구한다. 그것이 인간의 길이다.

이미 색이 바래버렸지만 남겨진 총탄 자국만큼은 분명한 대퇴골과 부식된 탄피. 이것들이 어디 여양리 골짜기에서만 발견되었던가? 경산 코발트 광산, 대전 산내 골짜기, 고양 금정굴 등 우리 땅 방방곡곡에서 우리는 이 비극의 잔여물과 마주한다. 이보다 더한 비극도 산적해 있다. 강과 바다에 수장되어 흔적조차 찾을 수 없는 이들의 주검이 바로 그런 경우다.

세월이 흘러 세상에 존재를 드러낸 유골은 빙산의 일각에 불과하다. 수많은 희생자 가운데 일부만이 파편으로 축소된 존재의 흔적을 통해 세상에 말을 걸고 있다. 부인할 수 없는 이 수많은 사실이 모여 한국전쟁의 한 차원인 민간인 학살의 층위를 이룬다. 엄연하게 존재하는 이 비극의 층위야말로 한국전쟁을 단순한 전쟁사나 군사사 시각에서 보지 말도록 우리에게 요구한다.

한국전쟁은 한마디 말로 성격을 규정하기 힘든 총체적 사실이다. 수많은 측면과 여러 층위를 동시에 지닌 복합적 사실이요, 해석적 사실이다. 이 해석적 사실이 공허한 이데올로기 논쟁으로 흘러가지 않게 해주는 것이 소재적 사실들이다. 그러므로 소재적 사실이야말로 모든 역사 연구와 서술의 출발점이자 종착점이라고 할 수 있을 것이다.

증거를 위한 투쟁: 바르샤바 게토의 녹슨 우유통

1970년 12월 7일 폴란드 바르샤바. 잿빛 하늘에 날씨는 추웠고, 땅은 비에 젖어 있던 이날 서독 총리 빌리 브란트가 바르샤바 시내의 한 기념물 앞에서 놀라운 장면을 연출했다. 제2차 세계대전 때 독일이 저지른 범죄에 대해 어떤 식으로든 총리의 유감 표명이 있을 것이라는 전망은 있었다. 하지만 내외신 기자들이 보는 앞에서 총리가 무릎까지 꿇을 것이라고 예상한 사람은 아무도 없었다. 불과 30초 사이에 벌어진 일 때문에 이웃나라 정상의 방문에 냉랭했던 폴란드인들의 마음이 흔들렸다. 이날 서독과 폴란드 사이에 체결된 바르샤바 조약에는 폴란드 국민이 오래도록 염원해온 내용이 명기되었다.

과거에 대한 사죄와 미래를 기약하는 약속의 선서가 모두 한날에 벌어졌다. 바르샤바 조약은 현재 동독과 폴란드를 가르고 있는 오더−나

이세Oder-Neisse강이 앞으로 통일될 독일과 폴란드의 영원한 국경선이 될 것임을 못 박았다. 이 약속은 제2차 세계대전 당시 나치가 독일 땅으로 편입했던 폴란드 서부 지역에 대한 영유권을 서독이, 그리고 미래의 통일 독일이 더이상 주장하지 않겠다는 공증서였다. 이에 폴란드는 의심을 버렸고, 서독은 폴란드를 친구로 얻었다. 덤으로 유럽과 세계의 마음까지 얻었다. 이로써 브란트와 사회민주당이 추진해온 '동방정책'은 분명한 결실을 맺었다.

훗날 사람들은 브란트에게 왜 하필 그곳에서 무릎을 꿇었는지 물었다. 브란트 자신은 즉답을 피했다. 사정이 복잡하니만큼 대답도 간단치 않았을 것이다. 분명한 것은 예상 밖의 행동이 브란트 본인의 결정에서 비롯되었다는 점뿐이다. 브란트는 이벤트 장소로 시내에서 약간 벗어난 유대인 게토 항쟁 기념물Pomnik Bohaterów Getta Warszawskiego이 아니라, 시내 한복판에 있는 폴란드 민족항쟁 기념물Pomnik Powstania Warszawskiego을 택할 수도 있었다. 폴란드 정부와 국민의 반응을 염두에 두었다면, 그편이 훨씬 더 나았다. 그러나 브란트는 유대인의 반응과 세계의 여론까지 고려했다. 식민지 지배와 전쟁범죄뿐만 아니라, 반인도 범죄와 제노사이드 범죄까지도 사죄 대상에 포함하고자 한 것이다. 그 생각이 정치적 계산에서 비롯된 것이라면, 그것은 참으로 대가다운 계산이었다.

나는 그 점에서 브란트와 참모들의 혜안에 감탄한다. 대통령이나 총리가 해외를 공식 방문할 때 중요한 것은 경호만이 아니다. 우리가 어떤 의제를 제안해야 할지, 상대국이 어떤 의제를 준비하고 있는지, 언제, 누구와 어떤 장소를 방문해야 상대국의 호의와 세계 여론의 주목을

역사 문해력 수업

이끌어낼 수 있는지도 중요한 고려 요소가 된다. 대통령의 행보와 말, 때로는 대통령의 침묵이 그 나라의 실력이요, 문화적·정치적 역량이다. 이 점에서 보면, 브란트 총리가 바르샤바 게토 항쟁 기념물 앞에서 무릎 꿇은 사건Kniefall은 '신의 한 수'라고 불러도 부족함이 없다.

브란트가 택한 게토는 어떤 곳이고, 그곳에 자리한 게토 항쟁 기념물은 무얼 기리기 위한 것이었을까? 기념물은 나치 독일이 패망하기 2년 전인 1943년 4월 19일 봉기의 총성이 처음 울렸던 바로 그 자리에 세워졌다. 흥미롭게도 이 기념물 축조에는 독일 땅에서 공수해온 석재가 사용되었다. 히틀러가 애지중지한 건축가 알베르트 슈페어Albert Speer가 베를린에 신축하고자 설계한 건물의 한 조각이 나치 항쟁 기념물에 사용된 것은 매우 의미심장한 선택이었다.

이 기념물이 기리고자 하는 1943년 게토 항쟁은 고심의 산물이었다. 삶에 대한 막연한 희망과 가족에 대한 무차별 보복에 대한 공포 때문에 주저하던 유대인 청년들은 가족 중 대부분이 절멸수용소로 끌려가고 나치의 게토 폐쇄 결정이 임박했다는 소문이 돌자 때늦은 봉기를 감행했다. 그 중심에 선 인물이 모르드카이 아니엘레비치Mordechai Anielewicz였다. 그가 이끈 유대인 투쟁기구Żydowska Organizacja Bojowa (ŻOB) 주도의 투쟁은 6주 만에 끝나고 말았다. 패배하기는 했지만, 총과 수류탄, 기관단총 같은 보잘것없는 무기로 무장했던 점을 감안하면, 숭고한 패배였다.

아니엘레비치를 비롯해 수십만 명의 유대인이 머물렀던 바르샤바 게토는 처음부터 절멸을 목표로 만들어진 집단 살해 장소는 아니었다. 그보다는 유대인들이 서서히 죽어가도록 임시로 만든 도시 속의 격리공간이었다. 나치당은 이곳 게토를 저렴한 군수물자 생산 공단으로 활용했다. 이후 나치 독일의 소련 침공과 더불어 '최종 해결Endlösung'로 불리는 유대인에 대한 절멸정책이 결정되면서 게토에서 근근이 목숨을 유지하던 유대인들에게 종말의 순간이 닥쳤다. 바르샤바와 아우슈비츠, 바르샤바와 트레블링카 절멸수용소 사이를 왕래하는 기차들의 움직임이 빈번해질수록 게토의 인구는 빠르게 줄어들었다.

게토 안에 살던 사람들은 처음에는 이런 변화를 눈치 채지 못했다. 인간에 대한 최소한의 믿음, 설마 하는 기대, 나치의 현란한 기만술 때문이었다. 그러나 이보다 더 근본적 이유는 희생자와 가해자가 서 있는 위치가 절대적으로 다른 데 있었다. 게토 안에 갇혀 있던 유대인들 입장에서는 베를린 총통실이 조종간을 쥐고 있는 거대한 살인 시스템의 운행 원리와 패턴을 파악하는 것은 불가능에 가까웠다.

명목상 바르샤바 게토의 자치를 위임받은 유대인회 의장, 곧 유대인 사이에서 지혜로운 사람으로 존경받던 아담 체르니아쿠프Adam Czerniaków의 선택은 이처럼 곤혹스러운 상황을 잘 보여준다. 방법이 곤궁할 때는 "팔 하나를 잘라서라도 몸통을 지켜야 한다"는 말로 게토의 유대인들을 설득했던 체르니아쿠프는 매우 현명한 사람이었다. 실제로 그는 나치의 수요를 선제적으로 충족하기 위해 동분서주하며, 봉기를 주장하는 사회주의 계열 청년들을 만류했다. 그러나 결과는 참혹했다. 나치의 수족이 되어 동족의 비난을 한몸에 샀던 그도 결국에는 살아남지 못했다. 유대인들의 희생을 최소화하기 위해 애써온 그는 자책감을 이기지 못하고 1942년 7월 23일 유대인회 사무실에서 스스로 목숨을 끊었다.

기억의 파수꾼 링엘블룸의 소명

게토에 갇혀 있던 지식인들 중에는 체르니아쿠프와 다르게 판단한 사람도 있었다. 그러니 처신도 달랐다. 에마누엘 링엘블룸Emanuel Ringelblum(1900~1944)이 그중 하나였다. 링엘블룸은 인류사의 암흑 같은 시기에 파괴되어가는 기억의 파수꾼 역할을 감당한 폴란드의 유대계 역사가이다. 이 청년은 막연한 희망에 사로잡히지도 않았고, 대책 없는 절망에 빠지지도 않았다. 이 청년은 나치 치하의 바르샤바 게토에서 보고 듣고 겪은 모든 것을 빠짐없이 기록해서 우리에게 전해주었다. 그는 자기 생명을 기록 보존의 소명과 맞바꾼 사람이기에, 직업적 역사가의 귀감으로 불린다.

타력에 의해 들어올 수 있지만 자력으로는 살아서 나가기가 극히 어려웠던 바르샤바 게토에서 링엘블룸은 문화적 저항운동을 조직했다. '안식일의 기쁨'으로 번역되는 '오넥 샤바트עונג שבת: Oneg Schabbat'가 바로 그것이다. 이 지하 지식인운동에는 많은 동료가 참여했다. 그중 하나가 유대인회 의장 체르니아쿠프 곁에서 통역사로 활동했던 마르셀 라이히-라니키Marcel Reich-Ranicki이다. 그는 낮에는 나치를 위해 부역했지만, 밤에는 링엘블룸과 함께 대의에 헌신했다. 구사일생으로 살아남은 라이히-라니키가 남긴 자서전을 통해 우리는 링엘블룸과 '오넥 샤바트'에 관한 이야기를 알 수 있게 되었다.

링엘블룸은 훈련받은 역사가였다. 매우 깐깐하게 작성한 그의 박사학위 논문《초기부터 1527년까지 바르샤바 유대인》이 바르샤바 게토에서 유대인들이 절멸 직전까지 겪었던 경험들을 세밀하게 기록한 홋

날의 활동을 예견케 해준다. 치밀함에 더해 링엘블룸은 열정적인 활동가였다. 제1차 세계대전 후 폴란드 공화국이 수립되자 그는 마르크스-시온주의 계열의 정당Poalei Tzion에 가입해서 영국이 신탁통치를 하던 팔레스타인 지역에 유대인 정착촌을 건설하고자 했다. 1938년에는 나치가 독일 땅에서 폴란드계 유대인을 대량 추방하자 연합구조위원회 대표로서 독일-폴란드 국경의 즈바신에 수용된 6,000명의 난민을 위해 헌신하기도 했다.

바르샤바 게토에서 링엘블룸의 활동은 기록의 생산과 보존에 집중되었다. 나치의 목표가 유대인 파괴와 절멸활동에 대한 은폐였으므로, 이에 맞선 유대인의 선택지는 두 가지였다. 아니엘레비치의 역할이 절멸 자체에 대한 저항이었다면, 링엘블룸의 역할은 나치의 은폐 시도에 대한 저항이었다. 힘없는 자들을 위해 링엘블룸이 택할 수 있는 유일한 길은 기억을 위한 투쟁이었다.

1940년 10월에 설치된 바르샤바 게토의 생활조건은 매우 열악했다. 도시 전체에서 유대인이 차지하는 인구 비중은 30퍼센트를 넘었으나, 바르샤바 시내에서 게토의 면적은 2퍼센트에 불과했다. 사람이 넘쳐났지만, 공간은 협소하기 이를 데 없었다. 심할 때는 방 하나에 일곱 명 이상이 배정되었다. 침상과 화장실 부족보다 더 심각했던 것은 식량 부족이었다.

가족과 함께 수용된 링엘블룸은 같은 처지에 놓인 40만 유대인의 생활을 세밀하게 관찰했다. 그리고 이 생존 불가능한 조건을 강요하는 나치 정책을 집요하게 파악했다. 이 모든 작업은 혼자서 할 수 있는 일이 아니었다. 그래서 조직한 모임이 '안식일의 기쁨'이었다.

링엘블룸이 주도한 '안식일의 기쁨' 활동은 체계적으로 진행되었다. 매주 토요일 오후가 되면 각 분야의 전문가들이 비밀리에 모여들어 관찰 결과와 수집한 자료를 종합했다. 이 가운데 중요한 사항들은 매월 마지막 주에 추려져 다시 정리되었다. 이들의 목표는 하나였다. '폴란드 유대인이 겪는 순교자적 역경에 관한 일체의 자료와 문서를 수집'하는 것이었다. 이를 위해 각종 신문과 공식 보고서는 물론 일기와 편지, 포스터와 사진까지 한데 모았다. 그중에는 전차표와 사탕 포장지도 있었다.

1942년 7월 22일 트레블링카 절멸수용소로 강제 이송이 시작되면서 모든 상황이 급박하게 돌아가기 시작했다. 8월 초가 되자 운동 참가자들은 나치의 정책과 경제 생활, 문화운동과 지하활동에 관해 가장 중요한 자료들만 선별했다. 그리고 이 자료들을 방수 가능한 금속 우유통 3개와 박스에 담아 게토 안의 세 곳에 나누어 매장했다. 다음 해 4월 링엘블룸은 강제노동 수용소로 이송되었다가 탈출하여 가족과 함께 바르샤바 시내의 지하 벙커에 은신했다. 이곳에서도 그는 정보 수집과 기록 활동을 중단하지 않았다. 그러다가 1944년 3월에 은신처가 발각되고 말았다. 아내와 어린 아들과 함께 체포된 링엘블룸은 바르샤바 시내의 파비악 감옥에서 처형되었다.

오넥 샤바트에 참여했던 이들 가운데 살아남은 사람은 셋뿐이다. 이들은 제2차 세계대전이 끝난 후 감추어둔 자료를 발굴하기 시작했다. 첫 번째 우유통은 1946년에, 두 번째 우유통은 4년 후인 1950년에 발견되었다. 그러나 지하활동 자료를 담은 세 번째 우유통은 아직도 발견되지 않고 있다. 1943년부터 1944년까지 벙커에 숨어 있던 링엘블룸이 남긴 기록 더미는 폴란드 친구들 집에 숨겨두었다가 전쟁이 끝난 후 이스라엘에 있는 로하메이 하게타오트 키부츠 안에 세워진 게토 전사박물관에 기증되었다. 오넥 샤바트의 자료는 현재 바르샤바에 있는 유대역사연구소Żydowski Instytut Historyczny에 보관되어 있다. 수많은 생명과 맞바꾼 총 2만 5,000쪽의 기록은 1,680개의 상자에 보관되어 있으며, 1999년에 유네스코 세계기록유산에 등재되었다.

오늘날 기록보존 전문가들과 역사가들이 링엘블룸이 남긴 자료에 주목하는 이유는 세 가지다. 첫째, 그 자료의 대부분은 희생자들 자신이 남긴 기록이기 때문이다. 대부분의 학살 사건에서 희생자들이 남긴 자료들을 발견하기 어렵다는 점에서 그 의미는 매우 크다. 참혹한 일을 겪으며 실시간으로 기록된 결과라는 점에서 오넥 샤바트 자료가 갖는 증거력은 강력하다. 그 힘은 시간과 공간의 간격을 넘어서는 직접성에서 비롯된다. 둘째, 사진들이 다수 포함되어 있었던 점에서도 자료적 가치가 이루 말할 수 없이 크다. 비밀리에 촬영하거나 나치에 의해 고용되었던 유대인 사진사들이 감시망을 피해 몰래 반출한 사진들은 게토 안에서의 생활조건, 유대인들의 삶의 의지, 저항, 그리고 죽음의 장면까지 생생하게 전해준다. 셋째, 오넥 샤바트 자료에는 게토 유대인회와 독일 관청들 간에 오간 서신과 문서들이 다수 포함되어 있다. 이 자료들은 링엘블룸의 동료 라이히-라니키가 위험을 무릅쓰고 빼돌린 것이기에 기록으로서 가치가 매우 뛰어나다. 이러한 이유에서 링엘블룸과 동료들이 남긴 자료는 훗날 폴란드 지하운동과 런던에 있던 폴란드 망명정부에 관한 공식 보고서를 작성할 때도 중요한 근거로 활용되었다.

나치 외에는 자유로이 들어갈 수 없었고, 나치의 허락 없이는 그 누구도 살아서 나올 수 없었던 감시와 통제 구역이 게토였다. 게토에 관한 기록의 전권은 오로지 나치의 수중에 있었다. 나치는 바르샤바 게토를 가시 철조망이 있는 높은 담장으로 둘렀고, 거기에 전염병 퇴치를 명분 삼아 인종혐오의 방역선까지 더했다. 희생자들의 기록이 아니었다면, 과거의 진실을 규명하려는 훗날 역사가들의 노력도 무위로 끝났을지 모른다. 왜냐하면 직업적 역사가는 승자의 아우성에 파묻힌 약자와 소수자의 들릴 듯 말 듯한 소리를 채증하여 되살릴 수는 있어도, 아예 남아있지도 않은 목소리까지 새로 만들어낼 수는 없기 때문이다. 역사가는 몇 개의 파편을 가지고 과거의 모습을 재구성하고자 애쓴다. 역사가의 상상은 그 이상을 지향할 수 없다.

그렇기에 링엘블룸이 남긴 자료들이 고마운 것이다. 그 녹슨 우유통두 개가 아니었다면, 우리는 바르샤바 게토에 대해 추측과 상상으로 이야기한다는 비난을 듣고 있을 것이다. 역사가가 가장 두려워하는 것이그런 종류의 비난이다. 그런 비난이 난무하는 곳에서 대부분 역사가는침묵의 길을 택한다. 역사가가 침묵하는 곳에서 발언할 수 있는 사람은생존자밖에 없다. 그러나 이제는 과거를 기억하는 생존자가 얼마 되지않으며, 그들의 기억도 쇠잔해진 상태다. 사건이 종식된 지 벌써 70년이 흘렀기 때문이다. 상황이 이렇기에 증거를 확보하기 위해 투쟁했던오넥 샤바트가 그만큼 더 소중한 것이다.

08

딱딱한 사실, 부드러운 사실: 제주 심방굿과 영게울림

이 세상에는 억울한 일이 많이 있다. 70여 년 전 제주 동쪽 끝, 비경을 자랑하는 성산에서 멀지 않은 다랑쉬굴에서 벌어진 일도 그중 하나다. 1948년 12월 18일, 4·3의 피바람을 피해 이곳에 숨어 있던 열한 명의 인근 마을 주민이 군·경 합동 토벌대에 살해되었다. 그 방식이 참 처연하다. 토벌대가 굴 입구에 지핀 불 연기에 질식되어 목숨을 잃은 것이다.

그로부터 44년 후인 1992년, 제주 4·3연구소가 이 현장을 발굴하고 유골을 수습했다. 그러나 행정 당국은 유족의 뜻과 달리 그 유골을 화장해서 바다에 뿌렸고, 굴 입구도 막아버렸다. 유족들의 가슴도 막혔다. 이 모두가 국가 차원의 과거사 진상 규명 작업이 시작되기 전에 벌어진 일이다. 본래 이름이 '선수머셋굴'인 이곳 다랑쉬굴에 남아있던 유해와 몇 개의 유품이 수습되는 데는 다시 오랜 시간이 걸렸다.

역사 문해력 수업

이처럼 억울할 일이 또 있다. 다랑쉬굴의 정반대 쪽인 서귀포시 대정읍 상모리에 있는 백조일손지묘百祖一孫之墓가 바로 그 경우다. 이곳이 우리를 처연하게 만드는 것은 단순히 희생의 규모가 커서가 아니다. 가족들이 망자의 유골조차 식별할 수 없는 사연 때문에 그렇다. 이 어처구니없는 떼무덤에 묻힌 분들은 한국전쟁이 발발한 1950년 여름에 자행된 예비검속 희생자들이다. 이들 중에는 4·3 때 토벌대의 선무공작에 따라 귀순한 사람들도 다수 포함되어 있어, 제주가 겪은 참사의 크기를 새삼 느낄 수 있다. 희생자들은 모두 일제강점기에 건설된 알뜨르 비행장 남쪽, 곧 섯알오름 바로 밑으로 끌려가 살해되었다. 이들은 탄약고 입구가 가까워 보이기 시작하자 신발과 옷가지를 벗어던졌다. 황망한 가운데서도 가족들에게 자기 죽음의 자리를 알리려는 뜻에서였다.

그러나 정작 유족들은 군경의 출입금지 조치 때문에, 1957년이 되어서야 현장을 다시 찾을 수 있었다. 사건 발발 7년 후였다. 시신의 식별이 아예 불가능했기에, 유가족들은 한데 섞여 있는 유골들을 순서 없이 수습할 수밖에 없었다. 이 때문에 유족들은 망자를 위한 일반적 예법을 따를 수도 없었다. 하여 억지로 132개의 무덤을 만들고, '백조일손지묘'라는 비석을 세웠다. '백 할아버지에 한 자손'이란 뜻이다. 이 공동묘지에서 유족들은 매년 7월 칠석날에 합동으로 제사를 지낸다. 우리 현대사의 비극적 운명이 또 하나의 운명 공동체를 만들어낸 셈이다.

어쩌면 이 두 경우는 그나마 다행일지도 모른다. 제주에는 시신이나 유골을 아예 수습하지 못한 경우가 너무 많기 때문이다. 최근에 겪은 사회적 재난을 통해서 우리는 망자의 주검을 수습하지 못할 때 유족들에게 얼마나 큰 상처가 남게 되는지 잘 알고 있다. 객사한 이들의 혼령은 명계冥界에서 자기 자리를 찾지 못하고 원혼이 되어 이승을 떠돌아 다닌다는 믿음은 우리나라에서 베트남에 이르기까지 동아시아 사회에 광범위하게 퍼져 있다. 여기서 비롯되는 유족의 고통은 '학살의 섬' 제주 도처에서 확인할 수 있다. 그 증거 가운데 하나가 지금까지 제주 곳곳에서 이뤄지고 있는 원혼들에 대한 다양한 위령 행위다. 그중에서도 가장 두드러지는 것이 심방들의 굿이다.

도서 지역에는 무속의 전통이 강하다고 한다. 제주도 그런 곳이다. 2000년대 초반의 자료에 의하면, 제주 전역에 심방이라는 이름으로 불리는 무당이 270명 이상 있었다. 마을 단위로 각종 신을 모시는 당도 300개에 달한다. 우리나라 무속 연구에 천착해온 종교학자 김성례는 제주에서 무속이 유난히 강한 명맥을 유지하고 있는 이면에 4·3이 있다고 말한다. 그에 따르면, 공식적인 위령제가 개최된 1988년 전까지 40년 동안 4·3을 이야기하고 치유하는 중요한 역할을 수행한 이들이 바로 심방이다. 이렇게 사적 차원에서 심방을 매개로 조심스럽게 행해진 위령의 제의가 현재와 같은 공식적 위령제의 초석이 되었다.

심방들은 오랫동안 유해조차 찾을 수 없는 4·3 희생자들의 원혼을 굿을 통해 불러내서 살아남은 가족들과의 만남을 주선해왔다. 이 굿에서 핵심을 차지하는 것이 억울하게 죽은 영혼의 '영게울림'이다. 영게울림이란 '사자의 탄식lamentations of the dead'을 말한다. 살해당한 사람의 영이 심방에게 빙의해 가족을 만나 자기 이야기를 함으로써, 죽은 자와 살아남은 자 간의 소통이 극적으로 이뤄진다는 것이다. 이로써 황망함 가운데 살던 유가족이 치유의 가능성을 발견한다. 왜냐하면 이 만남을 통해 죽은 가족 구성원이 비로소 저승에서 자기 자리를 찾게 된다고 믿기 때문이다. 김성례는 국가 차원의 인정과 사과가 행해지고 공식적 위령행사가 거행되는 지금도 4·3 희생자와 유가족 사이를 이어주는 심방의 영매 기능은 사라지지 않고 있다고 말한다. 그만큼 제주에는 학살 희생자가 넘쳐나기 때문이다.

제주 심방들의 이러한 영매활동을 역사가로서 어떻게 받아들여야 할까? 죽음 이후의 세계에 관해, 영과 혼의 사후불멸에 관해 믿지 않는 사람들에게 이러한 이야기는 가당치도 않을 것이다. 경험과학의 전통에 서서 원칙을 준수하는 학자들에게도 마찬가지다. 이들에게 5감과 계측장치를 통해 확인할 수 없는 세계는 존재하지 않는 세상이다. 허구의 세계는 학문적 대상이 될 수 없다.

심방의 접신과 초혼招魂, 죽은 자와 살아남은 자의 해후, 원혼의 해원을 통한 유가족의 치유와 안녕에 관한 이 이야기들을 역사가는 사실로 인정할 수 있을까?

있다! 나는 그렇게 생각한다.

추측과 반박에 대해 열려 있는 과학적 지식과 관계된 사실을 우리는 '경성硬性 사실hard fact'로 지칭한다. 이 딱딱한 사실만을 사실로 받아들인다면, 심방의 치유 행위는 사실로 인정될 수 없다. 그러나 어떤 문명, 어떤 장소, 어떤 시대에 그곳에 살고 있던 사람들 가운데 상당수가 무언가 실재한다고 믿었거나 그 효능에 대해 인정한다면, 상황은 달라진다. 그때 그곳에서 믿음의 체계와 상징적 행위가 사람들의 삶에 분명하게 영향을 미쳤다면, 그것 역시 사실로 인정해야 한다. 성모의 현현이나 미륵불의 현시에 대해 서구 중세나 고려 초기의 민중 가운데 다수가 믿었다면, 그리하여 그들이 지상에 현현한 성모를 알현하기 위해 무리 지어 마을을 떠나거나 민중봉기에 가담했다면, 그 믿음과 상징의 체계, 그리고 거기서 파생된 행위와 결과들은 그 자체로서 하나의 사실관계를 구성한다. 이러한 것을 역사가들은 '연성軟性 사실soft fact'이라고 일컫는다. '부드러운 사실'로 불러도 무방하다.

'과학의 눈'에는 보이지 않는 것들

이렇게 사실을 대하는 우리 사고의 틀을 수정하면, 인간 삶의 무대에 놓인 좀 더 많은 의미의 덩어리들이 시야에 들어온다. 이를 통해 우리는 무엇보다 누군가에 의해 억압되었던 사실관계들과 함께 '과학의 눈'에는 보이지 않던 구조들을 파악할 수 있다.

전 세계적인 냉전체제, 그리고 이 땅의 엄혹한 반공체제 하에서, 국가권력과 최고 통치권자의 폭력은 다양한 방식으로 은폐되었다. 민간인 학살 피해자들은 항변할 기회도 없이 빨갱이가 되었고, 부담스러운 과거사에 대한 언급에는 가혹한 처벌이 따랐다. 이런 상황에서는 어느 누구도 사진과 기록을 증거로 남길 수 없었다. 직업적 역사가들이 믿고 찾는 국공립 아카이브에서 관련 증거를 찾는 것은 불가능에 가까웠다. 종교재판이나 공안기관의 기록 속에 우연에 가깝게, 그것도 범죄 사실로 적혀 있는 내용 외에는 일체의 증거가 남아있지 않기 때문이다. 이런 경우에는 사적 영역에서 공유되었던 개인들의 기억이나 종교와 문화의 틀 속에서 용인되어온 상징적 행위들이 과거의 진실을 복원하는 단서가 될 수 있다.

역사 문해력 수업

이렇게 유연한 입장에 서면, 영게울림으로 대표되는 제주 심방의 굿은 4·3의 역사를 연구하는 데 중요한 실마리를 제공해준다. 무엇보다 4·3에 대한 민중의 기억을 생생하게 재현하는 제주의 무속 의례 속에는 그 기억의 발현을 억압했던 정치체제에 대항하는 저항의 힘이 잠재되어 있다. 희생자의 죽음을 '칼 맞아 죽은 몸'의 형상으로 고발하고 생존자의 고통을 자기 몸으로 아파하며 증언하는 심방의 굿은 무자비한 반공사회의 질서에 편입되기를 거부하는 민의 저항이기도 했던 것이다.

어떤 면에서 보면, 역사가가 해야 할 일은 무당의 일과 별반 다르지 않다. 자기 몸을 빌려줌으로써 억울한 이에게 해야 할 말을 하게 해주는 것이 무당의 굿이라면, 역사가는 한 가지 신호만 발신하는 과거 시대의 공식 기록들 틈새에서 희미하게 발신되고 있는 또 다른 신호들을 감지하여 되살리고자 애쓰기 때문이다. 권력을 잡은 자들은 당대의 현실을 지배했을 뿐만 아니라, 기록도 지배했다. 이를 바탕으로 교육까지도 지배해왔다.

역사가들은 과거 사회에 대한 기록이 단색으로 작성되었다고 해서, 그 사회 자체가 단색이었다고는 생각하지 않는다. 검은색 펜으로, 또는 흑색과 회색 크레파스만으로 그릴 수 있는 세계가 과연 있을까? 칠흑 같은 밤에도 저 멀리 빛나는 별이 있기 때문이다. 역사가는 한 가지 소리만 크게 들려온다고 해서, 그 단음을 그 시대의 소리 전부로 간주하지 않는다. 역사가는 거대한 권력의 음향장치들을 통해 너무 커져버린 몇몇 사람의 목소리를 적정한 수준으로 낮춰야 한다. 더 나아가 들릴 듯 말 듯한 작은 소리들을 우리 시대가 들을 수 있도록 증폭시키는 작업도 수행해야 한다. 어떤 때는 벙어리 된 자의 소리를 듣기 위해 공식 기록 외의 모든 수단을 동원하고 해석할 수도 있다.

'부드러운 사실'에 역사가들이 주목하는 것도 이런 이유에서다. '부드러운 사실'을 도외시한다면, 과거의 다양한 목소리와 색채를 재현할 길도 없어진다. 과거 세계는 우리 현재의 삶과 마찬가지로 다성多聲, 다채多彩, 다면多面, 다양多樣, 다층多層으로 이루어진 복잡계였다. 그러므로 현재 속에서 과거를 되살리는 역사가의 재현 작업도 그에 맞게 다원적 방식으로 진행되어야 마땅하다.

역사 문해력 수업

09

역사적 사실과 진실의 간격: 한국전쟁의 영웅 심일 이야기

태릉 육군사관학교에는 세 개의 동상이 있다. 안중근, 심일, 강재구가 그 주인공이다. 안중근은 1909년 10월 26일 만주 하얼빈역에서 일제 침략의 원흉 이토 히로부미를 저격하여 의사義士의 반열에 올랐다. 강재구 소령은 베트남전쟁 파병을 앞두고 1965년 10월 4일 강원도 홍천에서 수류탄 투척 훈련 중 위험에 빠진 부하들을 구하기 위해 몸을 던져 자기를 희생했다. 심일은 누구인가? 한국전쟁 발발 초기 춘천전투에서 북한군 탱크 여러 대를 육탄으로 파괴한 호국영웅으로 알려져 있다. 이 세 개의 동상은 우리 군 장병들에게 가슴 벅찬 내러티브를 가르친다. 그 서사란 항일 의병에서 육사 8기와 육사 16기로 이어져온 멸사봉공의 계보를 바로 그대가 이으라는 것이다.

군 기록에 대한 기억의 도전

그런데 이 호국 내러티브에 문제가 생겼다. 고 심일 소령의 공적에 이의가 제기된 것이다. 그때까지 심일은 1950년 6월 25일 춘천 북쪽 옥산포에서 다수의 북한군 자주포를 육탄 돌격으로 격파한 인물로 널리 알려져 있었다. 국가보훈처가 2011년 '이달의 6·25전쟁 영웅'을 제정할 때 심일이 최초로 선정된 사유는 이랬다.

1950. 6·25 춘천전투에서 6사단 7연대 대전차포대 2소대장으로 북한군의 탱크형 자주포에 맞서 특공대 5명을 편성해 수류탄과 화염병으로 육탄 돌격, 3대를 격파하는 전공을 거두었다. 그의 영웅적인 행동은 순식간에 전파돼 모든 전선에서 육탄 공격으로 적 전차를 파괴하는 계기가 되었다.

2016년 6월 17일 《조선일보》는 현장 목격자의 증언에 근거하여 이제까지 알려진 심일의 공적과 전면 배치되는 내용을 게재해 파문을 일으켰다. 최보식 기자의 칼럼 〈북 탱크 부순 '호국영웅'의 불편한 진실〉은 이렇게 전했다.

춘천전투에서 심일 소대장은 육탄 돌격이 아니라 도망을 갔다. 나는 바로 위 고지에서 그 상황을 볼 수 있었다. 중과부적이었다. 하지만 대전차포 1문을 적에게 넘겨주고 달아난 것은 문제가 됐다. 그의 중대장은 격노해 '총살감'이라며 상부에 보고했다.

이 증언은 주인공이 (증언할 당시) 91세의 노병 이대용 장군이라는 점 때문에 큰 파장이 일었다. 이대용은 한국전쟁에서 혁혁한 공을 세운 장교일 뿐만 아니라, 베트남전쟁 때 주월 공사로서 위험을 무릅쓰고 교민 철수를 지휘했다. 북베트남의 포로가 된 후에는 북한의 집요한 전향 설득을 거부하고 온갖 고초를 겪다가 끝내 고국에 돌아온 애국의 화신이기도 했다. 그가 보유한 군사적 전문성과 강직한 성품은 역사가들이 사료비판에서 가장 중시하는 요소들이다. 게다가 그의 증언은 직접 목격에 기초했다. 이런 이유에서 그의 증언이 갖는 무게감은 매우 컸다.

국방부는 웬일인지 직속 기관인 군사편찬연구소가 아닌 육군 군사연구소에 대응하도록 했다. 많은 시간을 투입하여 이루어진 군사연구소의 발표 내용은 뜻밖이었다. 심일 중위(전쟁 발발 당시 계급)는, 이제까지 알려진 바와 달리, 한국전쟁 발발 당일 춘천 북방 옥산포에서 북한군의 SU-76 자주포를 파괴하지 못했고, 육탄 공격도 하지 않았다는 것이다. 다음 날인 6월 26일에 적 자주포가 파괴되기는 했지만, 북한군 승무원의 자폭 결과였다는 내용도 이 발표에 추가되었다.

이로 인해 파문이 더 커지자 국방부 직속 군사편찬연구소가 반박에 나섰다. 심일 중위가 "전차를 선두로 한 적군이 춘천 소양강을 도하하려 할 때에 미약한 대전차포였으나 적 전차를 오마五碼 근거리까지 근접케 한 후 자진 사수射手로 이를 격파하여 차후 적 전차부대의 침입을 저지했다"고 언급한 〈태극무공훈장 공적 약기〉(1951. 7)를 근거로 제시했다. 이 입장 발표는 오히려 논란을 더 키웠다. 육군 군사연구소의 반박에 따르면, 전공을 세웠다는 장소가 이제까지 군이 밝혀온 옥산포에서 소양교로 바뀌었기 때문이다. 이런 상황에서는 목격자의 기억에 대해 기록의 우위를 인정하기 어려웠다. 의문의 대상이 된 문서에 의거하여 그 문서에 수록된 내용의 사실성을 주장하는 참조reference의 오류에 해당하기 때문이다.

역사적 사실과 진실

역사는 확인된 사실을 기초로 기록된다. 이때 사실이란 대개 신뢰할 수 있는 소재적 사실을 뜻한다. '임진왜란이 1592년(선조 25) 5월 23일에 시작되었다'거나 '1597년(선조 30) 9월 16일에 울돌목에서 이순신 장군이 일본 수군을 대파했다'는 내용이 대표적이다. 소재적 사실로 인정받기 위해서는 무엇보다 사실관계가 명료하게 정리되어야 한다. 건축가가 견고한 벽돌과 잘 마른 목재로 집을 짓는 것처럼, 역사가도 사료비판을 통해 검증된 소재적 사실들을 바탕으로 역사를 서술한다.

전문적 역사가는 확인된 개별적인 사실에 근거하여 좀 더 큰 그림인 역사를 서술하고자 한다. 그럼에도 모든 역사서술이 진실이 되지는 못한다. 사실관계의 조합에서 문제가 발생할 수도 있고, 확인된 사실들 사이에도 빈틈이 존재할 수 있기 때문이다. 역사가는 이 공백지대를 경험에 의거한 추측, 상상, 해석으로 메워가면서 역사를 서술한다. 그러므로 최고의 역사가가 최선을 다해 쓴 역사도 실체적 진실이 아닌 부분적 진실만을 드러낼 수 있다.

사건의 시공간적 범위가 커질수록 역사서술에서는 진실을 말하기 어려워진다. 한국전쟁의 경우가 대표적이다. 기초적 사실이 확증되지 않은 경우가 많은 데다가, 사실관계를 연결하여 해석하는 과정에서 입장과 관점의 차이가 극명하게 나타나기 때문이다. 몇 개의 예를 생각해보자.

- **개전 시점**: 대다수 전문가는 한국전쟁이 1950년 6월 25일에 시작되었다고 생각한다. 하지만 북한과 그 외 지역의 일부 학자는 6월 25일 전에 이미 전쟁이 개시되었다고 믿는다.
- **개전 책임**: 압도적 다수의 학자는 북한이 전쟁을 일으켰다고 판단한다. 그러나 북한과 소수의 학자들은 아직도 남한의 북침을 주장하고 있다.
- **참전국 범위**: 국방부는 한국과 유엔 진영 22개국(군대를 파병한 16개국과 의무지원 6개국), 그리고 북한과 중국이 참전했다고 밝히고 있다. 이 공식 입장에 따르면, 총 25개국이다. 하지만 여기에 더해 비밀리에 공군을 파견한 소련과 기뢰 제거를 위해 소해掃海 부대를 파병한 일본도 사실상의 참전국에 포함해야 한다.
- **희생자 수**: 참전 군인과 경찰의 희생 규모에 관한 자유 진영과 공산 진영의 추산은 크게 다르다. 민간인 희생자 수는 국내에서도 최소치와 최대치 사이에 매우 큰 간격이 존재한다. 집단학살 희생자에 대한 확인이 미진한 것이 가장 큰 이유다.

이처럼 한국전쟁에는 아직도 해명되지 못한 사안이 많이 남아있다. 그중에는 전쟁 책임 문제처럼 해석의 차이가 큰 주관적 영역도 있지만, 기본적 사실 규명이 미진한 경우도 많다. 전투 실황 정리에도 공백이 심각하다. 이제까지 국방부가 공간사公刊史를 거듭 출판했지만, 신뢰할 수 있는 수준까지 정리되지 못한 개별 전투가 적지 않다. 특히 개전 초기의 전투 상황 기록이 그렇다. 전과 확인이 부실한 경우도 많았고, 사후에 바로잡지 못한 오류들도 허다했다. 그 결과 우리 측의 기록끼리 충돌하거나, 공식 기록과 참전자의 증언이 어긋나는 경우가 도처에서 발견된다. 춘천전투도 그중 하나다.

《역사란 무엇인가》에서 에드워드 카는 역사적 사실의 가변성을 강조했다. 과거에 주목받지 못한 사실이 시간이 흐른 후에 시대의 관심을 끄는 경우도 있고, 온 세상이 사실처럼 받아들였던 내용이 후에 와서 과장이나 조작으로 밝혀진 경우도 있다. 이처럼 역사적 사실이 진실과 일치하지 않는 경우가 허다하다. 역사적 사실의 체계를 구성하는 소재적 사실 자체가 허위일 때도 있다. 이보다 더 본질적인 불일치의 책임은 소재적 사실을 선택하고 조합하는 역사가에게 있다. 개별 사실들은 시대의 관심에 따라 선택되거나 배제되고, 역사가의 입장과 문제의식에 따라 채색되는 과정을 거쳐 역사적 사실로 거듭난다. 이 때문에 카는 역사가가 '창조'하기 전까지 역사적 사실은 결코 존재하지 않는다고 강조했다.

역사적 사실은 낱 사실들의 무질서한 더미가 아니다. 역사적 사실에는 이미 역사가들의 해석이 담겨있다. 이 해석의 틀 속에서 개별 사실들이 자기 자리를 잡아가면서 하나의 역사적 사실이 구성된다. 흩어져 있는 낱 사실들에 질서를 부여하는 것은 역사가의 관점과 구성 논리다. 춘천전투라는 역사적 사실도 수많은 개별 사실들이 질서 있게 조합된 결과다. 춘천전투가 이제까지 주목받아온 이유는, 이 전투에서 국군이 패했을 경우 우리에게 닥칠 엄청난 결과 때문이었다. 호반의 도시 춘천에서 국군 6사단 7연대가 바로 무너졌다면, 동부전선 전체가 붕괴되어 마침내 서울에 있던 국군이 북한군에 의해 포위 섬멸되었을 것이다.

춘천전투라는 역사적 사실은 다부동전투, 인천상륙작전, 장진호전투, 흥남철수 같은 개별 전투와 더불어 한국전쟁이라는 더 큰 규모의 역사적 사실을 구성한다. 그러므로 개별 전투에 대한 신뢰할 수 있는 서술 없이는 튼실한 한국전쟁 서술이 불가능할 수밖에 없다. 개별 전투에 관해 더 많은 기록을 수집하고, 더 많은 증언을 채록해야 하는 이유가 여기에 있다. 이 가운데 선별된 신뢰성 높은 자료들에 의거해서 서술의 완성도를 높여가야 한다. 이를 위해서는 군 내외의 거듭된 검토와 치열한 토론이 필수적이다.

이렇게 파악된 역사적 사실은 진실이 될 수 있을까? 해석의 여지가 특히 큰 한국전쟁에서는 특정 역사서술이 진실이라고 단언하기 어렵다. 역사가가 어디에 주안점을 두고 무엇을 강조하느냐에 따라 사실들을 취사선택해서 하나의 서사로 연결하는 방식이 크게 달라지기 때문이다. 그에 반해 개별 전투 서술에서는 진실 규명을 이야기하기가 좀 더 수월하다. 하지만 여기에도 충족해야 할 전제조건이 있다. 무엇보다 신뢰할 수 있는 기초자료를 충분히 확보해야 하고, 이를 바탕으로 서술된 결과가 다양한 비판을 견뎌낼 수 있어야 한다. 그렇지 못하면 '실체적 진실'의 복원이나 '총체적 진실'의 규명은 듣기 좋은 허언과 허사에 불과하다.

이제까지 확보된 기록이나 증언만으로는 아직 춘천전투를 온전하게 재구성하기 어려워 보인다. 2016년 6월 (지금은 고인이 된) 이대용 장군의 문제 제기부터 2017년 4월 《고 심일 소령 공적 확인 최종 결과 보고서》출간에 이르는 과정을 살펴볼 때, 이 사안에 관한 군 역사서술의 목표를 하향 조정해야 한다. 실체적 진실 규명이라는 원대한 목표의 실현보다는 기존의 군 역사서술에서 허위사실을 제거하고 과장된 부분을 축소하며 신빙성이 떨어지는 부분을 수정하는 데 집중하는 것이 현실적이다. 그 이유를 몇 가지 점에서 제시해보겠다.

《고 심일 소령 공적 확인 최종 결과 보고서》의 문제점

어떤 기록의 내용에 의문이 제기될 때, 바로 그 기록을 근거로 서술된 내용이 사실이라고 주장하는 것은 온당치 못한 일이다. 이 참조의 오류에서 벗어나기 위해서는 많은 노력이 필요하다. 고 심일 소령의 공적 확인을 위해서는 근거로 삼은 문서의 생성 시기와 형식적 완성도에 대한 외적 비판external criticism, 문제시되는 기록의 사실성을 다른 기록들에 견주어 검토하는 텍스트 간 해석inter-textual interpretation, 기록의 정확성을 당시 상황에 비추어 확인하는 텍스트-콘텍스트 해석text-contextual interpretation, 목격자들의 기억과 공식 기록 사이의 충돌에 대한 검토 작업이 무엇보다 시급했다.

상황의 심각성을 인지한 국방부는 서둘러 공적 확인 계획을 발표했다. 이를 계기로 새로운 기록 발굴과 기존 기록에 대한 재검토 작업에 속도가 붙었다. 심일 중위의 전공을 사실로 간주한 국방부 직속 군사편찬연구소는 새로 발굴한 미군 문서인 〈은성무공훈장 추천서〉의 다음 부분을 강조했다.

한국군 제7연대 소속 심일 중위는 1950년 6월 26일 춘천전투에서 탁월한 영웅적 행동을 보여주었다. 소양강 남안의 방어진지에 자신의 중대와 함께 있던 심 중위는 소양강 도하를 시도하던 적과 포격전을 전개했다. 10시경 적 전차 3대가 심 중위의 중대 방어 지역에서 도하에 성공하자, 대전차포 대원들이 포함된 부대원들이 진지를 이탈했다. 이 상황을 목격한 심 중위는 ……빗발치는 총탄 속을 뚫고 내달려 대전차포를 잡았다. 치열한 사격이 계속되는 상황에서도 뛰어난 침착성을 발휘한 심일 중위는 전차가 진지 <u>15야드</u> 이내에 근접할 때까지 사격을 멈추고 있다가 지근거리에서 사격을 개시했다. 심 중위의 행동에 고무된 대전차포 대원 일부가 급하게 진지로 복귀하여 이를 지원했다. 심 중위는 이 과정에서 부상을 입었지만, <u>3대의 전차가 파괴될</u> 때까지 진지에 끝까지 남아있었다(밑줄 부분은 저자의 강조임. 1야드는 약 0.9미터).

하지만 군사편찬연구소의 기대와 달리, 〈은성무공훈장 추천서〉는 새로운 논란을 초래했다. 신뢰할 수 있는 1차 사료로 인정받기 위해 반드시 충족해야 하는 형식과 내용 조건에서 하자가 발견되었기 때문이다. 그중 하나가 문서 작성 시점이었다. 사건은 6월 26일에 일어났으나, 추천서는 9월 1일에야 작성되었다. 이 시간 간격에 따른 의문이 해소되려면, 추천서 작성에 활용되었을 토대자료가 필요하다. 그런데 추천서에는 어떤 자료도 첨부되어 있지 않았다. 또 하나의 형식상 결함은 추천서 작성자의 서명 부분에서 발견된다. 문서 작성자인 맥페일Thomas D. McPhail 중령의 서명이 본래 있어야 할 위치가 아닌 곳에 있기 때문이다(개전 당시 국군 제6사단 선임고문관이었던 맥페일 중령은 7월 8일부로

제1군단 선임고문관으로 자리를 옮겼다). 게다가 맥페일 중령은 심일의 공적을 직접 목격하지 않았으며, 목격자의 진술이나 증언도 없다고 기록했다.

이보다 더 중대한 문제점은 내용에서 발견된다. 〈은성무공훈장 추천서〉에 기술된 공적의 일시와 내용이 그동안 군이 주장해온 것과 달랐기 때문이다. 이제까지 군은 심일 중위가 6월 25일 오후 2시 춘천 북방 옥산포 인근에서 북한군 자주포를 파괴했다고 강조했다. 그에 반해 〈은성무공훈장 추천서〉는 심일 중위가 옥산포 남쪽 4킬로미터 지점에 있는 소양교에서 6월 26일 오전 10시에 북한군의 자주포 3대를 파괴했다고 기록하고 있다. 이 불일치를 어떻게 설명해야 할까?

심일 중위가 6월 25일과 26일 양일에 걸쳐 연속해서 공적을 세웠다면, 이 의문은 해소될 수도 있다. 그렇게 되기 위해서는 이 양일과 관련된 기록이 세밀하게 확인되어야 했다. 이즈음에 군사편찬연구소 측에서 〈무공현인증명서武功現認證明書〉(1950. 11)를 제시했다. 이 공적서에는 심일 중위가 6월 26일 10시에 근접해온 북한군 전차 3대를 "육박 사격으로 완전 격파했다"고 적혀 있다. 그러나 여전히 6월 25일의 공적에 대해서는 아무런 단서도 나오지 않았다.

오히려 육군 군사연구소는 6월 26일 공적에 대해서 새로운 의문을 제기했다. 왜냐하면 국방부의 공간사, 전투 상보, 육군 전사, 부대사를 포함한 대부분의 아군 기록에 북한군의 소양강 도하 시점이 6월 26일 야간이나 27일 오전으로 적혀 있기 때문이다. 게다가 이대용을 비롯한 참전 장교들의 증언에 따르면, 심일이 소양교에서 공적을 세웠다는 6월 26일 10시는 한국군 6사단 7연대 1대대가 옥산포 일대에서 대대적인 역습을 통해 북한군을 격퇴시킨 시점이었다. 이 증언이 중요한 이유는, 인민군이 소양교로 진출하기 위해서는 5호선 국도를 따라 옥산포를 통과해야 했기 때문이다. 소양교에서 4킬로미터 이상 북쪽에 있는 옥산포에서 대대급 이상의 치열한 교전이 벌어졌다면, 같은 시간에 소양교 양안에서 적 자주포 파괴를 포함한 대규모 전투가 벌어졌다고 보기는 어렵다.

이 새로운 쟁점과 관련하여 국방부 군사편찬연구소는 인민군 제2사단이 6월 26일 새벽 3시 50분부터 소양강 도하를 시도했고, 새벽 5시에는 한국군 1대대가 옥산포에서 남하하는 인민군을 저지하며 소양강 남안 진지에 진입했다고 주장했다. 이 설명에 따르면, 인민군은 5시 40분부터 SU-76 자주포 8문과 함께 다시 도하를 시도했고, 오전 10시경 소양교를 건너던 자주포 중 3대가 심일의 대전차포대에 의해 파괴되었다. 이렇게 되면 심일은 이틀 동안 두 차례에 걸쳐 인민군 자주포를 격파한 것이 된다.

이에 반해 육군 군사연구소는 심일의 공적 자체를 아예 인정하지 않았다. 먼저 25일의 경우, 심일이 북한군과 교전한 것은 오후 2시가 아닌 오전 10시경으로, 이때 적 자주포 파괴에 실패한 채 대전차포 2문 중 한 문을 두고 퇴각해서 직속 상관에게 호된 질책을 당했으며, 6월 26일에는 북한군 자주포가 파괴되었지만, 공적의 주체·장소·내용이 군사편찬연구소의 주장과는 전혀 달랐다는 것이 군사연구소의 설명이다. 군사연구소에 따르면, 북한군 자주포가 26일 오전 10시 소양교에서 심일의 대전차포대에 의해 3대가 파괴된 것이 아니라, 같은 시간 옥산포에서 한국군 7연대 1대대의 공격으로 2대가 파괴되었다. 또한 그

| 춘천전투 |

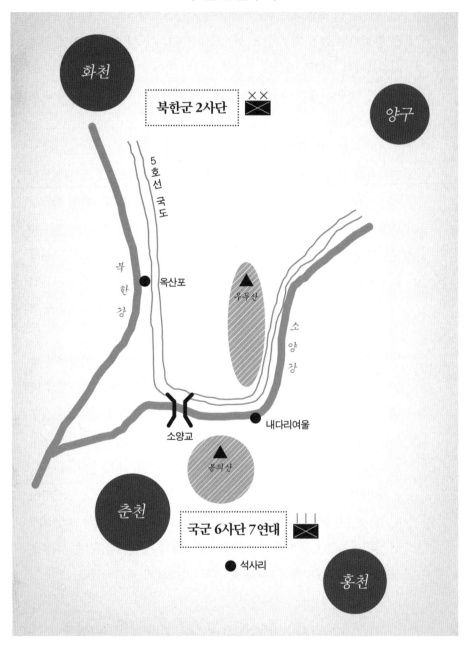

중 한 대는 적의 자폭 결과였다는 것이다.

국방부 산하의 군사편찬연구소와 육군의 군사연구소가 이처럼 이견을 보인 것은 군의 생리상 매우 이례적인 일이었다. 하지만 국민 입장에서 보면 이 대립은 매우 반가운 일이었다. 이 경험을 계기로 과거의 건군 신화와 호국 신화에서 탈피해서 진실을 향해 나아갈 수 있는 길이 열렸기 때문이다.

양립 불가능한 두 개의 주장 사이에서 군이 어떤 대응을 할지 언론이 주목하는 가운데 국방부는 7인의 전문가가 참여하는 공적확인위원회를 구성했다. 2016년 9월에 발족된 위원회는 2017년 4월에 제출한 결과 보고서에서 고 심일 소령이 1950년 "6월 25일 14시경 옥산포전투에서 7연대 대전차포 소대를 지휘하여 적 자주포 3대를 돈좌시킨 후 이들에 접근하여 휘발유병과 수류탄 등으로 공격하여 파괴"하고 "6월 26일 10시경에 소양교 전투에서 7연대 대전차포 소대를 지휘하던 중 직접 대전차포로 적 자주포 3대를 격파했다"고 명기했다. 위원회는 "각종 피아 기록 문서, 사실에 근접한 피아 증언, 사진자료, 상훈 기록 등을 발굴, 수집, 검토하고, 이들 자료의 신뢰성까지 검증함으로써 고 심일 소령의 공적이 명백한 역사적 사실임을 확인했다"고 강조했다.

이로써 그동안 제기되어온 모든 의혹이 해결되었을까? 그렇지는 않았다. 수많은 비판 가운데 위원회가 받아들인 것은 단 하나에 불과했다. 화염병을 동원한 육탄 공격 신화와 관련하여, "다만, 육탄 5용사 등 일부 사안은 미화된 흔적이 있다"고 밝힌 것이 전부다. 이로써 위원회 보고서는 의문점들을 해소하기는커녕, 오히려 새로운 문제 제기를 촉발했다. 국가기관의 보고서가 보여주어야 할 신중한 태도는 실종되고,

심일이 파괴한 자주포가 6대로 늘어나버렸다. 이것으로 국방부는 논란에 종지부를 찍고자 했지만, 의문은 오히려 증폭되고 말았다. 이런 결과가 초래된 원인을 나는 네 가지로 생각한다.

① 공문서에 대한 과잉 신뢰

위원회의 한 위원은 "역사학은 하드 소스(경성 자료) 문서를 가장 중요하게 생각한다"고 강조했다. 위원회의 입장은 증언에 대한 공문서의 절대적 우위로 요약된다. 기억에 대한 기록의 우위 인정이 학계의 통례인 것은 맞다. 하지만 기억보다 기록을 중시하는 일반 원칙이 적용되기 어려운 경우가 허다하다. 부실하거나 왜곡된 공문서가 비일비재하기 때문이다. 그러므로 증언에 대한 기록의 우위는 어디까지나 상대적일 뿐이다.

입증할 수 있는 공문서가 없다는 이유를 내걸면서 일본군'위안부' 문제에 대한 국가 책임을 부정해온 일본 정부의 주장을 국제 학계가 받아들이지 않는 이유는 무엇일까? 상황에 따라서는 공문서가 왜곡해온 진실을 사적 개인들의 증언이 폭로해주기 때문이다. 그러므로 기억에 대한 기록의 우위는 절대적일 수 없고, 공문서에 찍힌 직인이 진실을 보증하지도 못한다. 공적확인위원회는 "소프트 소스(연성 자료)인 오럴 히스토리와 구술은 신빙도를 16~17퍼센트로 본다"고 밝혔다. 이런 거친 주장을 서슴지 않는 것은 통계 수치를 통해 확실성을 강조하는 한국 군대의 특성이 반영된 것일까? 취지는 이해하지만, 맥락 없는 수치 제시가 주장의 신빙성을 높여주지는 못한다.

② 증언의 특성에 대한 몰이해

기억의 유동성과 착종 가능성을 경계하지 않는 역사가는 없다. 그럼에도 현대의 역사가들은 기억의 가치를 적극 인정하고, 기억의 특성을 진지하게 탐구하기 시작한 지 오래다. 이러한 자세 전환은 기억과 기록의 상관관계에 대한 성찰에서 출발한다. 사건은 기억을 낳고, 기억은 기록을 낳는다. 그 기록에 관인이 찍히면 공문서가 된다. 이 공문서의 절대적 우위를 맹신한 것이 랑케 이후 직업적 역사가들의 가장 큰 병폐였다.

기록이 제때 작성되지 않았을 때, 최초의 기록이 실종되었을 때, 사후 기록이 부실하게 작성되었을 때, 기록에서 지나친 편향성이 발견될 때, 이 문제를 어떻게 해결해야 할까? 이 난감한 상황에서 해결의 단서를 제공해주는 것이 관련자들의 기억이다. 기억의 가치는 이미 수많은 사례를 통해 입증되었다. 공식 기록에만 의존한다면, 동학농민혁명은 여전히 '동학란'으로 남아있었을 것이다. 동학농민혁명 참가자로서 기록을 남긴 사람이 전무하기 때문이다. 역사가들이 전승된 기억에 관심을 가지고 두텁게 해석하지 않았다면, 왕조적 지배 엘리트와 일본군 기록의 편향성은 지금까지도 해소되지 못했을 것이다.

역사가는 당연히 증언에서 나타나는 착오와 혼란에 유념하고, 기억의 변형을 염두에 두어야 한다. 그러나 이것을 곧바로 기억의 신빙성을 부정하는 이유로 삼는 것은 매우 폭력적이다. 90세가 넘은 일본군'위안부' 출신 할머니들의 증언에 대해 일본 정부와 우익 인사들이 보여준 태도가 그랬다. 기억들 중에는 구순 노인이 되어도 결코 잊지 못할 것이 있다. 춘천전투의 중요 장면들을 생생하게 기억하는 노병의 증언이 존중받아야 할 이유가 바로 여기에 있다.

물론 모든 사람의 모든 기억이 동등한 대우를 요구할 수는 없다. 모든 증언에 기계적으로 n분의 1의 가치를 부여하는 것은 기억의 의미를 부정하는 것만큼이나 비생산적이다. 증언의 가치를 판단할 때는 증인의 전문성과 식견, 목격의 직접성, 행위자와의 관계, 증언의 동기를 충분히 검토해야 한다.

이 점에서 춘천전투에서 심일의 공적을 판단할 때 (당시 7연대 1대대 1중대장이었던) 이대용 대위의 증언이 갖는 의미는 매우 크다. 이대용 대위는 6월 25일 옥산포에서 심일 중위가 적 자주포와 치른 전투상황을 춘천 북방 우두산 고지에서 목격했고, 6월 26일 오전 10시에 옥산포 일대에서 국군 1대대의 파상적인 기습공격에도 가담했다. 이대용 대위의 기억을 인정하는 경우, 6월 25일과 26일 심일의 공적은 설 자리가 없어진다. 특히 한국군과 미군의 훈장추천서 같은 근거자료가 없는 6월 25일의 경우에는 심일 공적에 관한 2차 자료와 이대용의 증언이 양립할 수 없다. 이 중 어느 것이 진실에 가까울까?

6월 25일에 관해서는 다수의 춘천전투 참가자들이 이대용의 기억을 지지한다. 예를 들어 16포병대대 군수장교 김운한 중위(예비역 준장)는 심일 본인이 친구인 자신에게 후퇴 사실을 알려주었고, 소양교 북쪽의 우두산 고지에서 이대용 대위가 심일의 최초 투입 지역에서 펼쳐진 전투상황을 충분히 관측할 수 있었다고 진술했다. 북한군 자주포가 아군 대전차포가 아닌 포병 사격에 의해 파괴되었다는 그의 회고도 상부 장갑이 (없었거나) 취약했던 인민군 자주포 구조와 모순되지 않는다. 16포병대대 A포대장 김장근 중위(예비역 대령)도 심일의 후퇴를 가까운 거리에서 목격했다고 밝혔다. 심일과 동향 출신으로서 16포병대대 지휘소대장이었던 심호은 소위(예비역 중령)도 심일의 적 자주포 파괴가 사실이 아니라고 증언했다. 하나의 방향을 가리키는 이들의 증언을 부정해야 할 충분한 이유는 없다.

③ 사료의 결을 무시한 재단과 재봉

심일의 공적을 둘러싼 군 내부 논쟁의 최대 성과는 다수의 관련 기록을 새로 찾아낸 점이다. 이로써 진실에 접근하는 데 필요한 단서들이 확보되었다. 그럼에도 춘천전투 당시에 작성된 기록이 존재하지 않는 점은 여전히 근본적인 한계로 남는다. 바로 이 때문에 춘천전투에 관한 참전 장병들의 기억이 특히 중요한 것이다.

사후 기록들 가운데 가장 먼저 작성된 문서는 (1950년 7월에 작성된 것으로 추정되는) 제6사단 작전교육처의 〈전투 상보〉다. 이 기록은 6월 25일의 전과를 "적 전차 2대 파괴, 1대 노획"으로 기술하고 있지만, 공적 주체에 관한 언급은 없다. 이에 반해 같은 6사단 전사부가 1951년에 작성한 것으로 보이는 〈전투 상보〉는 개전 첫날 적 전차를 "아 전차포 중대장"이 파괴했다고 기록했다(그러나 장본인 송광보 대위의 증언 내용이 면담 기관과 시기에 따라 크게 다르기 때문에, 이 부분의 신빙성은 인정하기 어렵다). 이처럼 같은 부대에서 작성된 기록들이 상충하는 것이 현실이다.

이 상황에서 발견된 미군의 〈은성무공훈장 추천서〉는 1950년 6월 26일 오전 10시에 심일 중위가 조력자 3인과 함께 적 전차 3대를 직접 파괴한 것으로 기록하고 있다. 의문도 잇따랐다. 이 내용이 왜 여태까지 군의 공간公刊 역사서에 반영되지 않았을까? 이제까지 일각에서 거론되어왔던 심일의 6월 25일 공적은 어떻게 처리해야 할까? 혹시 심일이 6월 25일 옥산포와 26일 소양교 모두에서 공적을 세웠다는 것일까? 〈추천서〉의 출현으로 3개의 가능성이 제기되었다.

- **가능성 A**: 심일에게는 특별한 전공이 없었다.
- **가능성 B**: 심일의 공적은 6월 26일에 발생했다.
- **가능성 C**: 심일은 개전 첫날인 6월 25일과 26일 모두 전공을 세웠다.

이즈음 태극무공훈장 수여와 관련된 기록들(공적서, 태극무공훈장부, 국무회의 심의 기록)이 확인되었다. 1950년 10월에 국군 제6사단이 작성한 〈공적서〉에는 심일이 6월 26일 10시에 시작된 소양강 전투에서 3대의 적 전차를 파괴했다고 기록되어 있다. 특이한 것은 이 자료를 검토한 위원회의 판단이다. "그렇다고 해서 공적확인위원회가 6월 25일에 심일 중위가 세운 공적을 의심했던 것은 아니며, 6사단 작전교육처의 〈전투 상보〉 등을 포함한 기록문서와 연대장 임부택 중령 등의 증언 자료가 이날 공적을 입증하는 데 충분하다는 의견에는 변함이 없었다"(《결과 보고서》 18쪽, 2차 회의 부분). 하지만 이 주장을 뒷받침하기에는 자료의 증거능력이 너무 부족했다.

이 때문에 위원회는 소련 측의 《라주바예프 6·25전쟁 보고서》와 북한군 제2사단 공병부대의 〈전투 보고서〉, 〈제262군부대 훈장 수여장〉, 《로동신문》 등 북한군 자료들에 의거하여 6월 25일 자주포 파괴상황을 부각했다. 그리고 이 모든 결과를 심일의 공적으로 돌렸다.

그러나 보고서에 인용된 자료들은 여러 지점에서 위원회의 결론과 충돌한다. 예컨대, 《라주바예프 보고서》는 국군의 강력한 포격에 의한 북한군의 피해를 강조하고 있다. 게다가 "25일 저녁에는 벌써 춘천시를 앞둔 1킬로 내지 2킬로 지점에 육박했다"는《로동신문》의 기사는 "인민군은 27일까지 춘천에를 못 들어가고 수없이 죽기만 했다"는 북한군 2사단 소속 중위의 증언과 배치된다. 이 증언은 오히려 27일 새벽에 춘천 북방 우두산 고지에 있던 한국군 1대대가 명령에 따라 소양강 내다리를 건너 춘천으로 후퇴했다는 이대용 대위의 증언을 뒷받침한다.

불일치와 모순은 공산 진영의 자료들 사이에도 존재하고, 아군 자료들 간에도 발견된다. 기록과 증언 사이의 충돌은 양측 모두에서 나타난다. 그럼에도 불구하고 위원회는 가능성 C를 지지하는 내용들만 선별했다. 그 결과 위원회의 보고서는 무늬와 결이 다른 목재들을 덧대서 지은 엉성한 판잣집처럼 비친다. 어쩌면 재질이 다른 천 조각들을 적당히 재단해서 재봉질 한, 우스꽝스러운 옷처럼 보일 수도 있다.

④ 닫힌 결론, 폐쇄된 출구

일반적으로 교차검토의 결과는 교집합에 가깝게 수렴된다. 그러나 공적확인위원회는 합집합과 흡사한 결론을 선택했다. 한 가지 예를 들어보자. 한 위원은 미 해병 1사단이 춘천 북방에서 촬영한 사진 속의 자주포가 파괴된 시점을 개전 초기로 추정한 후, 이 추정에 근거하여 다시 이 파괴의 주역이 심일 중위라는 결론을 내렸다. 더욱이 위원회는 "심일 중위가 지휘하는 소대원이 적 자주포를 파괴하는 과정에서 육탄공격을 시도했다는 일부 증언은 신빙성이 있는 것으로 판단된다"고까지 주장했다.

직업적 역사가라면 이 경우에 여러 가지 가능성을 염두에 두고 고심을 거듭해야 했다. 급박한 전투상황에서는 공적의 주체를 확인하기 어려운 전과가 빈번하게 발생한다. 개전 당일에 파괴된 여러 대의 북한군 자주포가 심일 포대에 의한 것이라는 설명이 궁색한 데 반해, 국군 6사단 16포병대대의 일제 포격에 의해 파괴된 것이라는 추정은 북한군 자주포의 구조적 취약성을 고려할 때 합리적이다. 이 추정은 피아의 여러 기록에 비추어 봐도 모순적이지 않다. 또한 옥산포 지역에서 촬영된 북한군 자주포 중 2대가 6월 26일 한국군 1대대의 기습공격 때 파괴된 것일 수도 있다.

학자의 추측은 어떤 종류의 반박에 대해서도 열려 있어야 하고, 모든 종류의 반박을 견딜 수 있어야 한다. 이것이 과학철학자 포퍼Karl Raimund Popper가 강조했던 과학적 논증의 기본이다. 이 기준에 비추어 볼 때, 심일 중위가 6월 25일 오후 2시 옥산포에서 "7연대 대전차포 소대를 지휘하여 남진하는 북한군 자주포 3대에 지근거리까지 근접하여 대전차포를 발사하여 돈좌시킨 후, 수류탄과 휘발유병으로 파괴하였다"는 보고서의 결론은 용인 가능한 논증의 궤도를 이미 벗어난 것으로 판단된다. 이 추정에 의거한 확신 속에서 위원회는 춘천에서 파괴된 5~7대의 북한군 자주포 가운데 6대를 심일이 파괴했다고 결론지었다. 그동안 제기된 반박과 대안적 설명을 아예 무시하고 모든 전과를 심일에게 귀속시킨 것이다. 이로써 육탄용사들의 결기를 강조하던 과거의 군 역사서술 전통에서 탈피할 기회가 사라져버리고, 그 대신에 시대에 어울리지 않는 호국 신화가 재탄생되었다고 누군가가 비판한다면, 그 비판이 지나치다고 할 수 있을까?

역사 문해력 수업

역사적 사실로서 춘천전투와 심일

현실의 법정은 시시비비와 잘잘못에 관해 어떻게든 최종 판결을 내려야 한다. 실체적 진실을 규명해야 하는 형사법정은 기소된 사람에 대해 유죄나 무죄 중 어느 하나를 반드시 선고해야 하는 곳이다. 역사의 법정은 이와 다르다. 과거 사건을 다루는 역사의 법정에서는 실체적 진실이라는 높은 목표를 추구할 수 없는 경우가 허다하다. 그렇기에 입증 가능한 최소의 진실을 제시한 후, 이 토대 위에서 다양한 방식의 해석을 도모하는 것이 직업적 역사가들이 해야 할 일이다. 다원적 해석이 무능의 증거가 아니듯이, 하나의 닫힌 결론을 제시하는 것이 유능의 증좌도 아니다. 과거 진실을 탐색하는 것과 진실 재현에 대한 강박에서 벗어나지 못하는 것 사이에는 큰 차이가 있다.

춘천전투에 관한 자료들은 들여다볼수록 부실하기 이를 데 없다. 필수적인 기초자료들이 존재하지 않을 뿐만 아니라, 사후에 기록된 자료들도 엉성한 경우가 허다하다. 이런 상황에서 국가기관의 이름으로 간행된 전쟁사가 부실한 것은 너무도 당연한 일이다. 춘천전투에 관한 한 우리는 진실을 재현할 수 있는 골든타임을 이미 놓쳤다. 이제 가능한 것은 시공간 속에서 확정 가능한 몇 개의 사실을 토대로 춘천전투의 경과를 합리적 방식으로 재구성하는 작업뿐이다. 무엇보다 의문과 비판을 견뎌낼 수 없는 사항들을 우선적으로 배제해야 한다. 양립 불가능한 소재들 가운에 어느 하나를 선택할 때는 바로 이 지점에서부터 역사가의 추론이 시작된다는 것을 독자들에게 알려야 한다. 추론이 불가피한 지대에서 단언을 일삼는 것은 반드시 피해야 한다.

국방부의 이름으로 발간된 공적확인보고서를 읽은 후, 내게는 적지 않은 의문이 떠올랐다. 그 가운데 몇 개만 보자.

- 개전 직후에 국군 장병 모두의 사기를 진작시켰다는 심일 중위의 북한군 자주포 파괴 공적이 왜 6사단 〈전투 상보〉나 1970년대 중반까지 발행된 국방부의 《한국전쟁사》에 전혀 등장하지 않았던 것일까?
- 6월 25일 심일의 공적이 사실이 아니라는 다수 장병의 증언을 어떻게 처리해야 할까? 온몸으로 춘천을 방어했던 그들의 증언을 기각할 자격과 권리가 후대의 공적확인위원들에게 있는 것일까?
- 전쟁 발발 당시 국군 6사단에는 총 17명(장교 9명, 사병 8명)의 미군 군사고문단KMAG 단원이 배치되어 있었다(이 중 춘천의 7연대에는 3명의 장교와 3명의 사병이 있었다). 6사단 선임고문관으로서 원주에 있던 맥페일 중령은 〈은성무공훈장 추천서〉에 등장하는 소양교전투가 벌어진 26일에 6사단 소속 미 고문관들뿐만 아니라 강릉에 있던 8사단 소속 미 고문관들까지 원주로 불러들인 후 부산으로 후퇴했다(이때는 아직 군사고문단 사령부로부터 후퇴 명령이 떨어지기 전이었다). 소양교전투가 있었다 해도, 미군 고문관들은 그 현장에 없었다. 그렇다면 〈은성무공훈장 추천서〉에 필요한 기초자료를 작성해서 제출한 사람은 누구일까?(《추천서》에는 전투상황과 공적에 관한 기초자료가 누락되어 있다. 한국군의 태극무공훈장 추천서는 은성무공훈장 추천서가 쓰인 지 두 달 후에 작성되었다).
- 국방부 공적확인위원회는 군의 자료들에 비추어 이대용의 증언이 신뢰하기 어렵다고 판단했다. 군의 기록과 참전자 증언의 관계가

항상 우열의 관계인가? 그렇다면, 위원회가 신뢰한 6사단 전사부 〈전투 상보〉 기록들 가운데 '6월 25일에 7연대 1대대가 우두산 고지에서 철수한 후 소양교에서 근화동까지 제방 진지를 점령했다'는 내용은 믿을 수 있는 것일까? 이대용 장군은 "27일 새벽에 명령에 따라 우두산 고지에서 철수한 1대대가 석사동 춘천사범학교 뒷산에서 잠시 휴식을 취한 후 새벽 4시 20분경에 트럭을 타고 후평동을 거쳐 6시경에 봉의산 북동사면에 진지 방어 태세를 강화했다"고 증언했다. 사후에 기록된 군대 문서의 내용과 참전 지휘관이 기억하는 시점과 공간이 전혀 다르다. 이 경우 사단 전사부 〈전투 상보〉를 믿는 것이 합리적인가? 아니면 생사의 체험 속에서 부대원들과 공유했던 중대장의 기억이 맞을까? 이대용의 기억이 틀렸다면, 6월 27일 오전 8시에 소양강 동쪽 내다리 여울을 도섭하다가 괴멸된 북한군은 도대체 누구의 공격을 받은 것일까? 이대용은 그 공격의 주체가 박격포와 기관총을 갖춘 7연대 1대대, 그리고 지원을 위해 도착한 2연대 대전차포 중대 2소대(소대장 이훈 중위)라고 밝혔다. 위원회 위원들은 이날의 공적에 대해 어떻게 설명할 것인가?(앞의 춘천전투 지도 참고).

6사단 각급 부대의 전투경험이 제때 정확하게 기록되었다면, 춘천전투를 재구성하는 데 어려움이 없었을 것이다. 7연대 대전차포 중대의 일지가 있는 그대로 기록되었다면, 심일의 공적을 둘러싼 혼란도 발생하지 않았을 것이다. 그런데 그 일지는 남아있지 않다. 아마 기록되지도 않았을 것이다. 그만큼 개전 초기의 전황이 급박했고, 건군 직후 한

국군은 모든 점에서 혼란을 겪었다. 이런 상황에서 남겨진 기록에 의존한 퍼즐 맞추기를 통해 진실을 찾아가는 작업은 난감한 일이 될 수밖에 없다. 1950년 6월 25일, 26일, 27일에 심일은 어디서 무엇을 했을까? 춘천전투가 온전하게 재구성되기 전에는 심일 공적의 확인도 사실상 어렵다.

춘천전투 승리의 주역은 누구였을까? 질문이 이렇게 축약되는 순간, 수많은 행위자가 참여한 다층의 복합드라마는 하나의 모노드라마로 전락하기 쉽다. 이렇게 되면, 역사적 사건 특유의 다성적polyphonic 성격이 사라지고, 인위적으로 증폭된 단일 음성이 그 자리를 차지하게 된다. 단성에 대한 강박을 경계하지 않으면 이질적 사건의 결들이 소실되고, 빈곤하기 이를 데 없는 단선적 서사만 그 자리에 덩그러니 남게 된다. 이 앙상한 서사에 관인까지 찍히면, 그 역사는 어느덧 수정하기 어려운 공식 역사가 되고 만다. 불행하게도 우리가 아는 상당수의 역사가 그렇다.

군의 생리상 전과 확인과 공적 귀속은 이해할 수 있는 일이다. 그러나 공적 확인이 어려운 상황이라면, 이 사안을 최종적으로 결말지을 이유가 없다. 논란에 휩싸인 공적이 아니더라도 고 심일 소령은 이미 한국군 장병들에게 하나의 귀감이 되었다. 그는 압도적 전력을 갖춘 적과 가장 먼저 교전한 한국군 가운데 한 명이었다. 그는 탱크로 오인하기 쉬운 적 자주포와 대면하여 최선을 다해 전투를 치렀고, 훈련받은 매뉴얼대로 행동했다. 이것이 갖는 의미는 매우 크다. 춘천전투는 7연대를 비롯한 6사단 장병들이 훈련받은 대로 싸워 승리했고, 훈련받은 대로 편제를 유지한 채 후퇴함으로써 이후 연이은 승전을 가능케 했던 소중한 경험이다. 춘천전투에서 우리가 얻어야 할 교훈은 확증되지 않은 육탄 호국용사의 자기희생 자세를 우리가 본받아야 한다는 요청이 아니다. 우리에게 정말 중요한 춘천전투의 교훈은 매뉴얼에 따라 훈련된 군대가 이긴다는 엄연한 사실이다. 영웅적 희생의 서사를 강조했던 일본군의 최후를 우리는 이미 반면교사로서 잘 알고 있다.

군 안팎에서 고 심일 소령의 공적에 이의를 제기한 사람들의 동기도 바로 이와 같은 신념이었다. 건군 이후 70년이 흐른 뒤에 고 심일 소령의 공적을 둘러싸고 발생한 군 내부의 진실 공방이야말로 우리 군의 건강함을 보여주는 증거라고 나는 생각한다. 이 논쟁을 통해 새로운 자료들이 연이어 발굴되었고, 어설프기 짝이 없었던 한국전쟁 서술이 정교해지기 시작했다. 이러한 문제의식이 이어져 춘천전투 전체에 대한 역사 다시 쓰기 작업이 이루어진다면, 이것을 계기로 한국전쟁사의 서술 수준도 한층 높아지게 될 것이다. 그때가 되면 역사적 사실로서 춘천전투의 경과가 좀 더 명확해지고, 심일의 공적에 관한 우리의 논의도 한 걸음 더 진실에 접근할 수 있을 것이다. 국방부의 보고서는 결코 이 사안의 마침표가 될 수 없다. 희미한 하나의 시발점일 뿐이다.

참고문헌

강희영, 《여성가족 정책사 현장 재조명: 2000년 일본군성노예전범 여성국제법정 자료 분석》(서울시여성가족재단 2016).

국방부, 《고 심일 소령 공적 확인 최종 결과 보고서》(2017).

권귀숙, 《기억의 정치—대량학살의 사회적 기억과 역사적 진실》(문학과지성사 2006).

기어츠, 클리포드, 문옥표 옮김, 《문화의 해석》(까치 2009).

김성례, 〈제주도 심방의 치병의례에 대한 연구 시론〉, 《제주도연구》, 1권(1984), 383 ~424쪽.

샤프, 아담, 김택현 옮김, 《역사와 진실》(청사 1982).

조지형, 《랑케 & 카: 역사의 진실을 찾아서》(김영사 2006).

젠킨스, 키스, 최용찬 옮김, 《누구를 위한 역사인가》(혜안 1999).

카, 에드워드. H, 김택현 옮김, 《역사란 무엇인가》(까치 2007).

헌트, 린, 김병화 옮김, 《역사가 사라져갈 때—왜 우리에게 역사적 진실이 필요한가》(산 책자 2013).

Beyer, Mark, *Emmanuel Ringelblum: Historian of the Warsaw Ghetto*(Rosen Young Adult 2000).

Ringelblum, Emmanuel, *Notes from the Warsaw Ghetto*(Ibooks 2006).

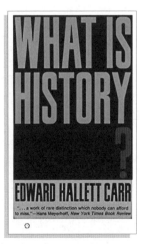

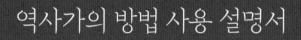

3

역사가의 방법 사용 설명서

역사를 서술하기 위해 역사가는 세 가지를 갖춰야 한다. 소재에 해당하는 사료가 그 첫째라면, 둘째는 이 사료를 배열하고 해석할 수 있는 이론, 셋째는 필요한 지식과 정보를 얻기 위해 수집된 자료를 가공하는 절차와 수단이다. 이 세 번째 것을 학자들은 연구방법이라고 부른다.

목표했던 연구결과에 도달할 때까지 역사가는 수많은 방법을 활용한다. 식당의 주방에 온갖 설비와 기구, 요리 도구가 준비되어 있는 것처럼, 역사가의 연구에도 필요에 따라 다양한 방법이 동원된다. 르네상스에서부터 18세기까지 역사가들은 고전학과 고문서학, 문장학紋章學과 비문학碑文學 같은 보조학문의 연구방법을 적극 활용했다. 18세기 말과 19세기 초에는 니부어와 랑케를 통해 사료비판의 방법이 훨씬 더 정교해졌다. 19세기 중후반에는 경제사가 두각을 나타내면서 식량 생산과 조세, 무역량과 인구 증감 추세를 분석하기 위해 통계학의 방법과 계량화 기법이 적극 도입되었다. 20세기에 와서는 지구화의 진전과 함께 비교의 방법이 다각도로 적용되었으며, 문화사가 대두함에 따라 집단심성과 심층심리를 분석하기 위해 심리학의 여러 기법도 적극 수용되었다. 최근에 와서는 젠더와 트랜스내셔널 접근, 환경과 생태 중심적 접근이 다양한 연구 분야에서 활성화되고 있다.

여기서는 이처럼 다양한 방법들 가운데 사료비판과 비교, 계량의 방법을 역사가의 일상적인 작업 속에서 소개한다. 이와 함께 기성 연구에 대한 비판과 경험에 기반한 상상력이 어떻게 반反사실적 문제 제기를 통해 놀라운 성과를 보여주었는지도 살펴볼 것이다.

10

사료비판: 직업적 역사가의 첫걸음

르네상스 시대의 이탈리아에서는 수많은 별이 경연을 벌였다. 그 찬란한 문예 스타들 가운데 한 사람이 로렌초 발라Lorenzo Valla(1407~1457)다. 그는 레오나르도 다 빈치나 단테만큼은 아니었지만 문헌학자로서 묵묵히 자기 역할을 수행하며 후대에 이름을 남겼다. 무엇보다 그는 강직한 성품과 꼼꼼한 고증으로 교황청이 전가의 보도처럼 휘두르던 〈콘스탄티누스 황제 기진장Constitutum Constantini〉이 허위임을 밝혀냈다. 문제의 〈기진장〉은 중세 내내 위작이라는 의심을 받았다. 그러나 진실이 밝혀지기 위해서는 라틴어에 대한 깊은 조예와 비판정신, 양심과 담대한 기질을 갖춘 학자가 필요했다. 여기에 한 가지 조건이 더 있어야 했다. 그런 학자의 목소리에 귀를 기울이고 지지해줄 사람들, 곧 새로운 시대정신이 필요했다.

〈기진장〉은 콘스탄티누스 1세가 실베스터 교황으로부터 나병을 치료받은 후 감사의 표시로 서로마제국 전체를 로마 가톨릭교회에 헌정한다는 내용을 담고 있다. 발라가 가장 먼저 주목한 것은 이 증서의 문체였다. 그 속에 담긴 용례들은 콘스탄티누스 황제가 통치하던 4세기가 아니라 아무리 이르게 잡아도 8세기 이후에나 발견될 수 있었기 때문이다. 단서를 제공한 단어는 콘스탄티누스 시대에는 사용할 수 없었던 '태수satrap' 직책이었다. 중세에 제작된 문서들 가운데 80퍼센트 이상이 위작이라는 학계의 연구결과를 감안하면, 성직자의 윤리와 학자적 정직성이 중세만큼 따로 놀았던 적도 드물다. 이런 이유에서 1439년부터 1440년까지 발라가 작성한 〈콘스탄티누스의 위조된 증여문서에 대한 선언De Falso Credita et Ementita Constantini Donatione Declamatio〉(1440)은 혁명적 결과를 낳았다. 이제는 그 어떤 권위 있는 문서도 위작의 혐의에서 벗어날 수 없게 되었다. 이 역작의 출판 이후에는 성서라도 비판적 검토에서 예외를 요구할 수 없었다.

거짓은 참을 이길 수 없다. 지당한 말이다. 단, 아무런 대가도 없이, 혹은 그 대가로 자기 자리나 목숨을 잃을 것을 각오하는 용기 있는 사람들이 있을 경우만 그렇다. 좌고우면하지 않고 거짓으로부터 참을 구별해내기 위해 노력하는 양심적 학자들이 있을 때만 그렇다. 진실 규명을 기본으로 삼고 진실의 재현을 업으로 삼는 역사가들이 아니라면, 거짓이 참을 가리는 경우도 허다하다. 이런 일을 허용치 않기 위해 애썼던 인물들이《사기》의 저자 사마천이나 청대 고증학의 대가 량치차오梁啓超일 것이다.

염분 섞인 바닷모래로 100년 가는 시멘트 건물을 지을 수 없는 것처럼, 진위를 알 수 없는 자료를 가지고 온전한 역사 해석을 도모할 수는 없다. 그래서 사료비판이 중요하다. 진실 여부를 가리고 생성 시기를 밝히며 정확성의 정도를 가늠하는 작업은 그 자체로 칭찬받을 일은 아니다. 하지만 이 과정이 소홀하게 다뤄지면 역사 연구와 서술 자체가 불신의 나락으로 떨어질 수도 있기에, 결코 가볍게 여길 수 없는 작업이다. 서양 근대 역사학의 아버지 랑케가 아마추어 역사가와 전문 역사가를 구별하는 첫 번째 기준을 사료비판에서 찾은 것도 같은 이유에서다. "사료 없이 역사 없다"는 프랑스 역사가 랑글루아와 세뇨보의 말은 그래서 의미심장하다.

문서만이 사료는 아니다. 인간 삶의 흔적을 담고 있는 이 세상 모든 것이 다 사료다. 《조선왕조실록》에서부터 〈신사임당 분재기〉까지, 상평통보와 판옥선에서부터 다보탑과 독립문까지, 도량형에서부터 세시 풍속에 이르기까지 인류의 삶에 대한 증언의 여지가 있으면 그 어떤 것도 사료로 인정받을 수 있다. 한반도에 구석기시대가 존재했음을 확인시켜준 경기도 연천 한탄강 변의 조각돌도 마찬가지다.

1978년의 일이다. 이곳에서 동아시아 최초로 전기 구석기시대의 주먹도끼가 발견되었다. 발견자는 이름 있는 전문가가 아니었다. 미국 인디애나대학에서 고고학을 공부하다 학비를 벌기 위해 동두천 주재 미군 제2사단에 복무하던 군인이었다. 눈썰미 있던 이 미군 부사관이 발견한 주먹도끼 3점과 긁개 1점이 전곡리에 파묻혀 있던 인류의 흔적을 세상에 알렸다. 이후 곳곳에서 구석기 유적이 발견되어, 한반도의 선사편년은 훨씬 더 오래된 시대로 올라가버렸다.

역사 문해력 수업

원석인 사료를 다듬는 과정

사료는 다듬지 않은 원석과 같다. 불국사 경내 다보탑과 석가탑을 세우기 위해 경주 남산의 화강암 바위들이 장인들의 날카로운 정을 맞아야 했던 것처럼, 역사를 쓰기 위해서는 사료의 수집과 정리, 비판과 가공의 과정이 필요하다. 이 과정을 역사가들은 사료비판이라고 부른다.

이 작업은 외적 비판에서부터 시작된다. 외적 비판에서 핵심은 자료의 순수성을 확인하는 진위 비판이다. 해당 사료가 진짜인지 가짜인지를 구별하는 작업이다. 역사가는 없는 것에서 무언가를 만들어내는 마법사가 아니다. 어쩌면 산골짜기 급류 바로 아래서 사금 채취를 위해 하루 종일 몸을 구부린 채 체질에 매달리는 사람이 역사가에 가까운지도 모르겠다. 한국 학계에서 《화랑세기》 논쟁이 치열했던 것도 그 때문이다. 1989년 2월 16일 부산에서 공개된 《화랑세기》는 빅 뉴스였다. 왜냐하면 이 32쪽짜리 문서가 《삼국사기》에 언급된 김대문의 《화랑세기》가 맞는다면, 현존 사서 중 가장 오래된 《삼국사기》보다 460여 년이나 앞선 기록이 되기 때문이다. 신라인이 쓴 신라의 역사서라는 점에서 이 사서는 큰 기대감을 갖게 만들었다.

그러나 발견된 《화랑세기》는 아쉽게도 필사본이었다. 사료의 가치 평가에서 인쇄본과 필사본의 차이는 결정적이다. 그 때문에 남당 박창화 선생이 1933년 일본 궁내성 도서료 촉탁직으로 일할 때 필사했을 것으로 추정되는 이 《화랑세기》에는 많은 의문이 제기되었다. 내용 면에서도 왕족과 귀족들의 난혼과 성행위가 일본의 경우와 흡사해서 적잖은 의혹이 제기되었다. 그 후 추가로 발견된 필사본은 앞선 발췌본보다 더 상세한 내용을 담고 있었지만, 비판은 끊이지 않았다. 그럼에도 《화랑세기로 본 신라인 이야기》의 저자 이종욱 교수는 "성경은 원본이 없다. 《화랑세기》도 원본은 없다"고 《화랑세기》의 진정성을 강력하게 옹호했다. 학계 일각의 주장대로 필사본 《화랑세기》 전체가 위작일지, 아니면 그 가운데 일부가 위작일지, 일부가 위작이라면 언제 누가 왜 부분 위작을 감행했는지를 규명하는 것이 바로 외적 비판의 핵심이라고 하겠다. 필사본이라는 형식은 그 자체로서는 진실과 거짓을 가르는 절대적 잣대가 될 수 없다.

　재질이나 물성에 대한 검토도 사료의 진위를 판명하는 데 결정적으로 중요하다. 서양 중세의 경우 파피루스, 양피지, 종이에 기록을 남겼다. 이 중 양피지가 처음 등장한 것은 677년 메로빙거 왕조 때였다. 이후 알프스 북부 지역에서는 더이상 파피루스가 사용되지 않았다. 다만 알프스 남쪽에서 발간된 교황 관련 사료의 경우에 10세기까지 파피루스가 계속 사용되었다. 그러므로 이전에 작성된 교황 사료 가운데 파피루스가 아닌 것은 위작으로 봐야 한다. 이 때문에 교황과 관련하여 사료를 위조하려는 사람은 양피지를 사용하면서, 왜 자신이 양피지를 선택해야 했는지를 변명하는 내용을 사료 속에 담지 않을 수 없었다. 그러므로 진위를 가릴 때 중요한 것은 정교한 변명의 논리가 아니라 기록의 재질 그 자체였던 것이다.

　같은 양피지라고 하더라도, 이탈리아에서는 염소나 거세된 숫양의 가죽을 사용했다. 그에 반해 독일 지역에서는 송아지 가죽을 사용했기 때문에, 독일의 문서가 이탈리아에 비해 더 두껍다. 따라서 이탈리아에서 생산된 교황 관련 사료가 송아지 가죽에 기록되었을 경우 위서에 대한 심증은 당연히 커질 수밖에 없다. 종이는 13, 14세기에 와서야 널리 사용되기 시작했다(이에 관해서는 차용구, 〈중세의 사료 위조에 대한 심성사적 접근〉, 《서양중세사연구》 3, 1998을 참조하면 좋겠다).

외적 비판 뒤에 등장하는 과정이 사료에 대한 내적 비판이다. 사람들은 이것을 고등 비판higher critics이라고 부르기도 한다. 여기서는 기록자의 신뢰도, 기록의 일관성이 무엇보다 중요하다. 《사기》의 신뢰성은 무엇보다 저자의 강직함에서 비롯된다. 그 저자인 사마천은 치욕적인 궁형을 당하면서도 중요한 일들이 세세에 잊히지 않게 하기 위해 기록에 대한 의지를 포기하지 않았다. 개인적 집단적 이익이나 위협의 유무와 강도에 따라 붓의 방향과 힘이 달라지는 곡학아세형 인물이 남긴 기록이라면 사료의 신뢰 수준은 급락하고 말 것이다.

내적 비판과정에서 역사가는 기록을 꼼꼼하게 확인하는 가운데, 자의字意literal meaning 해명에서 진의眞意real meaning 해석으로 이행한다. 말하자면, 글자 자체의 사전적 의미에서 그 표현을 통해 기록자가 의도했던 의미를 포착하는 방향으로 상승해가는 것이다. 일본식 표현을 빌리자면, 역사가가 사료를 통해 일차적으로 파악해야 하는 것은 다테마에建前가 아니라 혼네本音인 것이다. 다테마에가 사회적 규범을 염두에 두고 표현된 겉마음이라면, 혼네는 행위자의 속마음이다. 행위자나 기록자의 본심을 밝히는 지점에서부터는 역사가의 적극적 해석이 필요하다. 바로 이 해석이 시작되는 지점에서 사료비판은 끝난다.

11

비교: 공통점과 차이점을 발견하는 지름길

우리 삶은 비교의 연속이다. 비교를 통해 우리는 더 나은 기회를 발견하고, 때로는 최악의 가능성을 회피하고 싶어한다. 좌우 구분과 상하 구별도 비교의 결과다. 역사가의 작업도 비교의 과정 없이는 생각하기 어렵다. 옛것에 견주어 오늘을 묘사하고, 서양에 비추어 동양적 전통의 특징을 파악한다. 역사가에게 비교는 일상이요, 본업이며, 방법이다.

세상에는 서로 비교할 수 있는 것이 있고, 없는 것도 있다. 예를 들어, 사과끼리는 쉽게 비교할 수 있다. 홍옥과 부사의 경우가 그렇다. 19세기 초 미국에서 만들어진 'Jonathan' 품종이 일본에서 '고교쿠紅玉'가 되었고, 일제강점기에 한국에 건너와 '홍옥'으로 불렸다. 향 좋고 육질 연한 짙은 홍색의 이 품종은 새콤한 맛을 즐기는 사람에게는 그만이지만, 단점도 있다. 무엇보다 병충해에 약하고 낙과도 심하다. 그에 반해

부사는 어떤가? 황록색 바탕에 담홍색 줄무늬의 부사는 당도가 높고 과즙이 많을 뿐 아니라 저장성까지 좋다. 미국산 품종인 레드 딜리셔스 Red Delicious와 버지니아 롤스 제넷Virginia Ralls Genet을 교배해 후지ふ じ라는 이름으로 일본에서 출시된 부사는 바삭한 식감까지 더해져 현재 동아시아 지역의 모든 국가에서 가장 사랑받고 있다. 홍옥과 부사를 견줄 때는 이처럼 껍질과 과육의 색, 당도와 식감에다 평균 무게 같은 비교 기준들이 필요하다. 이와 같은 구체적 기준이 없다면 비교도 불가능하다.

그렇다면, 사과와 배는 비교할 수 있을까? 분류학적 측면에서 사과와 배는 열매의 씨가 굳은 껍질로 되어 있다는 점에서 모두 인과류仁果類pome fruits에 속한다. 두 과일은 복숭아와 자두 같은 핵과류核果類stone fruits, 딸기나 머루 같은 장과류漿果類soft fruit와 구별된다. 사과와 배의 유사성은 여기서 그치지 않는다. 수확기가 비슷하고, 펙틴 등 식이섬유와 칼륨이 풍부하다. 그러므로 사과와 배는 여러 면에서 사촌으로 불리기에 충분하다. 하지만 차이점도 있다. 사과는 유기산이 많이 들어 있어 배보다 산뜻하고 신맛이 난다. 사과는 또 껍질째 먹어야 더 좋은 과일로 알려져 있다. 안토시아닌이라는 항산화 성분이 많이 들어있기 때문이다. 배는 그렇지 않다. 배 껍질엔 이 성분이 거의 없고 껍질 자체가 코르크처럼 되어 있어 굳이 먹어야 할 이유가 없다고 한다.

문화사적 측면에서 보면, 사과의 의미가 배보다 훨씬 더 커 보인다. 무엇보다 사과의 역사가 더 길다. 신석기시대 화석에서도 발견되는 사과를 인류가 재배하기 시작한 것은 5,000년 전으로 추정된다. 서양에서는 성인 남성의 목에 있는 후골喉骨을 '아담의 사과Adam's apple'라고 부른다. 〈창세기〉에서 하나님의 금령을 어기고 사과를 먹다가 깜짝 놀라는 순간 목구멍에 걸렸다는 것이다. 배는 3,000년 전부터 재배되기 시작했다. 고대 그리스 세계에서 사랑받은 배를 《일리아드》와 《오디세이아》의 작가 호머는 신의 선물이라고 극찬했다. 그렇지만 그게 거의 전부다. 동화 속 백설공주는 독 사과를 먹었고, 윌리엄 텔은 아들 머리 위에 올린 사과를 활로 쐈으며, 뉴턴은 떨어지는 사과를 보고 만유인력의 법칙을 발견했다지만, 배와 관련된 얘기를 듣기는 어렵다.

스웨덴의 식물학자 린네Carl von Linné(1707~1778) 분류표에서 사과는 Malus domestica, 배는 Pyrus communis로 표기된다. 이 둘은 종species과 속genus에서는 다르지만, 과family는 같다. 좀 더 정확하게 말하면, 사과와 배는 같은 계(식물계Plantae), 문(속씨식물문Magnoliophyta), 강(목련강Magnoliopsida), 목(장미목Rosales), 과(장미과Rosaceae)에 속해 있다.

사과와 배 같은 종을 비교할 때, 홍옥과 부사 같은 품종의 차이는 중요하지 않다. 이때는 오히려 품종을 넘어서는 종의 공통점이 부각된다. 사과와 배를 비교하는 작업은 목표에 따라 달라진다. 사과의 특성을 선명하게 파악하는 게 비교의 동기라면, 이때 비교 작업의 궁극적 목표는 차이의 발견에 있다. 이 경우 배는 그저 대조를 통한 이해의 수단이 된다. 만일 신고, 화산, 황금처럼 배의 여러 품종이 동원된다면, 이들은 사과의 특성을 파악하기 위한 대조군으로 불릴 것이다.

사과와 사자는 비교할 수 있을까? 이 물음은 허무한 걸까 아니면 난감한 걸까? 아마도 어이없는 쪽에 가까울 것이다. 왜냐하면 사과와 사자는 린네의 분류표에서 보면, 아예 출발점을 이루는 계界 단계에서부터 다른 계통에 속해 있기 때문이다. 사과는 식물계에 속하는 데 반해, 사자는 동물계에 속한다. 분류학 체계에서 둘의 공통점은 역 Dominium(Domain)의 수준에 와서야 찾아볼 수 있다. 사과와 사자는 모두 생물이라는 것이다. 생물 역은 포괄범위가 너무 넓기 때문에, 이 안에서 이루어지는 무작위적 비교는 우리에게 구체적 지식을 제공해주기 어렵다. 이런 이유에서 사람들은 사과와 사자를 별로 비교해보려 하지 않는다. 의미가 없어 보이기 때문이다. 애플사의 라이언Lion과 마이크로소프트사의 윈도우 세븐의 운영체제 성능을 비교할 때를 빼면, 사과와 사자는 비교의 문맥에서 등장하지 않는다.

사과와 사자가 하나의 이야기 속에 등장하는 경우가 있기는 하다. 그리스 신화 속에서다. 미모의 여성 아탈렌테는 결혼하면 파멸에 빠질 것이라는 신탁을 받았다. 그래서 그녀는 자신과 결혼하려면 경주에서 이겨야 한다는 조건을 걸었다. 지면 죽게 될 것이라는 조건도 함께였다. 그렇지만 생각과 달리 수많은 구혼자가 도전했다. 모든 이가 실패했고, 그 결과 죽음을 피하지 못했다. 그러던 어느 날 멜라니온이라는 이름의 남자가 이 죽음의 경기에 도전했다. 멜라니온은 사랑의 여신 아프로디테에게 기도해서 얻게 된 황금사과 3개를 위기에 처할 때마다 하나씩 던져 마침내 승리를 쟁취했다. 당연히 결혼도 할 수 있었다. 비극은 그 후에 벌어졌다. 멜라니온이 아프로디테에게 공물 바치는 일을 깜빡 잊었던 것이다. 이 일로 인해 격분한 아프로디테는 멜라니온과 아탈렌테를 모두 사자로 변하게 만들고야 말았다. 재미있고도 슬픈 이야기지만, 이 속에 비교의 프레임은 전혀 등장하지 않는다. 이 이야기 속에서 사과와 사자는 목적론적인 인과관계의 틀에서 다뤄지고 있을 뿐이다.

이제까지 이야기에서 역사가들이 비교 작업을 수행할 때 심사숙고해야 하는 몇 가지 사항이 도출되었다.

첫째, 비교는 비교가 가능할 때 할 수 있다—대상의 선정
둘째, 비교는 의미가 있어 보일 때 진행한다—예상되는 결과의 학문·
　현실적 의미
셋째, 비교의 절차와 방법은 연구 목적의 지배를 받는다—일반화 혹은
　개체화
넷째, 비교 작업에서는 무엇보다 기준 설정이 중요하다—작업 규칙과
　틀의 구성

이 네 가지 사항을 염두에 두고 역사가들이 수행하는 비교 작업을 몇
가지 유형으로 나누어 생각해보자.

주제 중심 비교: 스카치폴의 혁명 일반화

혁명은 지배자와 피지배자의 관계를 전복시킨다는 점에서 언제나 매력
적인 연구 대상이었다. 영국의 국왕 찰스 1세가 청교도혁명 후에 반역
죄로 처형받은 것이 대표적이다. 만약 이 혁명이 실패했다면, 정반대로
의회파가 모반의 죄명으로 살해되었을 것이다. 정치적 급변과 지배자
교체는 그러나 혁명의 최소치에 불과하다. 진짜 혁명은 사회혁명이다.
사회경제 질서와 문화 전통까지 송두리째 흔들어놓을 때 비로소 사람
들은 그 혁명을 혁명답다고 인정한다. 미국의 여성 역사사회학자 테다

스카치폴Theda Skocpol이 프랑스, 러시아, 중국에서 발생한 혁명에 주목한 것도 같은 이유다. 혁명이 이 세 나라를 가장 밑바닥에서부터 동요시켰기 때문이다.

스카치폴은 프랑스(1789~1799), 러시아(1917~1929), 중국(1911~1949)에서 발생한 혁명의 구조적 조건과 결과를 파악하고 싶었다. 그래서 그녀는 상이한 시간대에 발생한 세 나라의 혁명을 비교한 후, 연구결과를 다시 혁명 없이 근대화에 성공한 영국, 프로이센, 일본의 경험과 비교했다. 그녀는 "혁명은 만들어내는 것이 아니라 우리에게 일어나는 것Revolutions are not made. They come"이라고 믿었다. 사회학자답게 혁명의 일반적 법칙을 발견하는 것이 스카치폴의 목표였던 셈이다.

스카치폴은 행정력 결핍을 혁명의 주 요인으로 봤다. 제3신분을 효과적으로 통제할 행정 능력이 부족했던 루이 16세의 부르봉 왕조는 영국과의 경쟁에서 초래된 재정위기를 제때 극복하지 못했다. 그 결과 제3신분에 의해 무너지고 말았다. 차르 치하의 러시아는 같은 이유에서 피지배계층에 대한 지주 귀족들의 억압에 적절하게 대처하지 못했다. 그로 인해 제1차 대전 중에 피지배층에 의해 붕괴되고 말았다. 지방의 신사계층을 통제하지 못했던 청조는 서구의 압박과 혼란 속에서 성장한 군벌세력에 의해 무너졌다. 결국 스카치폴의 연구에서는 영국·프로이센·독일에는 있었던 반면에 프랑스·러시아·중국에는 없었던 무언가를 찾는 작업이 가장 중요했다. 그것이 바로 행정 능력 부족과 위기대처 능력의 결핍이었다.

물론 스카치폴은 '혁명의 법칙' 발견을 주장할 만큼 무모한 학자가 아니었다. 그녀는 세 나라 간의 역사적 차이점에 대해서도 언급했다.

혁명의 결과로 등장한 새로운 국가의 성격도 달랐다고 강조했다. 그럼에도 스카치폴이 혁명의 일반화를 추구한 것은 부인하기 어렵다. 그녀의 관찰에서는 혁명의 발생과 전개 시점의 차이, 부르주아 혁명과 사회주의 혁명 간의 차이, 산업화 수준의 차이는 부차적 요인으로 다뤄졌다. 그녀의 목표는 허다한 차이를 드러내는 것이 아니라, 얼마 되지 않는 공통점을 부각하는 데 있었다. 이 점 때문에 정책 입안자들과 사회과학자들이 그녀의 연구에 열광했다. 하지만 역사가들은 같은 이유 때문에 그녀의 비교 작업을 신랄하게 비판했다. 비교를 통해 역사가들이 드러내고자 하는 것은 보통의 경우 차이점이기 때문이다.

국가 간 맞비교: 독일과 일본의 전쟁 기억

어느 나라든, 어느 시대든 통념이란 것이 존재한다. 그중에는 아무리 그 근거 부족을 밝혀도 쉽게 사라지지 않는 맹신 같은 것이 있다. 그중 하나가 '과거청산에 관한 한 독일은 모범생, 일본은 문제아'라는 우리 국민의 믿음이다. 물론, 이러한 가치판단이 전적으로 틀렸다고는 할 수 없다. 일본의 역대 총리들 가운데 상당수가 과거사에 대한 책임 표명 대신에 변명으로 일관했고, 일본의 우익 정치인들 가운데 매년 8월 15일 야스쿠니 신사를 참배하는 사람들이 적지 않기 때문이다. 그러나 한국 사회가 공유하고 있는 일본에 대한 판단의 기저에는 지나치기 어려운 정도의 무지와 선입견이 녹아있다.

 가장 두드러진 현상은 많은 사람이 독일과 일본 사이의 비대칭성을 지나치게 강조한다는 점이다. 대중매체가 특히 그렇다. 때만 되면 독일의 파격적인 자세와 일본의 소극적 태도, 독일인의 전향성과 일본인의 후진성을 대조적으로 강조하는 행태가 문제다.

독일은 처음부터 과거사 반성에 전향적이었을까? 일본은 지금도 과거사에 대해 말도 안 되는 변명으로 일관하고 있는 것일까? 둘 다 아니다. 독일은 처음부터 자기반성 분야의 '엄친아'가 아니었고, 모든 일본인이 과거사 문제에서 우물 안 개구리도 아니다. 또한 독일의 사례를 통해 일본을 비난하는 우리의 태도 역시 정당하지 않다. 이렇게 생각하는 이유를 몇 개의 비교를 통해 이야기해보겠다.

독일과 일본이 제2차 대전을 기억하는 방식은 네 개의 기준에서 비교할 수 있다.

첫 번째 비교 기준은 핵심적인 범죄 사건에 대한 기억이다. 제2차 대전이 문제가 될 때면, 많은 사람은 독일의 아우슈비츠와 일본의 히로시마를 동시에 떠올린다. 전문가들은 이것을 중심기억이라고 부른다. 아우슈비츠를 기억하면 그곳에서 죽은(90만 명의 유대인을 포함한) 110만 명의 민간인 희생자와 제2차 세계대전 동안 목숨을 잃은(600만 명의 유대인을 포함한) 1,100만 명의 민간인 희생자를 우선적으로 연상할 수밖에 없다. 이 경우에는 가해 책임 문제가 불거지고, 독일인은 스스로를 전쟁의 가해자로 받아들이게 된다. 이에 반해 히로시마를 기억에 떠올리는 순간, 일본인은 전쟁의 희생자가 되어버린다. 가해자는 폭격기 '에놀라 게이Enola Gay'를 보내 원자폭탄 '리틀 보이'를 떨어뜨린 미국이다. 피폭의 장소 히로시마는 그렇게 해서 '세계평화의 메카'가 되었다. 여기서 문제가 되는 것은 히로시마 원폭의 '섬광 효과'다. 원폭의 버섯구름은 일본에 의한 미증유의 반인도 범죄인 난징학살을 덮어버리고, 조직적 국가범죄인 '종군위안부' 사건에 대한 세계의 관심을 분산시켜버렸다.

그러나 비교의 대상을 달리 택하면, 전쟁 기억의 모습과 색채도 달라진다. 독일의 전쟁 기억에서 아우슈비츠를 중심 사건으로 선택할 경우, 아우슈비츠와 급이 맞는 일본의 사건은 난징이다. 이 둘은 각각 가해자로서 독일과 일본의 특성을 가장 명징하게 보여주는 사건이기 때문이다. 그렇다고 해서 비극의 현장 히로시마와 나가사키를 논외로 할 필요는 없다. 전쟁을 끝내기 위해 연합국이 대대적 공습을 감행한 유럽의 주요 도시들을 맞비교하면 되기 때문이다. 융단 폭격의 대상이 되었던 도시들은 크게 두 부류로 나뉜다. 하나는 군수물자 생산을 담당했거나 수도였기에 전략적 폭격의 대상지가 된 도시들이다. 여기에는 함부르크와 베를린, 히로시마와 도쿄가 해당한다. 이 도시들은 전시에 폭격을 해야만 할 '전략적' 이유가 있었다. 히로시마가 사후에 특별히 문제가 된 이유는 폭격의 방식 때문이었다. 만약에 미군이 히로시마를 재래식 공습을 통해 초토화시켰다면, 이 도시는 일본인의 전쟁 기억에서, 또 전후 세계의 평화운동에서 메카로 부상하지 못했을 것이다.

또 하나 생각할 것은, 군수물자 생산이나 정치적 중심지라는 상징성이 없는데도 대대적 폭격을 경험한 경우다. 독일의 드레스덴이 그렇다. 특별한 군사시설이 없었던 뉘른베르크의 경우에는 나치당의 온상이었기에 연합국은 그곳을 공습 대상으로 삼을 이유를 찾을 수 있었다. 뉘른베르크는 1935년에 인종차별법이 통과된 곳이고, 악명 높은 나치당 전당대회가 개최된 장소이기 때문이다. 하지만 드레스덴은 경우가 전혀 다르다. 이 도시는 작센주의 문화 중심지였고, 역사적 전통이 깃들어 있는 명소다. 그럼에도 불구하고 그곳에 있던 유서 깊은 츠빙어 궁전과 성모 교회가 모두 불타버렸다. 독일의 드레스덴과 맞비교할 수 있는 일본의 도시는 교토다. 그러나 이 도시는 미군의 폭격 대상에서 제외되었다. 교토는 일본인의 집단 정체성에서 중심을 차지하는 문화적 고도이기 때문에, 만일 이곳을 폭격하면 일본 본토에 상륙하게 될 미 해병대가 오키나와나 이오지마에서 겪었던 것보다 훨씬 더 큰 희생을 치르게 될 것이라는 우려가 크게 작용했다. 그 덕분에 교토는 살았다. 그래서 드레스덴에 필적할 만한 피습 도시를 일본에서는 찾을 수 없다.

지금까지 이야기한 것만으로도 우리는 독일과 일본의 전쟁 기억 비교가 간단한 작업이 아니라는 것을 짐작할 수 있다. 이 작업의 어려움을 이렇게 정리할 수 있을 것이다. 독일에는 히로시마가 없다. 그래서 맞비교가 쉽지 않다. 일본에는 아우슈비츠가 없다. 그래서 맞비교가 더 어렵다. 하지만 굳이 맞비교를 해야 한다면, 우리가 주목해야 하는 도시는 아우슈비츠와 난징이다. 국경 바깥에 멀리 떨어져 있던 이 두 개의 도시를 비교할 때, 가해 국가로서 독일과 일본의 특징이 가장 잘 드러나기 때문이다.

독일과 일본의 전쟁 기억을 비교할 때 두 번째 기준으로 삼을 것은 전후에 열린 주요 전범 재판이다. 잘 알려진 대로 뉘른베르크와 도쿄처럼 독일과 일본의 전후 기억을 잘 보여주는 장소도 없다. 한때 바그너의 교향곡 〈탄호이저〉가 울려 퍼지는 가운데 나치 전당대회가 성스럽게 연출되었던 뉘른베르크를 연합국은 종전과 더불어 형사소추의 장소로 선택했다. 범죄의 후광이 여전히 살아있던 점에서 볼 때, 그것은 탁월한 선택이었다. 뉘른베르크 주요 전범 재판에는 총 24명이 기소되었다. 하지만 재판 도중 2명이 죽었기 때문에 남은 22명에 대해서만 판결이 내려졌다. 이 중 헤르만 괴링 등 12명은 사형, 루돌프 헤스 등 3명은 종신형, 알베르트 슈페어 등 4명은 징역형, 나머지 3명은 형 면제를 선고받았다. 도쿄재판으로 불리는 극동국제군사재판에는 28명이 A급 전범으로 기소되었고, 도중에 사망 등의 이유로 제외된 3명을 빼고는 모두가 유죄를 선고받았다. 이 가운데 도조 히데키를 포함해 총 7명이 처형되었다.

이 세기의 재판을 비교할 때 가장 눈에 띄는 점은 독일과 일본 양측 모두 최고 지도자가 피고석에 서지 않았다는 사실이다. 히틀러는 이미 자살한 상태였으니 상관없다. 문제가 되는 것은 일본의 천황 히로히토가 기소되지 않았다는 점이다. 재판정에 선 천황의 모습을 보이지 않기 위해 패전 후 일본이 기울인 노력은 집요하다 못해 처절했다. 미국도 정치적 이유에서 일본의 요구를 용인했다. 군정을 성공적으로 이끌어가기 위해 사법적 정의보다는 정치적 타협을 모색했던 셈이다. 반신반인의 국가적 존엄이 피고석에 서는 것을 일본인들의 문화적·종교적 감정이 용납할 수 없었을 테지만, 패전국의 요구가 관철된 것이 어찌 보면 놀랍기도 하다. 그러나 이 불의의 타협은 두고두고 문제가 되었다.

중요한 재판에서는 법정에 선 사람의 면모와 형량만 중요한 것이 아니다. 기소된 범죄 혐의가 더 중요한 경우도 있다. 도쿄재판이 바로 그런 경우다. 뉘른베르크와 달리 도쿄에서는 '평화에 반한 죄' 및 '전쟁범죄'와 더불어 반드시 포함되었어야 할 '반인도 범죄'가 기소 항목에서 누락되었다. 범죄가 종료된 이후에 만들어진 개념이라는 점에서 반인도 범죄에 기초한 기소는 분명 법적 안정성을 훼손할 여지를 갖고 있었다. 그럼에도 불구하고 정의의 실현을 목적으로 뉘른베르크에서 미국 측 검사 잭슨Robert A. Jackson이 적용한 반인도 범죄 항목은 도쿄에서 기소 사유로 채택되지 않았다. 만일 그랬더라면 난징학살 책임자들은 이 죄목으로 기소되었을 것이다. 이 때문에 도쿄재판의 판결은 "독일은 반인도 범죄를 저질렀지만, 일본은 그렇지 않다"는 주장에 빌미로 활용되었다. 이후 일본인의 편향된 과거사 기억에 알리바이를 제공해준 셈이다. 이 점은 천황 무죄론과 더불어 일본에서 전향적인 전쟁 기억이 형성되는 것을 가로막는 큰 이유가 되었다.

셋째, 국가적 차원의 중심 기념 시설과 국가의례도 전쟁 기억 비교에서 매우 중요하다. 제2차 세계대전을 기억하는 독일의 핵심 시설은 노이에 바헤Neue Wache다. 훗날 독일을 통일하게 될 프로이센의 궁성 경비대 건물로 처음 건축된 노이에 바헤는 역사의 부침 속에서 용도 변경을 거듭했다. 동서독 통일의 영웅 헬무트 콜 총리는 국민 일각의 반대를 무릅쓰고 이곳을 국민 통합을 위한 역사의 전당으로 삼고 싶어했다. 그리하여 이 장소에는 '전쟁과 압제의 모든 희생자들을 위하여'라는 명문이 헌정되었다.

이게 무슨 뜻일까? 왜 독일의 양심적 지식인들은 콜 총리의 시도를 필사적으로 막고자 했던 것일까? 이유는 분명했다. 전쟁에 앞장선 나치 독일의 정규군과 비무장 민간인 학살에 깊이 관여한 친위대 SS(Schutzstafel)까지 '시대의 희생자'로 간주하겠다는 정치적 의도가 그 명문 속에 내포되어 있었기 때문이다. 이것이 과연 통합을 위해 필요한 통 큰 사고의 결과거나 미래지향적 포부의 발로였다고 할 수 있을까?

그렇게 받아들일 수 없었던 사람들이 비판을 주도했다. 그들이 보기에 콜의 의도는 속된 말로 '통치기'에 다름 아니었다.

이런 문제점에도 불구하고 우리가 주목해야 할 것이 있다. 이 국가적 기념물 개조를 둘러싸고 진행된 독일 정치의 타협과정이다. 거듭되는 비판 속에서 수그러들지 않는 반발을 무마하기 위해 콜 총리는 독일 거주 유대인 대표에게 유대인 희생자만을 위한 별도의 추모 시설 건립을 약속했다. 그 결과 베를린 시내 한복판에 '희생당한 유럽 유대인을 위한 추모 시설Holocaustmahnmal'이 조성되었다. 이로써 독일 사회의 전쟁 기억에서 보수진영과 진보진영 간의 합의가, 그리고 희생자 의식과 가해자 의식 간의 평형이 유지될 수 있었다.

일본은 어떤가? 국가적 기억을 재생산하는 중심 시설로서 야스쿠니 신사가 갖고 있는 문제점은 한두 가지가 아니다. 도쿄재판에서 사형을 선고받고 처형된 A급 전범들이 합사되어 추모되고 있는 것만 문제점이 아니다. 일본의 신도神道와는 종교적 신념을 전혀 달리하는 한국과 타이완 기독교 희생자들이 유가족들의 분사 요구에도 불구하고 그곳에서 함께 추모되고 있다는 것도 심각한 문제점이다. 국가 신도의 잔영이 강하게 남아있는 야스쿠니 신사는 경내에 자리한 기념관 유슈칸游就館과 더불어 일본인의 제2차 대전 기억을 우편향으로 만들어왔다.

일본의 보수 정치인들은 한국에 현충원이 있고 미국에 알링턴이 있듯이, 야스쿠니가 전몰장병을 추도하는 장소로 기능하는 것이 왜 문제냐고 항변한다. 그러나 침략주의와 종교적 아우라가 유령처럼 깃들어 있는 곳, 성찰적인 전쟁 기억이 아니라 패전의 쓰라린 기억을 반추하는 이곳을 포기하고, 이웃 국가 사절들이 거리낌 없이 참배할 수 있는 제

대로 된 국가적 추모 시설을 세우라는 요구에 대해서는 소극적 태도로 일관하고 있다. 무명용사 추모 시설인 치도리가후치千鳥ヶ淵 전몰자 묘원을 확장 이전하는 대안적 논의도 여전히 답보 상태를 벗어나지 못하고 있다.

야스쿠니는 그 강렬한 인상 때문에 주변국들의 분노와 우려를 필요 이상으로 자아내는 불화의 공간이다. 그리하여 일본 민족주의와 동아시아의 초국가적 이상이 날카롭게 충돌하는 곳이다. 일본 시민사회 일각에서 면면히 이어져온 반성적 기억의 전통이 주변 국가 국민들의 인정을 충분히 받지 못하는 이유도 여기에 있다. 야스쿠니는 다양한 기억을 끝없이 집어삼키는 블랙홀이다. 미래지향적인 동아시아 공동체의 길을 가로막는 암초 역할을 톡톡히 하는 곳이다. 그러나 일본의 문화적·종교적 전통을 깊이 고려한다면, 야스쿠니의 깊은 뿌리를 잘라낼 수 있는 묘책은 당장 보이지 않는다. 다만 그 그림자의 크기를 얼마나 줄일 수 있는지만이 문제가 될 뿐이다.

넷째, 독일과 달리 일본에는 '7월 20일'이 없다. 이게 무슨 말일까? 역사 연구에서는 실제로 있었던 것만 비교의 대상이 되지는 않는다. 국가 간 비교나 국민 간 비교에서도 이 점은 마찬가지다. 1944년 7월 20일 베를린에서는 후방부대 최고위 지휘관들이 가담한 총통 암살과 국가전복 시도가 발생했다. '작전명 발키리'로 불리는 사건이 바로 그것이다. 현역 육군 대령이었던 슈타우펜베르크 백작이 주도한 이 사건은 실패로 끝났고, 의거에 가담한 사람들 중 주모자들은 그날 밤 사령부 경내에서 처형되었다. 히틀러가 직접 라디오 연설을 통해 그들을 반역자로 단죄했다. 시간이 흘러 그 반역자들은 복권되었고, 오늘날 독일

연방군과 독일 국민은 그들의 거사에 대해 깊이 감사하고 있다. 왜냐하면 슈타우펜베르크와 동지들이 아니었다면, 모든 독일인이 독재와 범죄에 부역한 사람이 되고 말았을 테니 말이다. 그래서 독일인들은 방위군 사령부 내에 있는 실패한 거사의 장소를 '독일 저항기념센터'로 만들어 기념하고 있다.

이와 비슷한 장소가 일본에 있을까? 내가 알기론 없다. 그것이 독일과 일본의 차이, 또 독일인의 전쟁 기억과 일본인의 전쟁 기억을 비교할 때 튀어나온 못처럼 도드라져 보이는 결정적 차이점이다.

독일과 일본의 전쟁은 동시대적 사건이었다. 그렇기에 여러 가지 차이에도 불구하고 맞비교하기에 유리하다. 하지만 이러한 맞비교가 대조의 방식으로만 흘러가서는 곤란하다. 독일은 성취했는데 일본은 그렇지 못했던 점들만을 수집해서 대조하는 방식의 비교는 위험하다. 이처럼 인위적인 비교는 정치적 수단으로 전락할 수 있고, 심층적인 역사 이해를 가로막기 쉽다.

'독일은 엄친아, 일본은 지진아'로 간주하는 한국 국민의 인식에는 우려할 만한 요소가 적지 않다. 이 속에는 독일의 사례를 통해 일본을 꾸짖고자 하는 역사 오용의 경향이 강하게 깃들어 있다. 독일의 과거사 극복과정에서 중요한 점은 수많은 변명거리가 있음에도 불구하고 가해 책임을 기억하고 전승하는 데 힘쓴다는 사실이다.

우리가 독일의 전쟁 기억에서 배워야 할 교훈은 우리 스스로가 가해자가 되었던 한국전쟁 전후의 민간인 학살과 베트남전쟁에서 한국군이 자행한 민간인 학살 범죄를 외면하지 말아야 한다는 점이다. 우리가 일본의 전쟁 기억에서 배워야 할 것도 있다. 그것은 바로 적지 않은 일본인이 변명 일변도의 패전 기억에 동의하지 않아왔다는 점이다. 독일인들이 자신들의 가해 과거사를 외면했던 제2차 세계대전 전후 15년 동안 일본인들은 독일인들보다 훨씬 더 전향적으로 난징학살과 '종군위안부' 문제를 공론화하고 있었다는 사실을 우리는 외면하지 말아야 한다.

비대칭 비교: 베버의 서구 자본주의 특수성 해명

베버의 《프로테스탄트 윤리와 자본주의 정신》은 말년의 대작 《종교사회학》의 예고편이다. 《종교사회학》은 이름이 주는 인상과는 다르게, 세계의 종교 자체를 연구하는 데 목적을 두지 않았다. 이 책은 일반 종교학 책과는 의도와 접근 방식 모두에서 다르다. 이 책에서 베버가 제시한 목표는 근대 자본주의가 오직 서구 사회에서만 꽃핀 이유를 밝히는 데 있었다. 그가 생각하기에 자본주의의 발전 가능성은 세계 어디에나 있었다. 또 외양 면에서 보면, 자본주의는 근대만이 아니라 고대 세계에서도 싹틀 수 있었다.

베버는 특히 고대 로마에서 상당한 정도로 자본주의가 발전했다고 평가했다. 그러나 그는 로마의 자본주의는 세 가지 점에서 결정적 한계를 갖고 있었다고 강조했다. 그에 따르면, 로마의 자본주의적 발전은 농업에 국한되었고(농업자본주의), 전리품이 유입되는 해안지대에 한정되었으며(해안자본주의), 노예 없이는 작동될 수 없었다(노예자본주의). '노예'자본주의는 자본주의 발전의 핵심 요소인 혁신과 경쟁 동기가 결여되었음을 보여주기 위한 수사였다.

이를 바탕으로 베버는 엄밀한 의미의 자본주의가 공간적으로는 서구에서만, 시간적으로는 근대에 와서야 비로소 성립하게 되었다고 확신했다. 이후 베버는 두 개의 테제를 더 발전시켰다. 근대 자본주의 발전에는 자본주의 정신의 발전이 중요했고, 이 정신의 발전은 새로운 종교적 가치관의 출현과 밀접하게 연결되어 있다는 것이 첫 번째 주장이었다. 금욕과 절제를 강조하는 캘빈주의의 출현이 아니었다면 근대 상업자본주의의 발전은 불가능했으리라는 것이다. 이와 직결되어 있는 두 번째 테제는 자본주의가 유럽 전체가 아니라 알프스 이북 가운데 서쪽지역에서만 본격화되었다는 것이다. 종교개혁을 통해 중세 내내 상업의 발전을 억압했던 가톨릭의 가치관을 개신교 가운데 특히 합리적 투자와 생산을 장려한 캘빈주의 종파의 가치관이 대체하게 된 것이 결정적 이유였다. 베버는 자신의 생각을 입증하기 위해 세계의 주요 종교와 자본주의 (미)발전 사이의 상관관계를 해명하기 위한 비교 연구에 착수했다. 그 결과가 바로 《종교사회학》이다.

베버의 종교사회학 연구는 그러므로 '비대칭 비교'의 방법에 의존한다. 베버는 종교나 종파와 경제발전 사이의 관계를 광범위한 경험적 자료에 입각해서 대대적으로 분석할 생각이 없었다. 그는 서유럽을 제외한 나머지 모든 지역의 경제발전과 종교 연구에서 2차 자료에 의존했다. 그는 중국어나 힌두어, 아랍어를 전혀 할 수 없었다. 이런 핸디캡에도 불구하고 베버로 하여금 야심적 도전을 감행할 수 있게 해준 것은 강렬한 문제의식이었다. 그는 문제 중심의 제한적인 비교 연구를 통해 자본주의가 근대·서구·알프스산맥 이북·서쪽 일부에서만 발전한 이유를 찾겠다고 강조했다. 이 연구는 곧 근대 서구 사회에는 있었지만 비서구 사회나 근대 이전의 서구 사회에는 없었던 요인을 발견하는 작업이었다.

베버는 중국에 대한 호평으로 시작했다. 송대의 경제, 남송의 농업 생산 규모와 기술은 동시대의 모든 지역을 압도했다고 말이다. 그럼에도 불구하고 이것이 더 큰 발전으로 이어지지 못한 이유를 그는 유교적 가치관에서 찾는다. 사농공상의 직업관과 관수관급官需官給 경제에 만족하는 중국 엘리트들의 세계관이 경제적 혁신을 막았다는 것이다. 이 같은 논리는 도교, 힌두교, 이슬람교에도 그대로 적용된다. 어쩌면 도식처럼 보이는 베버의 해석 틀이 학자들의 비판을 받은 것은 당연하다. 사람들은 베버가 서구중심주의에 빠져있었다고 비난하기도 한다. 하지만 베버가 살아있었다면, 아마 이렇게 응수했을 것이다. "엄청난 자료의 바다에서 표류하거나 익사하지 않기 위해 나는 오로지 내 문제의식에 충실한 연구를 수행하고자 했다. 이를 위해 내가 할 수 있는 방법은 비대칭 비교asymmetrisches Vergleichen뿐이었다." 비대칭 비교란 A와 B를 같은 수준에서 세밀하게 맞비교하는 것이 아니다. A의 내재적 특징을 파악하기 위해, A를 중심에 놓고 B 또는 B, C, D와 선택적으로 비교하는 것이다. 그러므로 개인 연구자가 상대적으로 적은 품을 들이면서도 큰 성과를 내기 쉬운 방법이 바로 이 비대칭 비교다.

정상과 비정상의 해명: 독일 역사의 '특수한 길Sonderweg'

독일은 오랫동안 유럽의 문제아였다. 독일이 분열되면 유럽의 놀이터가 되었지만, 통일되면 어김없이 큰 전쟁이 발발했다. 베스트팔렌 평화조약으로 마침표를 찍은 30년전쟁(1618~1648)이 분열의 산물이었다면, 제1차 대전과 제2차 대전은 통일의 결과였다. 그 독일이 이제 다시 통일되었다. 그렇다면 제3차 대전이 다시 일어난다는 말일까? 그런 뜻은 아니다. 인간은 과거를 통해 배우는 존재며, 독일 국민도 이미 여러 차례 역사를 통해 성찰하는 법을 배웠기 때문이다.

1871년 비스마르크의 통일이 첫 번째 통일이었기에, 독일 사람들은 1989~90년 베를린 장벽 붕괴 이후 사건을 재통일이라고 부른다. 재통일 이후 독일 의회가 서쪽에 치우친 작은 도시 본을 떠나 본래의 수도 베를린으로 천도를 결정했을 때, 주변 국가들이 다시 한번 술렁거렸다. 유럽에서 가장 많은 나라와 국경선을 공유하고 있는 이 나라가 또다시 가시투성이의 고슴도치가 되는 것은 아닌가 하는 의구심 때문이었다. 이런 분위기를 잘 알기에 독일 엘리트들은 기회 있을 때마다 독일의 꿈은 그저 '정상국가normal state'로의 복귀에 불과하다고 강조했다. '범죄국가'에서 탈피하는 것 외에는 다른 야망을 가질 이유도 능력도 없다는 것이 그 변이었다. 그래서 독일은 오랫동안 죄송하다는 말을 연발하는 'sorry state'로 처신했다.

독일인은 왜 이토록 긴 변명을 해왔던 것일까? 이유는 단 하나, 나치 지배와 범죄 경험 때문이다. 그래서 많은 역사가는 독일 역사를 두 시기로 구분한다. 하나가 나치 등장 이전의 역사라면, 다른 하나는 나치 지배 이후의 역사다. 나치 독일이 패망한 1945년 5월 8일을 기점으로 그 후의 역사를 연구할 때 독일인의 관심은 나치 경험의 족쇄에서 탈출하는 길을 찾는 데 집중되었다. 그 이전의 역사를 추적할 때는 모든 초점이 나치 집권의 원인을 밝히는 데 가해졌다. 그래서 등장한 것이 독일사의 '특수한 길Sonderweg' 테제다.

독일이 걸어온 특수한 길을 해명하기 위해서는 영국과 프랑스의 근대사와 비교하는 작업이 필요했다. 그런데 이 비교 작업에는 묘한 전제가 깔려 있다. 영국과 프랑스가 걸어온 길을 '정상적인 길'로 설정하고, 그에 반해 독일이 지나온 길은 잘못된 '일탈의 길'로 판단한다. 이틀 속에서 영국은 자본주의와 의회민주주의 발전의 모범답안이 된다. 프랑스는 공화주의적 정치발전의 전형으로 간주된다. 이 두 나라와 비교할 때 독일의 모든 경험은 자칫 문제로만 해석되기 쉽다.

'특수한 길' 테제에서 주목하는 시기는 19세기 후반이다. 경제 면에서는 눈부신 발전을 보여준 독일이 정치에서는 왜 그렇게 낙후되었는지 해명하는 데 분석이 집중되었다. 경제적 발전과 정치적 후진성의 양립은 오랫동안 역사가의 흥미를 끌기에 충분했다. 역사가들은 서구 모델을 가지고는 파악하기 어려운 이 현상을 설명하기 위해 '호밀과 철강의 결합'이라는 비유적 표현을 고안해냈다. 호밀은 대규모의 영지를 소유한 동프로이센의 전근대적 농업지주, 즉 융커Junker를 뜻한다. 철강은 중공업 중심의 산업화 속에서 출발은 늦었지만 신속한 발전을 이룩했던 중공업 기업가들을 의미한다. 서유럽 모델에 따르면, 산업자본가들은 시민사회를 대표하는 부르주아로서 혁명이나 개혁을 통해 구체제의 체질을 바꾸는 데 앞장서야 했다. 그렇지 않고서는 군국주의와 관헌국가 전통을 가지고 있는 독일의 변화가 불가능했다는 것이다. 그런데 이러한 기대와 달리 독일의 중공업 자본가들은 정치와 사회의 혁신을 도모하기보다는, 전통적 정치 엘리트인 융커와 야합함으로써 경제 영역에서 이익을 향유하는 데 만족했다는 것이다. 그 결과는 견제받지 않는 권력국가의 성장이었다. 이러한 추세가 제1차 대전, 민족 감정의 격화, 대공황을 겪으며 '괴물국가'인 나치 독일의 탄생으로 이어지고 말았다는 것이 '독일적 특수한 길' 테제의 결론이다.

이 같은 주장은 많은 문제점을 내포하고 있다. 그래서 일리Geoff Eley 와 블랙번David Blackbourn 같은 영국의 역사가들이 거센 비판을 제기했다. '특수한 길' 테제는 무엇보다 작위적인 측면이 강한 것이 문제다. 그러나 이에 못지않게 강점도 크다. 한 민족이 겪은 굴절의 경험을 좀 더 넓은 역사의 콘텍스트 속에서 조망할 수 있게 해주기 때문이다.

'독일적 특수한 길'이 있다면, '한국적 특수한 길'에 대한 연구도 가능할 것이다. 최근 들어 동아시아 3국의 근대화 과정을 염두에 두면서, 한국이 밟아온 과정의 특징들을 비교 속에서 포착하고자 하는 노력이 점차 증가하고 있는 것도 같은 이유에서일 것이다. 동일한 이유에서 우리는 '동아시아적 특수한 길'에 관해서도 얼마든지 이야기할 수 있다. 세계사 전개의 복잡한 경로들을 좀 더 심층적으로 파악하기 위해서 말이다.

12

반사실적 가정: 경험적 상상의 힘

- 1950년 9월 15일 팔미도 등대 탈환에 실패했다면, 인천상륙작전이 성공했을까?

- 인천상륙작전이 실패했다면, 유엔군의 북진은 가능했을까?

- 여순사건 직후 박정희 소령이 숙군肅軍 되었다면, 5·16이 일어날 수 있었을까?

- 이 경우 민주화가 순조롭게 진행되고, 10·26과 12·12도 발생하지 않았을까?

- 1944년 7월 20일 독일 군부의 거사로 히틀러가 제거되었다면, 나치 체제는 곧바로 무너졌을까? 그랬다면, 1944년 여름 헝가리에 있던 42만 명의 유대인은 살아남을 수 있었을까?

역사가들은 오랫동안 이런 질문을 꺼려왔다. 여기에 어떤 특별한 이유가 있었던 것 같지는 않다. 그저 스승과 선배들이 이런 질문을 적절치 않다고 했기 때문이다. 그런데 사실은 그 스승과 선배들도 뚜렷한 이유를 말해주지는 못했다. 다만 관행이 그랬을 뿐이고, 그 누구도 이 관행에 명쾌하게 이의를 제기하지 못했던 것이다.

그 이유는 아마도 랑케 이후 직업적 역사가들 사이에 경험의 세계 너머나 이면을 언급하는 것을 금기로 여기는 태도가 분위기처럼 자리 잡았기 때문일 것이다. 서양 근대 역사학의 아버지 랑케는 역사가의 소임을 "그것이 실제로 어떻게 존재했던가?"만을 규명하는 데 있다고 천명했다. 존재하지 않은 세계, 희망하는 세계를 역사의 이름으로 다루는 것을 그는 단호하게 거부했다. 19세기 역사가들 사이에서 랑케가 보여준 태도는 대처의 길을 마다하고 토굴 속에서 동안거·하안거에 정진하는 선승의 모습을 연상케 한다. 노 선승 앞에서 쩔쩔매는 제자처럼, 직업적 역사가들은 스승 랑케가 걸어가지 않은 길은 길이라고 생각하지 않았다. 또 그가 하지 않은 질문을 생각하는 것 자체를 꺼려했다.

이 관행에 이의를 제기한 사람들은 '정통' 역사가가 아니었다. 그 가운데 첫 번째가 독일의 사회학자 막스 베버다. 베버는 자기 시대의 저명한 고대사가 마이어Eduard Meyer를 다룬 글에서, '만일'이라는 물음의 유용성을 부정하는 역사가들의 집단적 관행을 문제 삼았다.

베버는 페르시아 전쟁이 세계사적 사건이었다는 명제를 자명한 공리처럼 받아들이는 직업적 역사가들의 통념을 예로 들며 물었다. 왜 사람들이 페르시아제국과 그리스의 폴리스 세계가 정면충돌한 기원전 5세기의 이 전쟁에 세계사적 의미를 부여하는지 말이다. 전쟁 말미의 살라미스 해전에서 아테네가 극적으로 거둔 승리가 중요한 이유는, 만일 그렇지 않았더라면 페르시아 전쟁이 그리스 세계의 패배로 끝났을 것이기 때문이다. 페르시아 전쟁에서 도시국가 연합의 승리가 지대한 이유는, 만일 그렇지 않았더라면 크세르크세스 황제가 염원했던 대로 황금의 땅 에우로파Europa를 손에 넣었을 것이기 때문이다. 서구 역사가들은 페르시아 전쟁을 민주정과 전제정의 싸움으로 규정했고, 그 결과 서구 세계에서 민주주의가 발전할 수 있었다고 가르쳐왔다. 만일 페르시아가 이겼더라면? 오늘날 서구 세계는 완전히 다른 세계가 되었을 것이라고 보는 것이다. 바로 그런 이유에서 역사가들이 페르시아 전쟁을 세계사의 분수령이었다고 묘사한다고 베버는 지적했다.

베버는 어떤 사건이 역사에서 차지하는 의미는 실제로 생겨난 결과와 그 사건이 그렇게 벌어지지 않았을 경우에 발생했을 결과 사이에 존재하는 간극의 크기로 결정된다고 말했다. 그럼에도 베버는 역사가들이 그 간극이 갖는 의미를 진지하게 탐구하지 않았다고 꼬집었다. 스승과 선배들이 갔던 길을 묻지도 따지지도 않고 답습하려는 자기 시대의 역사가들에게 베버는 랑케의 경구를 뒤집어 이렇게 말했다. 역사가가 해명해야 할 것은 '존재Sein' 또는 단순히 '그렇게 형성되어온 존재So-geworden-Sein'가 아니다. 역사가는 '다름-아니라-바로-그렇게-형성되어온-존재So-und-nicht-anders-geworden-Sein'를 시간의 흐름 속에서 해명하고 하필이면 그렇게 된 바로 그 이유를 밝혀야 한다고 말이다. 그렇게 된 이유는 가능하기는 했지만 실현되지는 못한 또 다른 방향과 비교할 때 비로소 해명될 수 있다.

이와 같은 베버의 문제의식을 공유한 두 번째 유명 인사가 제2차 대전을 연합국의 승리로 이끄는 데 기여한 영국의 총리 윈스턴 처칠이다. 그는 1931년에 출판된 《만약에 다른 식으로 일이 벌어졌더라면*If It Had Happened Otherwise*》에 〈If Lee Had NOT Won the Battle of Gettysburg〉를 기고했다. 처칠은 게티즈버그 전투에서 리Robert E. Lee 장군이 이끄는 남부의 군대가 승리했다면 어떤 일이 벌어졌을까라는 반사실적 질문을 던진 후에, 남부와 북부의 명운을 가른 이 3일간의 전투에서 남군이 승리했더라면, 영국이 양 진영을 중재해서 결국에는 이 세 주체가 '영어권 연합'으로 통일되었을 것이라고 예측했다. 그렇다면 당연히 제1차 대전도 발발하지 않았을 것이라고 주장했다.

직업적 역사가 집단의 완고한 신념에 강펀치를 제대로 날린 세 번째 인물은 미국의 계량경제사가 로버트 포겔Robert Fogel이었다. 그는 반사실적 가정counter-factual hypothesis의 방법적 종결자라는 평가를 받는다. 왜 그럴까?

포겔의 필수 불가결성의 공리

포겔이 1964년 《철도와 미국의 경제성장*Railroads and American Economic Growth*》을 출간하기 전까지 미국 역사학계는 19세기 미국의 경제성장을 이끈 가장 중요한 요인이 철도라고 확신했다. 역사가들은 철도의 도입을 하나의 혁명으로 해석했다. 왜냐하면 철도가 서부 개척을 가능케 했고, 이를 통해 농업의 발전, 근대적 기업의 발달, 도시화가 일어나 미국인의 삶의 방식이 질적으로 바뀌었다고 보았기 때문이다. 이러한 통설에 맞서 포겔은 철도가 진정으로 산업혁명의 원동력이었는지 여부는, 철도가 도입되지 않았을 경우 펼쳐졌을 상황을 세밀하게 가정해볼 때에만 확증할 수 있다고 주장했다. 이를 위해 그는 다양한 종류의 사료를 활용해 철도 대신에 운하와 마차가 물류를 운송하는 상황을 상정한 후 1840년부터 1890년까지 반세기 동안 국민총생산의 손실분(혹은 증가분)을 계산했다. 그 결과는 놀라웠다. 철도가 운하와 마차보다 유리하기는 했지만, 그 차이는 극히 미미했다는 것이다. 포겔의 추산에 따르면, 그 간격은 1890년을 기준할 때 국민총생산의 1퍼센트에도 미치지 못했다는 것이다. 어떻게 해서 이런 결과가 도출된 것일까?

포겔은 먼저 19세기 미국의 역사에서 철도라는 존재를 삭제해버렸다. 그리고 그 빈자리를 배와 마차로 채워넣었다. 철도로 운송하던 물건을 운하와 강을 운행하는 배와 육로를 달리는 마차가 대신할 수 있다고 가정하고, 그에 따른 비용을 계산하여 철도에 의존하는 경우와 비교한 것이다. 포겔 이전의 역사가들은 동부 지역의 인구가 증가함에 따라 더 많은 경작지를 확보하기 위해 깊숙한 내지로 진출하면서 대량운송이 가능한 철도가 필요하게 되었다는 전제에서 출발했다. 포겔은 이 출발점을 세 측면에서 반박했다. 첫째, 그 당시 대부분의 농지는 강이나 운하에서 매우 가까운 곳에 있었다. 둘째, 추가적인 운하 건설을 통해 더 많은 농산물의 운송이 얼마든지 가능했다. 셋째, 기존의 도로를 개량함으로써 운하나 강을 이용할 수 있는 토지 면적이 훨씬 더 늘어났을 것이다. 사실, 포겔이 주장한 운하 확장과 도로 개발은 당시 미국의 경제와 기술 능력으로 충분히 가능한 일이었다.

관건은 철로와 수로의 운송 비용에 대한 추산과 비교였다. 이 계산을 위해 포젤은 다양한 변수까지 고려했다. 그는 겨울이 되면 북부 지방의 운하가 얼어붙는다는 사실을 염두에 두었다. 또 선박을 이용한 운송이 더 느리다는 것과 운하를 활용할 때는 물건을 다른 배에 자주 옮겨 실어야 하는 불편이 발생한다는 것도 고려했다. 그 결과 포젤은 지역 간 농작물 운송에는 운하보다 철도가 유리하다는 점을 인정했다. 그러나 그 차이는 극히 미미해서 철도가 미국 산업혁명에 결정적 영향을 주었다는 주장은 타당하지 않다는 결론에 도달했다.

포젤의 논증은 역사가들의 거센 비판을 받았고, 논쟁은 아직도 끝나지 않았다. 사실, 논쟁의 내용보다 중요한 것은 추측과 반박, 새로운 가설과 논증으로 이어지는 역사 연구방법의 정제과정이다. 포젤은 철도가 가장 효율적인 운송 메커니즘이었을 뿐만 아니라 그것을 대체할 수 있는 대안도 없었다는 전통적 해석을 '필수 불가결성의 공리the axiom of indispensability'로 일컬었다. 그리고 반사실적 가정과 예상 비용에 대한 통계적 추정을 통해 그 공리의 기초를 정면 공격하는 전략을 택했다. 이러한 사고실험과 구현방법은 계량경제사cliometrics라는 새로운 분과학문의 발전으로 이어졌다. 포젤 자신은 그 공로로 1993년 노벨 경제학상을 수상했다. 이로써 오로지 사실에 근거한 가정이라는 역사가들의 빈곤한 통념에도 확실히 금이 갔다.

사고실험을 통해 실현되지 않은 역사를 구성하여 우리가 이미 알고 있는 실현된 역사와 대조하는 작업은 이처럼 생산적인 일이다. 변화에 관한 연구를 자기 직분으로 삼는 역사가들이 방법론적 변화를 거부하는 것은 온당하지 못하다. 그럼에도 혁신에 대한 요구와 실행은 많은 경우 역사학 바깥에서 나왔다. 한 세기 전에 제기된 반사실적 가정에 대한 베버의 요청이 포겔에 와서 반사실적 역사 연구로 결실을 본 것도 그중 하나라고 하겠다. 이러한 외부로부터의 도전이 역사가들에게 통념에서 벗어나 다양한 시각과 방법을 역사 연구에 도입하도록 자극하고 있다. 새로운 시도를 하기 위해 우리 시대 역사가들에게 무엇보다 필요한 것은 발칙한 수준의 상상력일 것이다.

13

계량: 시계열 속에서 변화의 추세 읽기

20세기에 오면서 역사가들은 계량의 방법을 즐겨 사용하게 되었다. 가장 괄목할 만한 성과를 보여준 분야는 경제사다. 총 경작 면적과 1인당 경작지의 증감, 기후 변화와 인구 변동, 출생률과 사망률의 추이 변화, 평균 기대수명의 증가와 감소는 거시적 차원에서 경제발전을 확인할 수 있게 도와주는 중요 지표들이다. 이 때문에 역사가들은 의미 있는 지표들을 확보하기 위해 조각난 사료들을 수집하고 가공하는 데 많은 공력을 기울였다.

산업혁명이 도시 노동자들의 삶의 질 향상에 얼마나 기여했는지 규명할 때 역사가들은 1인당 육류 소비량이나 면화 소비량에 주목한다. 한때는 1인당 종이 사용량이 선진국과 후진국을 가르는 결정적 지표로 활용되었다. 이처럼 숫자는 인간 역사의 변화와 의미를 객관적으로 조명하는 데 큰 역할을 해왔다. 계량의 방법이 중요한 것은 한 사람의 생애주기를 넘어 짧게는 몇 세대, 길게는 수백 년에 이르는 긴 기간 동안 진행된 구조 변동의 의미를 통찰할 수 있게 해주기 때문이다.

계량의 중요성을 잘 아는 역사가들은 현대에 와서 지루한 컴퓨팅 작업을 통해 여기저기 흩어져 있는 자료에서 숫자를 추출하고, 그 숫자들 사이에서 어떤 법칙이나 경향을 찾아내고자 애썼다. 역사가들 사이에서는 이런 연구를 바탕으로 경제사의 담장을 넘어 특정 시대와 지역에서 집단의 삶을 총체적으로 복원하려는 움직임까지 생겨났다. 그 가운데 가장 괄목할 만한 성과를 보여준 사람이 프랑스의 역사가 에마뉘엘 르 루아 라뒤리Emmanuel Le Roy Ladurie다.

라뒤리는 자신의 대표작 《랑그도크의 농민들》에서 콩푸아라는 촌락에서 일어난 변화를 집요하게 추적했다. 프랑스 서남부 랑그도크 지방은 포도주 산지로 유명하다. 그는 이 작은 농촌 마을에서 토지대장을 토대로 근대 초기 300년 동안에 일어난 총체적 삶의 변화를 살펴봤다. 그는 15세기 말에서 18세기 초까지 문서들을 현미경 들여다보듯 면밀하게 검토했다. 이 작업에만 5년의 시간이 투입되었다. 그의 궁극적 목표는 이 사례 연구를 통해 근대 자본주의의 기원을 설명하는 데 있었다. 이를 위해 그는 특히 토지의 집중과 분할과정에 초점을 맞췄다.

라뒤리의 연구는 자연환경 분석에서 출발했다. 그는 먼저 기록에 남아있는 포도 수확일자의 변화를 통해 랑그도크 지방의 기후 변화를 추적했다. 이어서 이 마을의 환경에서 어떤 작물이 재배되고 어떤 가축이 사육되었는지 살펴보았다.

다음으로 그가 염두에 둔 것은 노동력의 이동, 곧 사람의 이주였다.

그래서 라뒤리는 어떤 경로를 통해 다른 지역 사람들이 랑그도크 지방으로 이주했는지를 따져보았다.

이를 바탕으로 라뒤리는 인구의 변화 양상을 세밀하게 검토했다. 기록을 재구성해보니 마을 인구가 저점을 찍은 것은 15세기 후반으로 나타났다. 그 원인은 페스트와 전쟁의 여파로 추정했다. 이후 인구가 점차 회복되면서, 마을의 토지 소유가 양극화되었다. 십일조, 지대, 세금의 3중 굴레 속에서 농민들의 생활수준은 점차 하락했다. 농업 생산성이 증가하지 못한 것도 중요한 요인이었다. 그 결과 17세기 말부터는 인구가 다시 감소하기 시작했다. 줄어든 인구는 수요를 감소시켰고, 수요 감소는 가격의 하락을 가져왔으며, 가격 하락은 다시 생산의 감소를 초래했다. 그 유명한 '맬서스의 저주'가 이 마을에도 나타난 것이다. 마을은 파국에 빠져들었고, 사람들은 삶의 막다른 지점에 몰렸다. 그들 앞에 펼쳐진 것은 절벽 같은 상황이었다. 이 불가피한 위기상황 속에서 가장들은 최후의 선택을 해야만 했다.

이 순간에 인간이 할 수 있는 선택은 어떤 것이었을까? 농민들은 아무리 노력해도 더이상 나아지지 않는 삶의 구조에 적응하기를 포기했다. 그리고 마침내 봉기의 횃불을 들었다. 가축처럼 엎드려 일할 때 사용하던 낫과 호미가 순식간에 무기로 바뀌었다. 순하기 그지없던 랑그도크 농민들의 투쟁이 시작된 것이다. 농민들은 먼저 오랫동안 원성이 자자했던 십일조 납부를 거부했다. 농민들은 얼마 되지 않는 어휘를 동원해, 질박한 목소리로 오랜 관행을 비난하며 부당한 관행의 준수를 거부했다. 하지만 그들의 반란은 훗날 도시 노동자들이 보여주었던 조직적 투쟁과는 양상이 크게 달랐다. 매우 민중적이기는 했으나 지나치게 민속적이었고, 때로는 히스테리 행동까지 동반했다.

집단심성의 계량화

이즈음에서 라뒤리의 작업은 농민들의 집단 '심성mentalité' 분석으로 방향을 바꿨다. 그는 이제 수백 수천 년 동안 농촌 사람들을 지배해온 생각과 느낌의 방식, 소통과 행동의 규칙, 곧 그들의 삶 자체를 규율해온 익명의 힘을 드러내고자 애썼다. 짐작할 수는 있으나 눈에 보이지 않고 손에 잡히지도 않는 심성의 구조를 파악하는 작업은 어렵기 그지없었다. 고된 수고를 통해 빙산처럼 거대하지만 익명적인 삶의 규칙체계, 즉 심성의 구조가 마침내 모습을 드러냈다. 이러한 성과는 지루하기 그지없는 계량화 작업이 없었다면 불가능할 일이었다. 이로써 랑그도크 지방을 통해 서구 근대 농촌 사회의 변화가 실체를 드러내기 시작했다.

라뒤리는 촘촘한 경제사 연구로 시작해서 인간의 삶 전체를 입체적으로 복원하는 데로 나아갔다. 그리하여 그는 삶의 개선에 대한 희망을 포기한 채 기성 질서에 적응하기에 급급했던 농민들이 분노의 행동을 표출하기까지의 긴 과정을 분석함으로써 농촌 세계의 변화를 생생하게 묘사할 수 있었다. 그는 토지대장에 있는 단위와 헥타르를 더하는 것으로 작업을 시작했으나, 연구의 마지막에 이르러서는 구체적인 개인들끼리 다투고 생각하면서 행동하는 삶의 세계를 때로는 가까이서 관찰하고, 때로는 멀리서 조망하는 경지에 이르렀다.

콩푸아 마을을 직접 찾기 전부터 라뒤리는 이 마을 사람들의 삶을 오랜 세월 동안 옥죄고 있던 거대한 장애물의 존재를 감지하고 있었다. 이 세계를 언어로 표현하는 데 꼬박 5년의 세월이 소요된 것이다. 이를 통해 라뒤리는 오랫동안 삶의 변화를 부단히 가로막았지만, 임계점에 도달한 이후에는 마을 사람들을 변화의 격랑 속으로 떠밀어 넣었던 구조적 장애물을 발견했다. 그는 인간의 삶을 좌지우지하는 이 구조에 '집단적 심성'이라는 명칭을 부여했다. 《랑그도크의 농민들》의 한 부분에서 라뒤리는 이렇게 말했다.

나는 심성心性mentalites이라는 거대한 장애물을 사전에 감지하고 있었다. 나는 모든 장애물 가운데 가장 구속력이 강하고도 눈으로 확인할 수 없는 정신적 한계를 간파했다. 조금씩 희망 없는 반란의 이야기를 통해, 그리고 농촌 지역의 종교들이 가지고 있는 피비린내 나는 역사를 통해 그것을 알게 되었다. 이로써 이미 지나가버린 마을의 과거가 다시 살아났다. 타유taille세 징세대장과 그에 대한 계량적 연구는 콩푸아 사람들의 삶의 이야기를 드러내주는 소재였다.

라뒤리는 마을의 포도 생산량과 가격 변화, 품종과 기술의 변화, 인구 이동과 인구 구성의 변화, 경작지 규모와 농업 경영 방식의 변화, 법제의 변화와 사회계층의 분화를 징세대장과 호적대장을 통해서 읽어냈다. 호적대장 자체는 얼핏 보면 이름과 숫자 더미에 불과한 기록이다. 출생연도와 사망연도만 압축해놓은 파일에 불과하다. 이 압축파일을 푸는 프로그램이 바로 계량화다. 접근하는 방식을 달리할 때 호적대장은 비로소 수많은 사람의 다종다양한 삶을 드러내기 시작한다. 숫자로 점철된 시계열의 구성을 통해 역사의 흐름을 추적하는 계량사가의 기여가 《랑그도크의 농민들》에서보다 더 선명하게 드러난 경우는 찾기 어려울 것이다.

참고문헌

김택현·이진일 엮음, 《역사의 비교 차이의 역사》(도서출판 선인 2008).

두유운, 권중달 옮김, 《역사학연구방법론》(일조각 1990).

드로이젠, 요한 구스타프, 이상신 옮김, 《역사학》(나남출판 2010).

라뒤리, 에마뉘엘 르 루아, 김응종·조한경 옮김, 《랑그도크의 농민들》 1, 2(한길사 2009)

블랙번, 데이비드·일리, 제프, 최용찬·정용숙 옮김, 《독일 역사학의 신화 깨뜨리기》(푸른역사 2007).

베버, 막스, 전성우 옮김, 《종교사회학 선집》(나남출판 2008).

스카치폴, 테다, 박영신 옮김, 《역사사회학의 방법과 전망》(민영사 1991).

이안 부루마, 정용환 옮김, 《아우슈비츠와 히로시마―독일인과 일본인의 전쟁 기억》(한겨레출판 2002).

최호근, 〈근대 역사학의 탄생과 B. G. 니이부어〉, 《역사학보》 225집 (2015), 263~297쪽.

Fogel, Robert, *Railroads and American Economic Growth: Essays in Econometric History*(Johns Hopkins University Press 1964).

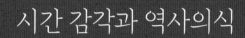

4

시간 감각과 역사의식

역사학은 시간의 학문이다. 인간의 삶에 일어난 변화들을 시간의 축 위에서 추적하는 분과학문이다. 그러므로 역사가가 된다는 것은 변화에 대한 특유의 감각을 체득하는 과정이다.

현재는 과거의 결과다. 이와 비슷하게 미래는 우리가 만들어가는 현재의 결과일 것이다. 역사가는 현존하는 모든 것이 과거에 이미 존재했던 것과 깊이 관련되어 있다는 전제에서 출발한다. 원시시대에서 현재까지 이르는 인류 역사는 생성 변전의 연속이었다. 수많은 문명이 탄생하여 성장하고 안팎의 도전 속에서 변화와 변동을 거듭해온 과정이 인간의 역사다.

고대의 역사서술은 자연과 인간 세계의 변화에 대한 감각이 예리해지던 시점에 탄생했다. 헤로도토스와 사마천 이후의 역사서술은 변화의 패턴을 파악함으로써 생존과 번영을 도모하려는 인간 지혜의 산물이었다. 산업혁명과 시민혁명을 통해 인간 생활의 모든 분야에서 가속적 변화가 일어난 19세기가 '역사학의 세기'가 된 것은 우연이 아니었다. 지구화와 4차 산업혁명, 지구 온난화와 생태위기로 개막된 21세기의 변화 속도는 지난 두 세기에 비할 바가 아니다. 이러한 미증유의 변화를 설명하기 위해서는 과거 그 어느 때보다 각별한 시간 감각과 역사의식이 필요하다. 여기서는 역사적 사고와 역사의식의 관계를 생각하고, 시간 개념이 인류사의 진전 속에서 어떻게 발전해왔는지 살펴볼 것이다.

14
역사적 사고와 역사의식의 형성: PRO와 EPI의 융합

역사책은 몇 살부터 읽는 게 좋을까? 전문가들은 초등학교 5학년은 되어야 역사책의 내용을 소화할 수 있다고 말한다. 이런 믿음에서 초등학교에서 역사교육은 사회과에 포함되어 5~6학년 때 시행된다. 개인적 차이를 무시하면, 이때부터 어린이들이 시점에 따른 변화를 본격적으로 감지하기 시작하기 때문이다. 변화에 대한 호기심이 역사적 사고의 출발점이다. 결과에서 출발하여 원인을 찾아가는 소급적 탐색이 인과적 사고라면, 역사적 사고는 결과에서 원인으로, 원인에서 다시 결과로 나아가는 과정을 부단히 반복한다. 이러한 접근을 통해 현재가 과거를 비추고, 이미 지나가버린 과거가 현재 속에서 되살아난다. 역사의식은 변화에 초점을 두고 이루어지는 사고의 반복 작용 속에서 비로소 자라난다. 이때부터 어린이는 비로소 어제와 오늘을 시간적으로 구분하면서도, 어제가 오늘 속에 깃들어 있다는 것을 감지하기 시작한다.

역사적 사고의 출발점: 변화에 대한 호기심

부모의 결혼 사진 앨범을 한참 들여다보던 어린이가 묻는다.

"엄마, 난 어디 있어?"

엄마가 대답한다.

"그때는 네가 없었단다."

아이는 여전히 잘 모르겠다는 표정을 짓다가 이내 다른 놀거리를 찾는다. 유치원생 아이를 둔 가정에서 흔히 볼 수 있는 장면이다.

아이가 조금 더 커서 가족 앨범을 다시 펼쳐본다. 엄마의 어린 시절 모습, 군복 입은 채 웃고 있는 결혼 전 아빠의 얼굴, 돌아가신 할머니 품에 안겨있는 어린 시절 자기 모습, 자신의 돌잡이 사진. 이 밖에도 다양한 사진이 앨범 속에 있지만, 아이는 이제 질문하지 않는다. 시간적 선후관계에 따라 각 사진의 위치와 의미를 이미 파악할 수 있기 때문이다. 사진들을 배열할 때 부모의 머릿속에서 작동했던 구성의 원칙을 아이도 어느 정도 이해한다. 아이는 이제 현재와 과거를 연결 짓는 법에 익숙하다. 이 둘이 다르지만, 둘 사이에 어떤 관계가 있다는 것을 아이는 안다. 이 바탕에는 체험의 법칙과 학습을 통해 확장된 경험이 있다. 아이는 이제 경험에 기초한 상상력을 갖고 있기에 경험하지 못한 것도 그려볼 수 있고, 만나보지 못한 사람들이 사는 세계도 이해할 수 있다. 그 세계 가운데는 역사의 세계도 포함된다.

폴란드의 역사이론가 토폴스키Jerzy Topolski는 제1차 세계대전과 제2차 세계대전의 예를 들어 역사적 사고의 구조를 설명했다. 그에 따르면, 제2차 대전이 발발하기 전까지는 제1차 대전이라는 명칭이 존재하지 않았다. 당시 사람들은 훗날 제1차 대전으로 명명될 전대미문의 경험을 그저 '엄청난 전쟁the Great War'으로 불렀을 뿐이다(영국 사람들은 제1차 대전을 여전히 '그 엄청난 전쟁'으로 부르고 있다).

1939년 9월 1일 새벽 4시 45분에 나치 독일의 군대가 폴란드를 침공했을 때, 이 전쟁이 제2차 대전으로 비화하리라고는 아무도 생각하지 못했다. 폴란드 동부전선에 소련군이 몰려들어 오고, 나치 독일이 서부 유럽을 침공한 후에야 제2차 세계대전이라는 호칭이 등장했다.

사람들은 이제 이 두 개의 전쟁을 양차 대전이라고 부른다. 제1차 대전이 발발한 1914년 8월부터 제2차 대전이 끝난 1945년 5월까지 유럽에는 어떤 변화가 일어났을까? 독일제국이 무너진 자리에 바이마르 공화국이 세워졌으나, 이 나라도 나치당이 집권하면서 사라졌다. 그 중간에 대공황이 발생하기도 했다. 이 점에서 두 개의 전쟁은 서로 무관하지 않다. 그렇다면, 제1차 대전과 제2차 대전은 서로 어떤 관계에 있을까? 제2차 대전은 제1차 대전의 결과였을까? 제1차 대전이 없었다면 제2차 대전도 발발하지 않았을까? 제2차 대전 이후 시간이 지나서야 사람들은 이런 물음을 제기하기 시작했다.

제1차 대전 개전과 제2차 대전 종전을 각각 시점時點 A와 시점 B라고 할 때, 이 31년 동안 유럽 지역에서 무슨 일들이 벌어진 것일까? 이 시기에 전쟁 때문에 무엇이 사라졌으며, 전쟁에도 불구하고 무엇이 지속되었고, 또 무엇이 전쟁과 더불어 새로 생겨났을까? 영국인이 대영제국의 위세가 사라졌다고 탄식할 때, 미국인들은 미국의 세기가 왔다고 환호했다.

　'연속'과 '단절'로 압축되는 이 시기의 사건들은 우리에게 변화의 본질에 관해 생각할 기회를 제공해준다. 꼬리를 물고 제기되는 일련의 질문과 씨름하면서 역사가들은 이 두 개의 전쟁을 단순히 차수를 가지고 구분하는 방식에 만족할 수 없게 되었다. 치열한 토론을 거듭하면서 제1차 대전을 제국주의 전쟁으로, 제2차 대전을 파시즘 전쟁으로 규정했다. 역사가들은 이 두 전쟁이 근본적 성격에서는 달랐지만, 양상 면에서는 서로 비슷했다는 점에 대해서도 합의할 수 있었다. 기동전, 총력전, 광역전의 양상을 띤 제1차 대전 경험이 아니었다면, 제2차 대전도 그렇게 넓은 지역에서 파시즘과 반파시즘의 양대 진영이 총력을 기울여 싸우기 어려웠을 것이라는 결론에 도달했다. 양차 대전의 상관성에 관한 물음은 역사가들에게 그와 관련된 수많은 구체적 질문을 던지도록 만들었다. 그 가운데 하나를 생각해보자.

　제1차 대전이 한창이던 1915년과 1916년에 오스만제국 군대가 아르메니아인을 상대로 저지른 집단학살을 유럽 국가들이 적극적으로 저지했다면 어떠했을까? 그렇게 하지는 못했더라도, 전후에 국제법정을 만들어 학살의 책임자들을 엄하게 처벌했다면 어떠했을까? 만일 그랬다면, 제2차 대전 동안 나치가 엄청난 규모의 유대인 학살을 자행하기 어려웠을 것이다. 제1차 대전 중에 일어난 아르메니아인 제노사이드는 제2차 대전 때 발생한 홀로코스트의 불길한 징조였다. 이 점에서 제1차 대전은 제2차 대전의 서막으로 해석할 수 있다. 제1차 대전과 제2차 대전이 발생한 20세기는 그렇게 해서, 영국의 역사가 홉스봄이 말한 것처럼, '극단의 세기', '폭력의 시대'가 되었다.

이 모든 질문과 해석은 시점 A에서 시점 B에 이르는 동안 지속된 것과 단절된 것에 관한 숙고로 귀결된다. 연속과 단절에 관한 물음은 '연속적 단절'과 '단절적 연속'에 관한 심화 질문으로 이어진다. 이 질문들은 다시 무엇이 이 거대하고 복잡한 변화를 유발했는지에 관한 인과적 질문을 낳는다. 경우에 따라서는 무엇이 결여되었기에 세계대전이 연달아 발발했고, 무엇이 있었다면 전쟁의 극한상황이 전혀 다른 방향으로 전개될 수 있었을지에 관한 반사실적counter-factual 질문까지 제기된다. 이쯤 되면 양차 대전이 인류 현대사 전체에 어떤 영향을 주었는지도 생각해볼 수 있다.

역사에 관한 물음이 곧 미래에 관한 질문일 때도 있다. '앞으로 세계대전의 재발을 막기 위해서는 어떤 노력이 필요한가?' 이 질문은 이미 되돌릴 수 없는 과거의 경험과 앞으로 만들어가야 할 인류의 미래 사이의 상관관계에 바탕을 두고 있다. 역사가는 과거를 과거로 보는 데서 끝나지 않고, 이 과거가 우리의 현재와 미래에 어떤 의미인지까지 묻는다. 이 의미에 공감하기 때문에 세계 각국은 학교에서 자기 나라 역사뿐 아니라 세계사까지 가르치고 있는 것 아닐까?

현재 한국 초등학교 역사교육의 목표는 "나라의 발전에 기여한 인물과 대표적 문화유산에 대한 이해를 바탕으로 하여 우리나라 역사 속에 드러나는 사회 변화의 특징과 중요한 사건들을 이해"하는 데 있다. 초등학교 고학년이 되면 이제까지 경험을 바탕으로 사건들 사이의 인과관계를 탐색할 수 있게 된다. 어떤 때는 성찰을 통해 경험하지 못한 일도 이해할 수 있다. 가정에서 지역 사회로 확장된 시야에 힘입어 과거와 현재 간의 거리감도 축소된다. 이처럼 경험과 학습의 교차가 거듭되면서 우리의 사고와 의식 속에서 시공간적 범위가 나날이 확대된다. 파악 가능한 범위가 일정한 선까지 확장되었을 때, 한쪽 끝에서 다른 쪽 끝까지가 의미의 프리즘을 통해 이어질 수 있게 될 때, 역사교육이 시작될 수 있다.

역사적 사고

역사적 사고는 생성과 변화에 주목하는 인간의 원초적 지혜에서 비롯된다. 생성에 관한 인간의 관심을 가장 극적으로 보여주는 것은 성서의 창세기다. 히브리인들은 세상의 생성을 신의 창조 행위로 설명했다. 그들은 세상의 시작을 '태초'라 부르고, "태초에 하나님이 천지를 창조했다"고 믿었다. 하지만 고대 그리스인들은 달랐다. 그들은 최초의 시점을 강조하기보다는, 세상이 "스스로 그러그러하게自然 생겨났다"고 생각했다. 가이아와 우라노스도 자연의 일부처럼 어느덧 그러하게 생겨났다고 그들은 믿었다. 구체적인 내용은 달라도 각 문화권은 자연과 자기 조상의 생성에 관한 신화를 갖고 있다. 이처럼 발생적genetic 사고는 천성처럼 사람들의 의식 속에 자리 잡고 있다.

변화에 관한 인간의 관심도 뿌리 깊다. 고대 그리스의 철학자 헤라클레이토스는 "인간은 같은 강물에 두 번 발 담글 수 없다"고 말했다. '만물유전설'로 알려진 이 명제는 똑같이 반복되는 것처럼 보이는 것 속에도 변화의 법칙이 관통하고 있다는 철학자의 통찰을 보여준다. 자연 속 변화의 패턴을 읽어내고자 하는 인간의 오랜 내력은 자연법에 대한 성찰을 자극했고, 인간의 복잡한 삶 속에서 반복적인 것, 그래서 가장 기본적인 것을 발견하려는 사람들의 노력 속에서 자연권natural rights 사상이 탄생했다. 반복적인 것을 파악하기 위해 필사적인 노력을 기울이는 과정에서 사람들은 역설적으로 이 세상이 변화의 거대한 물결에 종속되어 있다는 사실을 절감하게 되었다. 지속 반복의 법칙을 탐색하려는 노력이 변화에 대한 감각을 키운 것이다.

생성 변전에 대한 인간의 감각은 19세기 유럽에서 최고조에 달했다. 산업화와 도시화, 인구의 대량 이동과 전신·철도로 대표되는 교통통신의 발달은 수천 년 동안 유효했던 전통적 생활의 지혜를 무력하게 만든 새로운 생활 세계를 낳았다. 기회에 대한 기대는 주식투자의 열기를 불러왔지만, 주기를 알 수 없는 공황은 성공적인 기업가들 사이에서도 불안감을 유포시켰다. 프랑스대혁명에서 촉발된 수많은 시민혁명으로 과거의 지배자였던 국왕과 귀족들이 기요틴에서 참수됐고, 멸시 대상이었던 민중은 하루아침에 나라의 주인인 국민으로 탈바꿈했다. 변화가 일상화되고 급변이 드물지 않게 된 19세기는, 독일의 역사가 코젤렉R. Koselleck이 말했던 대로, '가속적 변화'의 세기로 불리기에 충분했다.

분주함과 한가함 사이를 오가는 농촌의 시간에 익숙했던 농민의 후예들은 이제 분초를 다투는 도시와 공장의 시간에 적응하기 위해 허덕여야 했다. 혁명을 지향하는 사회주의자들과 공산주의자들의 조직적인 움직임은 변화에 대한 대응을 일상화했다. 대응을 위한 노력 속에서 변화에 대한 감각이 날카로워졌고, 이 속에서 사람들의 시간 감각도 예민해졌다. "시간은 돈"이라는 유행어는 그 시대의 특징을 보여주는 상징이었다. 이러한 급변의 시대에 모든 분과학문이 생·성·변·전에 주목하는 역사적 방법을 앞다투어 채택한 것은 결코 우연이 아니었다. 이렇게 해서 19세기는 '역사학의 세기'가 되었다. 시간의 축 위에서 변화의 폭과 깊이, 변화의 추이와 의미를 파악하는 것은 기업의 존폐와 국가의 흥망을 좌우하는 주요 사안이었다. '미증유의 사건'이나 '역사의 분수령' 같은 묵직한 용어들이 유행하기 시작한 것도 바로 이 시기였다.

크고 작은 변화로 점철된 근대는 역사적 사고의 확산을 초래했다. 역사적 사고란 생성과 변화에 관해 생각하고think, 생성의 추이와 변화의 의미를 반추하는reason 것을 뜻한다. 변화의 의미는 과거의 연속과 단절 정도에 비례하여 경중이 결정된다. 변화에 대한 파악은 그것을 초래한 원인에 대한 탐색으로 이어진다. 이즈음에서 사람들은 역사의식의 심화에 관해 이야기하기 시작한다.

여기서 하나의 물음이 제기된다. 역사적 사고와 역사의식은 같은 것을 가리키는 유사어일까? 아니면 포함하는 대상을 달리하는 별개의 표현일까? 역사교육 분야에서는 아직 이 둘 사이의 관계에 대해 통일된 견해가 없는 것 같다. 그렇지만 국내외 여러 분과학문의 연구성과를 살펴볼 때, 몇 가지 정도는 이야기할 수 있다.

바로 앞에서 말했던 것처럼, 사고에는 두 가지 작용이 포함된다. 어떤 것에 관해 생각하는thinking 것과 그 이치를 따져보는reasoning 작업이 바로 그것이다. 파스칼은 이것을 염두에 두고 "인간은 생각하는 갈대roseau pensant"라고 말했다. 여기서 출발하면, 역사적 사고는 어떤 존재를 생·성·변·전 속에서 살펴보고, 생·성·변·전의 복합적 관계 속에서 그 존재의 의미를 파악하는 것을 뜻한다.

잠시 우리 헌법의 예를 보자. 1948년 8월 15일 제헌의회에 의해서 최초의 헌법이 제정된 이후 이제까지 한국의 헌법은 아홉 차례나 개정을 거듭해왔다. 게다가 적지 않은 사람들이 '제왕적' 대통령제의 폐해를 언급하며, 또 한 차례의 헌법 개정을 요구하고 있다. 헌법이 한 나라의 집단지혜의 정수라면, 왜 우리는 수많은 불만 속에서도 5년 단임제를 유지하고 있는 것일까? 그 해답은 우리가 겪어온 현대사 경험 속에 있다. 군사독재와 종신 통치 시도가 아니었다면 이런 기이한 제도는 탄생하지 않았을 것이다. 한 사람의 수중에 권력이 항구적으로 집중되는 것을 막기 위한 일부 국민의 필사적 노력이 5년 단임제를 만들어낸 것이다. 험산 능선 위에 서 있는 옹이 진 한 그루의 소나무처럼, 대한민국 헌법은 식민지의 극악한 환경에서 벗어나 민주주의를 지향했던 험난한 현대사의 역정을 자기 안에 오롯이 품고 있는 것이다.

이런 식으로 생각하면, 존재하는 모든 것에는 그럴만한 이유가 있어 보인다. 현재적 판단이 비판적 경향을 띠기 쉬운 데 반해, 역사적 판단이 상대적으로 관용적인 경향을 띠는 것도 그런 이유에서다. 독일의 역사주의 역사가들이 강조한 것도 바로 이 부분이다. 제2차 대전 시기에 영국과 미국의 역사가들이 선전전을 통해 독일제국의 군국주의적 성격을 비판할 때, 이들은 유럽의 중앙에 위치한 독일의 지정학적 조건과 분열의 험로 속에서 살아남기 위해 군사력 육성이 불가피했던 점을 강조하면서 독일의 처지를 옹호했다. 이것이 바로 독일 역사주의가 강조한 개체화Individualisierung와 역사화Historisierung의 방법이다.

이 두 개의 방법은 서로에 대해 매우 친화적이다. 각 나라가 처한 독특한 상황을 이해하지 못한 채 일반적 기준에 비추어 각 나라의 정책과 행동을 판단하는 것이 일반화의 방법이라면, 개체화의 역사적 이해 방법은 그 나라가 처한 조건과 그 나라를 둘러싸고 있는 환경의 변화 속에서 그 정책과 행동의 불가피성이나 적절성 여부에 관해 신중하게 판단할 것을 요구하기 때문이다.

물론 역사적 접근이 반드시 어떤 개인의 행동이나 국가 정책을 호의적으로 평가하게 만드는 것은 아니다. 특정 시점에서 그 개인이나 국가 앞에 주어져 있던 선택지들을 따져보고, 어떤 사사로운 욕심이나 오판 때문에 최악의 선택을 했고, 그것이 최악의 결과를 초래했다는 비판도 얼마든지 가능하기 때문이다. 해방 후 정부가 수립되기까지 3년의 시기를 '해방공간'으로 일컫는 사람들이 바로 그런 경우에 해당한다. 바로 이때 친일파 청산을 얼마든지 할 수 있었는데도 하지 못했기 때문에 친일파에서 시작된 '수구 기득권' 세력이 한국 사회를 지배해왔다는 비판적 결론도 역사적 접근의 논리적 결과이기 때문이다.

이 경우까지 고려한다면, 역사적 사고 그 자체가 보수적 정치성향이나 진보적 정치성향과 직결되는 것은 아니라는 점을 알 수 있다. 역사적 사고는 모든 것을 현재의 존재에 한정해서 판단하는 대신에, 시원에서 현재에 이르기까지 생성과 변화의 조건과 계기들을 충분히 고려하는 가운데 해당 존재의 특성과 의미를 파악하는 태도와 방식을 일컫는다고 하겠다. 19세기 후반 독일의 역사가 람프레히트K. Lamprecht는 이런 이유에서 역사적 접근을 '형성된 존재' 또는 '존재의 형성'에 관한 파악이라고 말했다.

그렇다면, 이처럼 형성과정에 주목하는 역사적 사고는 역사의식과 어떤 관계에 있을까? 우리말 어법에서 의식은 어떤 때는 작용을 뜻하는 동사[be conscious]로, 어떤 때는 그 작용의 결과를 뜻하는 명사 [consciousness]로 쓰인다. 좀 더 세밀하게 살펴보면, 의식이라는 명사도 의식작용의 결과만이 아니라 의식작용 자체까지 의미한다. 이러한 용례 이해는 역사적 사고와 역사의식 사이에 빈번하게 일어나는 혼동과 여기서 초래되는 소모적 혼선 가운데 상당 부분을 방지할 수 있게 해 준다.

'……을 의식하다'는 의미를 갖는 '작용으로서의 의식'은 어떤 사건이나 인물을 콘텍스트 속에서 살펴보고 그 사건·인물의 특성·의미·영향을 여러 각도에서 사유하는 사고를 포함한다. 그러나 학술적 용법에서 의식은 사고 그 이상을 뜻하기도 한다. 말하자면, 의식은 인지적 작용으로서 사고만이 아니라 정서적이고 의지적인 측면까지 포함한다. 요컨대, 의식은 그 특성상 지·정·의의 세 측면을 모두 수반한다. 이것은 타자에 대한 대상의식과 스스로에 관한 자의식self-consciousness 모두에 해당한다. 이제 이것을 역사적 사고와 역사의식의 관계 속에서 특화하여 살펴보자.

좁은 의미의 역사적 사고가 과거의 어떤 사건이나 인물을 해당 시대의 시공간적 조건과 맥락 속에서 파악하는 역사화historicization 작업을 뜻한다면, 역사의식은 이 작업에 그치지 않고 그 사건이나 인물을 현재의 시공간적 조건과 맥락 속에서 파악하는 현재화 작업까지 포함한다. 과거를 현재화하는 이 작업이 바로 재현representation이다. 역사가는 낯선 시대, 낯선 문화권에 존재했던 사건이나 인물을 과거의 맥락 속에서 있는 그대로 이해하기 위해 애쓸 뿐만 아니라, 우리 시대, 우리 문화권에 속한 사람들이 이해할 수 있도록 적절하게 '번역'하는 작업까지 수

역사 문해력 수업

행한다.

여기서 번역은 단순히 축자적이고 언어적인 해석에 한정되지 않는다. 이 번역 작업에는 '지금 여기'에서 통용되고 있는 가치와 의미 기준까지 적용된다. 동아시아의 전통 역사학에서 강조해온, 시시비비를 따져서 비판하거나 상찬하는 포폄이 바로 여기에 해당한다. 과거 사건이나 인물의 행위가 우리에게 주는 교훈을 이끌어내거나 우리 시대에 필요한 의미를 찾고, 이에 근거해서 그 가치를 판단하는 것까지가 역사의식에 해당한다. 어떤 사람들은 김구의 통일정부론이 비현실적이었다고 비판하지만, 보다 많은 한국 사회의 구성원들은 그의 주장과 행동이 민족통일이라는 시대정신에 부합했다고 그 가치를 높이 평가한다.

역사적 사고와 역사의식 간의 차이를 막스 베버가 강조한 가치연관Wertbeziehung과 가치판단Werturteil 개념을 통해 일부 설명할 수도 있다. 가치연관에 초점을 둘 경우, 김일성의 남침 결정을 살펴볼 때 어떤 목적과 정세판단이 그런 결정으로 이어졌는지 해명하는 데 관심을 집중한다. 그러나 가치판단에 초점을 두면 엄청난 인적·물적 희생과 분단 고착화라는 결과에 비추어 김일성의 결정은 무모했을 뿐 아니라 민족 번영과 동아시아 평화에 심각한 해를 끼친 행위로 비판할 수 있다. 역사의식은 이처럼 과거에 '그것이 어떻게 존재했던가'를 해명하는 작업과 '그것이 우리에게 어떤 의미인가'를 성찰하는 작업을 아우르는 개념이라고 할 수 있다.

어떤 때는 역사의식이 역사의식 작용의 결과를 뜻하기도 한다. "누구는 역사의식이 있다, 없다"라고 할 때가 바로 그런 경우다. 현대사의 굴곡을 심하게 겪은 한국 사회의 구성원들 사이에서 '역사의식이 없다'는 것은 한때 '싸가지가 없다'는 표현보다 더 심한 욕이었다. 이러한 특징적 용례는 역사의식 작용의 기제를 파악하는 데 중요한 단서를 제공해준다. 미래라는 시점과 지향하는 가치가 과거를 탐색하는 데 있어 결정적으로 작용한다는 사실이 바로 그것이다. 이 문제는 잠시 후에 좀 더 살펴볼 것이다.

학자와 언어 용법에 따라서는 역사적 사고가 역사의식과 같은 것을 가리키는 경우도 있다. 그러나 좀 더 많은 경우에 역사적 사고와 역사의식 사이에는 앞에서 말한 용법상의 차이가 발견된다. 의미부여와 가치판단이 작용하기 때문에 역사의식에 관해서는 좀 더 상세하게 살펴볼 필요가 있다. 여기서 중요한 것은 시간의 축, 특히 과거-현재-미래의 계기가 역사의식의 형성과정에서 어떻게 작용하는가 하는 점이다.

시간 감각과 역사의식

역사의식의 형성에서 무엇보다 중요한 것이 시간 감각과 시간 의식이다. 인간은 누구나 육중한 시간의 수레바퀴 아래서 살아간다. 출산 때가 한참 지났는데도 아이가 태어나지 않으면, 산모는 초조감 속에 병원을 찾는다. 반대의 경우도 문제다. 육삭둥이, 칠삭둥이 이야기가 우리 전래동화에 빈번하게 등장하지 않던가? 현실에서도 마찬가지다. 죽음에 대한 두려움과 생에 대한 감사가 짝을 이루어 아이의 백일과 돌을 기념하고, 부러움과 축하의 마음으로 지인의 수연壽宴 자리를 찾는다. 누군가의 장례식장에서 표하는 애도는 머지않아 자신이 맞이하게 될 죽음을 예비하는 내적 체험이다. 죽음 앞에서 우리는 이제껏 걸어온 길을 되돌아보고 앞으로 허락된 생애를 어떻게 준비해야 할지 숙고한다. 서양 중세의 수도사들은 매 순간 "죽음을 기억하라memento mori"고 되뇌었다. 'memento mori'는 인생 무상Vanitas을 표현하는 상징으로서 클뤼니파 수도원의 미사에서 항상 중요한 부분을 차지했다.

생의 주기와 관련된 시간 의식 속에서 사람들은 덧없는 인생을 의미 충만한 과정으로 바꾸기 위해 부단히 노력한다. 공자는 《논어》에서 이렇게 말했다.

> 15세에는 학문에 뜻을 두었고志學,
>
> 30세에는 학문의 기초가 확립되었으며而立,
>
> 40세에는 판단에 혼란이 일어나지 않았고不惑,
>
> 50세에는 천명을 알았으며知天命,
>
> 60세에는 귀로 들으면 그 뜻을 알았고耳順,
>
> 70세에는 마음이 하고자 하는 대로 해도 법도에서 벗어나지 않았다從心.

유가적 삶의 표준이 된 공자의 자기평가는 '때'와 '다움'을 핵심으로 삼는다. '다움'이 의미의 충족 기준을 제시한다면, 10년 단위로 표현되는 나이대는 수양을 통한 성장의 기준으로서 예민한 시간 의식의 표현이다. 사람들이 말하는 '나잇값'도 사회적 기대와 개인의 시간 감각이 결부된 결과다.

개인의 주관적인 시간 감각은 균질적인 시간 단위를 매개로 객관화된다. 고대부터 지금까지 인간은 시간을 재는 다양한 단위들을 고안해왔다. 그 가운데 가장 빈번하게 쓰이는 것이 초, 분, 시, 일, 월, 년, 세기, 밀레니엄이다. 초미세 세계의 움직임을 추적할 때는 초보다 작은 단위가 사용되고, 거대한 우주의 역사를 설명할 때는 밀레니엄보다 큰 단위가 필요하다. 이렇게 엄청난 시간의 스펙트럼에서 우리가 가장 자연스럽게 느끼는 시간의 단위는 일·월·년일 것이다. 하루와 한 달이 우리 삶을 품어주는 지구와 달과 태양의 움직임과 직결되어 있기에 가깝게 느껴진다면, 일 년은 계절 변화의 사이클과 일치한다는 점에서 감각적으로 친근하다. 그에 반해 십 년, 백 년, 천 년의 시간은 자연적 시간을 확장해서 만들어낸 지극히 인위적인 시간 단위다. 이렇게 확장된 시간은 일상생활보다는 역사서술에서 널리 활용된다.

극미세와 초거대의 시간대 사이에서 역사가가 관찰하고 서술하는 부분은 지극히 한정적이었다. 그러나 20세기에 미시사의 발전과 거시사의 약진 속에서 역사가가 사용하는 시간의 눈금에도 큰 변화가 일어났다. 특히 프랑스의 역사가 브로델이 보여준 장기지속적 구조에 대한 관심은 역사적 시간의 지평을 크게 확장해주었다. '지중해 세계', '지중해 문명', '지중해 심성'에 대한 그의 서술이 큰 파장을 불러일으키면서, 자연과학 영역에 한정되었던 지질학의 시간과 지리적 시간이 역사가의 시야에 들어오게 된 것이다. 오랫동안 등한시되었던 의식되지 않은 시간, 무無변화 또는 저低변화를 특징으로 하는 자연의 시간이 인간의 의식과 행동에 끼치는 영향을 포착하는 데는 지리학과 인류학의 역할이 컸다. 특히 구조주의 인류학자 레비스트로스가 구조 개념을 통해 브로델과 20세기 역사학에 준 영향은 아무리 강조해도 지나치지 않다.

역사가가 다루는 시간 영역의 확대는 반대 방향으로도 진행되고 있다. 가장 대표적인 것이 기억 연구다. 한 세대를 넘지 않을 만큼 아직은 연륜이 짧은 역사가들의 기억 연구는 심리학과 뇌공학의 발전에 힘입어 초미세의 시간 영역으로 확장되고 있다. 고대 플라톤에서부터 현대 베르그송까지 다뤄진 시간 개념 위에 축적된 인문학적 기억 개념은 자연과학과 결합되거나 자연과학에 가까운 뇌 연구 속에서 특유의 모호함을 드러냈다. 새로운 뇌 기억 연구는 우리가 이제까지 지나쳐온 짧은 순간들에 다시 주목할 수 있게 해줄 것이다. 예를 들어, 나치 독일에 의해 자행된 홀로코스트 기간에 아무런 대가 없이 죽음의 위기에 처한 유대인을 구출한 사람들의 동기를 탐색하면서 심리학은 미지의 영역에 남아있던 '2초'의 시간을 찾아냈다.

2초는 어떤 시간일까? 제2차 대전 중 폴란드 땅에서는 한밤중에 갑자기 도와달라고 찾아와 문을 두드리는 유대인이 종종 있었다. 이때 집주인은 곤혹스러운 상황에 처할 수밖에 없다. 죽음의 위기에 처한 이웃에 대한 인도적 감정과 나치에 의해 발각될 경우 온 가족이 위험에 빠지게 될 것이라는 상황 인식 사이에서 동요하던 주인은 고민하지 않을 수 없다. 2초는 바로 그 사람이 구조를 결심하는 데까지 걸리는 시간의 최대치다. 이 찰나적 행동이 개인이나 가족, 지역 사회와 인류에게 끼친 영향은 매우 크다. 또한 이런 이타적 심성이 어떻게 발현되었는지를 규명하는 작업은 문자로 표현되는 의식 영역 연구만으로는 불가능하다. 반半의식과 전前의식에 대한 연구, 뇌 구조와 작동 패턴에 대한 탐색 없이는 이 과제가 성공할 수 없다.

찰나의 연속을 살아가는 인생은 영겁을 지향한다. 기독교적 표현을 빌리면, 거듭된 순간의 유혹 속에서 영원한 생명을 꿈꾸며 살아가는 것이다. 개인의 시간은 찰나와 2초 사이에 놓인 시간의 최소 단위와 한 세기 남짓한 실존적 시간의 최대 단위 사이에서 작동한다. 969년을 살았다는 므두셀라나 950세에 죽었다는 노아, 혹은 죽음을 맛보지 않은 채 불병거를 타고 천상으로 올라간 선지자 에녹과 엘리야를 논외로 하면, 개인으로서 인간과 관계있는 시간의 최대치는 분명 세기일 것이다. 이처럼 세기로 불리는 인간 시간의 숙명적 한계를 넘어 장구한 인류의 시간을 바라볼 수 있게 해준 이가 구조주의 인류학자 레비스트로스다. 그는 요동하는 시간의 흐름 밑바닥에 자리한, 거의 정지해 있는 시간을 동료인 브로델에게 알려주었다.

시간의 굴레야말로 인간과 신을 가르는 최후의 구획선이다. 신들의 간담을 서늘케 할 만큼 강했던 남자 헤라클레스를 생각하면, 신과 인간의 결정적 차이는 꼭 보유한 능력에 있지는 않았던 것 같다. 그보다는 시간 구속의 초월이야말로 인간들이 신을 선망하게 만든 본질적 이유였다. 시간의 무게를 극복하고 싶어 하는 인간에게 주어진 가능성은 둘이었다. 첫째는 종교에 귀의하는 것이다. 그게 아니라면, 두 번째 방편, 곧 세속적 방도를 찾아야 한다. 그것은 곧 개인이 아닌 유類 속에 자기 흔적을 깊이 새겨넣는 것이다. 자손에 대한 애착과 제사에 대한 기대감도 이런 덧없는 욕망과 관계가 깊다. 고대 이집트의 피라미드나 진시황 무덤 같은 거석 기념물에 대한 집착도 불멸에 대한 인간 갈망의 명시적 표현임에 분명하다.

역사 문해력 수업

역사의식의 형성: '지금 여기'에서 이루어지는 PRO와 EPI의 융합

보통사람이 생각하는 시간의 세 계기는 과거-현재-미래다. 이 세 개의 계기는 순차적인 것처럼 보이지만, 개인의 구체적인 삶의 순간마다 각 시간의 계기는 지분을 달리한다. 현재는 과거와 미래의 한중간에 있지만, 단순히 과거의 결과나 미래의 출발점은 아니다. 우리의 사고 속에서는 현재와 과거와 미래가 한데 섞여 있다.

우리의 역사적 사고도 이처럼 다방향으로 전개된다. 현재에서 과거로, 과거에서 현재로, 현재에서 다시 미래로, 미래에서 또다시 과거로 향한다. 우리의 역사적 사고는 이렇게 나날이 확장되어가는 경험공간 속에서 시간의 축을 따라 끝없이 오간다. 이 부단한 운동을 통해 우리의 의식은 확장되고 심화된다.

과거는 현재를 파악하는 참조점point of reference이지만, 현재를 보는 방식에 따라 과거가 상반되게 규정되기도 한다. 현재에 대해 비판의식이 강한 사람이라고 해서 과거를 동일한 방식으로 보는 것도 아니다. 현재의 문제점이 과거의 좋았던 시절에서 퇴락한 결과라고 보는 사람은 복고주의자다. 그에 반해 현재 겪고 있는 문제점의 대부분을 문제적 과거에서 발현된 결과로 보는 사람은 개혁을 강조하는 진보주의자다. 미래에 관해서도 마찬가지다. 유토피아를 꿈꾸는 사람은 이상주의자거나 개혁가이기 쉽지만, 디스토피아를 두려워하는 사람은 현실주의자거나 보수주의자일 수 있다.

중요한 점은 역사가 단순히, 반세기 전에 카가 말했던 것처럼, "현재와 과거 사이의 부단한 대화"가 아니라는 것이다. 현재의 문제의식이 과거를 바라보는 시각에 지대한 영향을 주고, 심지어는 과거의 내용을 구성하는 데도 결정적으로 작용하는 것은 부인할 수 없는 사실이다. 그러나 과거를 보는 방식에 영향을 주는 것은 현재뿐이 아니다. 미래 의식도 과거를 바라보는 방식과 내용에 작용한다. 미래 의식과 직결된 방향 감각은 현재를 평가하는 시각에도 큰 영향을 준다. 역사의식은 이처럼 과거와 현재와 미래가 분리할 수 없게 서로 엉켜있다는 믿음에서 출발한다.

이미 지나간 과거에 대한 관심과 앞으로 닥칠 미래에 대한 강한 지향 의식은 마르크스주의자들에게서 가장 인상적으로 나타난다. 마르크스는 인간의 역사를 변화와 해방이라는 양대 키워드를 통해 일관되게 설명하고자 했다. 그에게 자본주의는 원시 공산사회-노예사회-봉건사회로 진행되어온 변화와 변혁의 산물인 동시에, 생산력과 신분제의 질곡에서 해방되어온 과정이었다. 이러한 역사 해석은 그의 미래 전망에도 그대로 이어진다. 그리하여 그는 자본주의 사회를 특징짓는 자본가-노동자 계급 간의 대립과 투쟁이 미래 공산사회에 이르러 마침내 종지부를 찍게 될 것이라 전망했다. 이 거대한 사회구성체의 변화는 빈곤으로부터의 해방인 동시에 인류 역사를 옥죄어온 계급 갈등의 종식을 의미했다. 이처럼 마르크스의 역사의식 속에서 과거와 현재, 현재와 미래, 미래와 과거는 떼려야 뗄 수 없게 결속되어 있었다. 그의 역사의식은 강력한 시간 의식과 가치판단에 기초했다.

마르크스에게서 볼 수 있었던 것처럼, 역사의식은 회고와 전망의 부단한 상호작용 속에서 형성된다. 역사를 해석하는 인간의 정신에는 두 개의 힘이 동시에 작용한다. 하나가 앞서 생각하는 예측 능력이라면,

다른 하나는 사후에 돌아보는 회고의 능력이다. 이 전망의 능력과 회고의 능력이 결합될 때 우리 사고는 개인에게 허락된 실존적 시간의 장벽을 넘어 확장을 거듭할 수 있다. 현재의 축을 기점으로 과거와 미래가 긴밀하게 이어지기 때문이다. 그리스 신화에 나오는 두 메테우스 이야기는 이와 같은 인간 사고의 특성을 원형적으로 보여준다.

형 프로메테우스Prometheus는 앞을 내다볼 줄 아는prospective 사람이었다. 이에 반해 동생 에피메테우스Epimetheus는 회고하는retrospective 인간이었다. 프로메테우스와 에피메테우스는 인간의 숙명을 함축적으로 표현한다. 이 형제의 이야기 한가운데 고대 그리스인의 시간관이 담겨 있다. 두 명의 메테우스에 관해 플라톤은《프로타고라스》를 통해 이렇게 말한다.

아주 먼 옛날, 세상에는 오직 신들만 있었다. 온갖 피조물을 만든 신들은 프로메테우스와 에피메테우스에게 각각의 피조물에 고유의 특성을 부여하도록 명했다. 형제는 의논 끝에 동생이 능력을 부여하고 형이 마지막에 점검하는 방식으로 역할을 분담했다. 에피메테우스는 속도가 느린 동물에는 강한 힘을 불어넣고, 약한 동물에는 신속함을 부여했다. 작은 것에는 강자의 공격에서 벗어날 수 있도록 날개를 부여하거나 빠르게 굴을 팔 수 있는 능력을 허락했다. 문제는 사람 때문에 발생했다. 에피메테우스가 거듭 주저하다 허락된 시간이 임박하자 프로메테우스는 특단의 결정을 내렸다. 제우스의 명령을 어기고 신들의 거주지인 올림포스산에서 불과 기술을 훔쳐 사람에게 건네주었다. 그렇게 해서 사람은 약육강식의 세계에서 생명을 유지할 수 있게 되었다.

하지만 이야기는 해피엔딩으로 끝나지 않는다. 헤시오도스의《노동과 나날》에 따르면, 프로메테우스의 행동에 격분한 제우스는 대장간의 신 헤파이스토스를 불러 징벌을 명했다. 헤파이스토스가 만들어낸 여인에게 아테나 여신이 바느질과 옷감 짜는 법을 가르쳐주었고, 아프로디테는 은총과 함께 잔혹한 성품을 부여했다. 여기에 더해 헤르메스는 여인에게 파렴치와 기만의 천성을 새겨넣었다. 이렇게 탄생한 판도라는 남성에게 치명적인 무기였다. 에피메테우스는 형의 거듭된 경고에도 불구하고 이 여인 판도라를 아내로 받아들였다. 얼마 후 판도라가 호기심을 이기지 못하고 항아리 마개를 열자, 온갖 종류의 슬픔과 불행이 온 세상을 덮어버렸다. 제우스의 분노는 이것으로 끝나지 않았다. 그는 프로메테우스를 캅카스 산꼭대기 기둥에 묶어두고, 독수리를 보내 간을 쪼아 먹게 했다. 이 고통의 시간은 인간의 영웅 헤라클레스가 나타나 독수리를 활로 쏴 죽이기까지 3만 년이나 계속되었다.

이 프로PRO와 에피EPI 이야기는 인간의 사고방식과 역사의식의 구조를 파악하는 데 필요한 단서를 제공해준다. 프로PRO는 전망의 시각이자 예지의 능력이다. 문제는 인간의 예지 능력이 형편없다는 데 있다. 인간은 모든 것을 알고자 하지만, 전지全知의 경지에 도달할 수 없다. 그 때문에 인간은 아직 발생하지 않은 것에 관해 알기 위해서, 이미 발생한 것에 관한 지식에 의존하지 않을 수 없었다. 그렇게 해서 탄생한 것이 천문 역서다.

미래를 자기편으로 만들거나 미래 편에 자기가 서기 위해 사람들은 과거를 빠짐없이 기록하기 시작했다. 연대기와 연보의 탄생이 그렇게 이루어졌다. 광물자원에 불과한 연대기와 연보에서 귀금속을 만들어내기 위해서는 좀 더 정교한 가공과정이 필요했다. 과거의 날 소재들은 당면한 현재의 문제의식과 치열한 미래 의식 속에서 성찰되어야 했던 것이다. 사람들은 필요에 따라 과거의 정보를 선택하고, 취합된 정보들을 일관된 시각이나 원칙에 따라 해석한다. 이 과정을 통해 과거에서 현재까지를 굵은 실선으로 잇고, 이미 확보한 과거 지식에 대한 보정을 거듭하면서 이 현재에서 미래의 특정 시점까지 점선으로 잇는 작업을 반복해왔다. 이 부단한 집단적 작업과 집합적 성과를 바탕으로 인간의 과거-현재-미래는 마치 그 사이를 관통하는 하나의 목적이 실제로 존재했던 것처럼 일관성을 갖춘 내러티브로 탈바꿈한 것이다. 천지창조에서 최후 심판에 이르는 완결 드라마가 서양 중세에 탄생했다면, 극심한 변화의 시대이자 국민국가 형성기였던 19세기에는 민족사가 주조되었다. 이 민족사 서술의 양식은 동아시아로 흘러들어와 일본과 한국에서 국사가 되었다.

국사는 국가와 민족의 관점에서 역사를 서술하고 가르쳤다. 이 과정을 통해 국민이 만들어졌다. 국민은 국가가 관리하는 교육과 평가제도 속에서 광대무변한 인간의 과거를 국사의 틀 속에서 배우고, 국민의 일원으로서 민족이 직면한 문제를 해결하는 데 기여할 것을 요구받으며, 민족의 번영을 위해 각자가 해야 할 일이 무엇인지 생각하도록 자극받는다. 이 틀 안에서 머무는 동안 우리의 역사의식은 민족사의 울타리에서 벗어나기 어렵다. 개인과 지방, 지역과 세계라는 대안의 프레임을 발견하기 전까지는 말이다. 더이상 쪼갤 수 없는 최소 단위인 개인의 의미를 발견하고 중앙의 관점에서는 잘 보이지 않던 지방의 의미를 재발견할 때, 민족과 국가 너머의 프레임이 비로소 눈에 들어올 수 있다. 그것이 바로 지역과 세계다.

인간 삶의 수많은 단위 가운데 어디에 초점을 두고 어떤 미래를 바라보는가에 따라 우리 역사의식의 결과도 크게 달라질 것이다. 다르게 읽기야말로 우리 역사의식의 폭을 넓히고 깊이를 심화하는 지름길이 될 것이다. 미래에 대한 전망의 틀이 바뀌면, 과거를 회고하는 방식도 달라진다. 평화로운 동아시아 역내 공동체를 전망하는 사람이 과거를 돌아보는 방식은 국가와 민족 공동체를 중심에 두고 과거를 회고하는 방식과 다를 수밖에 없다. 이러한 전망적 회고는 또 다른 방식의 회고적 전망을 낳는 법이기 때문이다. 국가의 벽을 넘어 지역의 협력을 꿈꾸는 사람이라면 민족 간의 갈등을 넘어 교류와 협력의 역사까지 회고하게 될 것이며, 이러한 과거−미래 인식은 '지금 여기'의 지평 위에서도 국가·민족 간의 협력을 재촉할 것이다.

역사 문해력 수업

15

시간 개념의 변화: 자연의 시간, 수도원과 장원의 시간, 공장의 시간

"밥 먹고 봐유!"

불과 한 세대 전 우리 농촌에서는 이렇게 약속 시간을 정했다. 점심 먹고 보자던 얘기를 듣고 큰 우리 세대 중에서 어떤 사람은 이제 15분 단위로 일정이 적힌 다이어리를 들고 다닌다. 게다가 그 친구의 다이어리는 한 개가 아닌 세 개다. 내년과 후년 약속까지 잡아야 하기 때문이다. 이처럼 분주한 일정과 철저한 시간 관리는 어느덧 성공의 표상이 되었다.

우리는 수천 년 인류의 생활이 지금 우리의 삶과 크게 다르지 않았을 것이라고 생각하기 쉽다. 큰 착각이다. 불과 얼마 전까지만 해도 인간의 삶은 그렇게 긴박하게 돌아가지 않았다. 시간을 계측하는 기준만 봐도 그렇다. '쏜살같이 흐르는 것'이 가장 빠른 시간이었다. 그 시절에는 초음속에 관해 얘기할 필요가 없었다. 시간을 아끼기 위해 각성제를 들이켜야 하는 생활은 인류의 오랜 역사 가운데 극히 짧은 부분만 차지하는 매우 이례적인 현상이다. 이 엄청난 변화의 기저에는 시간 개념의 변화가 있다. 포도밭에서 시작된 인류의 시간 감각은 중세 수도원과 근대의 공장을 거치며 현재의 모습대로 형성되어왔다.

고대: 자연의 시간

최초의 인류가 집단적으로 의식한 시간의 단위는 빛과 어둠으로 이뤄지는 하루, 그리고 봄·여름·가을·겨울로 이어지는 계절이었을 것이다. 물론 사계절의 순환을 통해 한 해의 경과를 지각하는 패턴은 지구의 전체에 해당하지 않았다. 사계절이 명확하게 구분되는 지역은 지구의 일부일 뿐이기 때문이다. 이와 더불어 옛날로 올라갈수록 시간은 주관적 체험과 더 결착되었다. 큰 홍수나 지진의 경험이 한 마을 주민의 시간 경험에서 핵심을 차지했다면, 개인들에게는 가족 구성원의 생로병사가 시간 감각에서 무엇보다 중요하게 작용했다.

집단 차원에서 시간 감각은 정착 생활과 더불어 뚜렷해졌다. 특히 기원전 3천년경에 정주 농업이 시작되면서 사람들은 농작물을 심고 수확하는 계절의 순환에 민감하게 되었다. 사람들은 생존을 위해 계절의 주기를 정확하게 예측해야 했다. 이러한 필요가 달력의 탄생과 발달로 이어졌다. 시간이 흐르면서, 사람들은 계절과 함께 별들의 패턴까지 인식하게 되었다. 천문학적 지식이 권력의 원천이었기에, 천문 학습은 특수한 관직의 탄생으로 이어졌다. 이러한 문명의 진화과정에서 일과 달이 년에 추가되어 달력이 더 정교해졌다. 태음력과 태양력도 생겨났다.

해시계도 이 시기에 개발되었다. 최초의 해시계에는 정오, 일출, 일몰이 먼저 표시되고, 점차 그 사이의 간격을 분할하는 방식이 고안되었다. 고대 수메르와 이집트에서는 낮을 12개의 단위로 분할하기 위해 숫자가 사용되었고, 밤도 이와 비슷하게 나누었다. 이집트에서는 낮의 길이가 계절에 따라 크게 변하지 않지만, 적도에서 멀리 떨어진 곳에서는 이 차이를 해결하기 위해 해시계 보정에 더 많은 신경을 써야 했다. 하루가 시작되는 때는 지역마다 달랐다. 고대의 전통은 하루가 자정부터 시작되지 않았다. 어떤 곳에서는 새벽이, 다른 곳에서는 해 질 녘이 하루의 시작이었다.

해시계는 짧은 시간을 측정하기에 불리했다. 또 밤에는 작동하지 않았다. 이 때문에 물시계가 발명되었다. 정밀도가 떨어지기는 했지만. 물시계에는 소리를 규칙적으로 낼 수 있는 장점이 있었다. 여기에 촛불시계가 더해져 시간 계측 기능이 보완되었다. 11세기 초에는 모래시계가 발명되었다. 모래시계는 1시간보다 작은 단위를 측정할 때에 물시계나 양초시계보다 훨씬 더 유리했다.

고대에는 지역적 차이를 넘어서는 보편적 시간이 없었다. 관측하는 방식과 위치에 따라 계산 결과에 차이가 났다. 게다가 문화권에 따라서도 규율 방식과 내용이 달랐다. 예를 들어 이슬람력은 계절에 대해 전혀 언급하지 않았다. 그렇게 해도 유목민들에게는 불편함이 없었기 때문이다.

중세: 수도원과 장원의 시간

서양 중세는 지금 우리와는 다른 범주의 시간의 지배를 받았다. 그 한 가지가 하나님을 지향하는 종교적 시간이라면, 다른 하나는 영주의 지배를 받는 봉건적 장원의 시간이었다. 이 가운데 이념적 차원에서 중세의 세계를 지배한 것은 종교적 시간이었다. 무한을 지향하는 카이로스Kairos와 유한한 세속 시간 사이의 차이를 알려주는 수도원의 우화가 있다.

어떤 수도사가 수도원 밖에 있는 정원을 산책했다. 정원을 거닐면서 수도사는 영원과 천국의 기쁨이 어떤 것일지 골똘히 생각했다. 그 순간 수도사는 나뭇가지 위에서 작은 새가 부르는 사랑의 노래를 들었다. 지저귀는 소리가 감미롭기 이를 데 없었다. 수도원에 돌아오자 이제껏 한 번도 본 적 없는 문지기가 그에게 누구냐고 물었다. 이 수도원에 속한 수도사라고 답하고 문에 들어섰지만, 원내에는 아는 얼굴이 하나도 보이지 않았다. 건물도 많이 바뀌어 있었다. 당황한 수도원 사람들 가운데 하나가 이 수도사에게 수도원장과 동료 수도사들의 이름을 물었다. 전혀 모르는 이름이 연이어 등장했다. 사람들이 술렁거렸다. 누군가 수도원 연보annals 기록을 찾아보니, 이 수도사가 알려준 이름들의 주인공은 300년 전 사람들이었다. 게다가 기록에는 수도사 한 명이 어느 날 사라진 후에 다시 돌아오지 않았다고 적혀 있었다. 그때서야 수도사는 자기에게 무슨 일이 일어났는지 깨달았다. 하나님께서 자기 방식대로 이 수도사의 기도에 응답한 것이다. 새의 노래를 들으며 수도사가 느꼈던 기쁨은 시간적으로 끝이 없는 하늘나라의 기쁨에 대한 맛보기였다.

역사 문해력 수업

천국에서 잠깐의 시간이 이 세상에서는 열 세대 이상이 바뀔 만큼 오랜 시간이었던 것이다.

이 이야기는 하나님의 시간과 이 땅의 시간이 질적으로 크게 다르다는 것을 보여준다. 중세 사회를 지배한 시간 감각의 두 축 가운데 더 중요한 것은 신앙적 시간이었다. 하늘나라를 대망하는 이 신앙적 시간을 개념화한 인물이 기원후 4세기에 활동한 히포Hippo의 주교 아우구스티누스다. 그는 《하나님의 나라De civitate dei》에서 시간 창조가 하나님의 천지창조에 포함되어 있다고 밝혔다. 그러므로 창조 이전에는 시간 자체가 존재하지 않았다는 것이다. 운동과 변화가 없는 곳에는 시간이 존재할 수 없다고 아우구스티누스는 말했다.

신앙인의 삶은 유한한 시간 속에서 그 시간을 가지고 계측할 수 없는 하나님의 나라를 대망하는 가운데 실현된다. 하나님의 시간인 카이로스에 편승하는 최선의 방법은 변화를 통해 이 유한한 세상에 나타난 하나님의 흔적을 포착함으로써, 자기 삶을 그 방향에 맞춰가는 데 있었다. 이런 각오를 가지고 살아가는 사람들이 모여든 공간이 수도원이었다.

수도원은 장원과 더불어 서구 사회의 천 년을 이끌어온 양대 축이었다. 농촌의 장원이 세속적 삶을 이어가는 공간이었다면, 수도원은 세속의 대지에 빛을 비추겠다는 신념을 지닌 사람들이 모인 공동체였다. 지어진 목적이 종교적이었다고 해서 수도원이 꼭 종교기관의 역할만 수행한 것은 아니었다. 이 가톨릭 수사들의 공동체는 그리스도를 본받아 성화되어가기를 원하는 이들의 생활 터전인 동시에 중세 유럽의 지식을 생산하는 작업장이요 기록의 보존창고였다. 중세 지식의 요람인 이 수도원에서 수많은 논쟁이 일어나고, 중세를 떠받치는 교회국가의 이념이 생산되었다.

수도원은 도서관이었고, 필사하는 작업장이었다. 동시에 생활필수품과 특산물을 생산하는 공방이었고, 가르침을 전하는 학교였다. 또한 땀 흘려 일해야 하는 노동의 현장이었다. 여기서 모든 종류의 노동을 관통하는 태도는 금욕이었다. 이 금욕을 가능케 하는 것은 자아를 쳐서 복종케 하려는 수사들의 의지와 엄한 규율이었다. 규율은 언제나 시간 통제를 통해 행사되었다. 지금의 튀르키예 땅 카파도키아Cappadocia 지역에 최초의 수도원이 세워진 후, 하늘의 이상을 추구하는 이 종교적 공간은 어두운 세상의 등대가 되기를 자처했다. 가장 엄격한 규율이 행사된 곳은 베네딕트파 수도원들이었다.

베네딕트 수도회 소속 수도원의 핵심 규율은 "기도하고 일하라Ora et Labora"는 명령이었다. 기도와 노동은 규칙적으로 이루어져야 했다. 베네딕트 수도회는 수사들이 나태함에 빠지지 않게 하기 위해 이렇게 강조했다. "수도사들은 정해진 시간에 일하고 성서를 읽어야 한다. 매일 아침 6시부터 오후 4시까지는 노동하고, 그 이후부터 6시까지는 성서를 읽어야 하며, 저녁 기도 시간까지는 계속해서 일해야 한다."

수도원의 규율은 종소리를 통해 행사되었다. 교회법에 따른 중요한 절기와 행사에 수도사들을 소집할 때는 큰 종을 사용했다. 일상적인 생활의 순서는 작은 종을 쳐서 알렸다. 식사 시간은 작은 종의 소리를 통해 알 수 있었고, 만발한 종소리는 중요한 손님의 내방을 뜻했다. 특별한 절기도 종소리와 함께 찾아왔다. 크리스마스와 부활절, 교구별 성인들의 날, 수확 축제가 바로 그 경우였다.

수도원 자체는 세속에서 분리된 폐쇄적 공간이었지만, 수도원의 종소리는 언제든 담장을 넘어갈 수 있었다. 런던이나 파리처럼 시내에 자리한 수도원의 경우, 종소리를 통해서 수도원이 세속의 세계에 직접 영향을 주기도 했다. 피안의 세계를 지향하는 수도사들의 의지가 종소리를 타고 이 세상으로 확산되어갔던 것이다. 그 출발점이었던 수도원의 중심에는 교회가, 그 교회의 중심에는 빛이 되신 예수가 있었다. 진리 자체인 하나님은 한편에서는 자연의 빛을 통해, 다른 한편에서는 종소리를 통해 자기 세계의 인간들을 자기 뜻에 맞게 훈련discipline시켰던 것이다.

9세기 말에 오면서 수도원의 종소리가 약해지기 시작했다. 바로 이때부터 교황의 힘이 약화되고 교회의 영향력이 축소되었기 때문이다. 이 자리를 대신한 것이 바로 영주가 지배하는 장원이었다. 서양의 중세는 농촌 사회였다. 상업과 수공업 종사자들이 거주하는 도시가 증가하기는 했지만, 기본적으로 중세 인구의 대다수는 농촌에 거주했다. 중세의 농촌은 장원莊園manor 단위로 이루어졌다.

이 장원의 지배자가 영주lord였다. 중세 사회가 '기도하는 자', '싸우는 자', '일하는 자'로 구성되어 있었다면, 장원에는 싸우는 집단인 기사들과 일하는 농민들이 살았다. 중세의 기사는 왕에게 충성을 바쳤다. 그 대가로 왕은 일부 기사에게 장원이라고 불리는 봉토를 주었고, 장원을 하사받은 기사는 영주가 되어 그 안에 있는 모든 것을 지배했다.

장원의 재산 가운데 가장 중요한 것은 경작지였다. 농경지는 영주의 직영지와 소작지로 이루어졌다. 소작지를 빌린 농노는 그 대가로 고율의 임차료를 내야 했다. 뿐만 아니라, 영주를 위해 몸으로 봉사해야 했다. 이 부역은 공짜였다. 농노에게는 거주 이전의 자유가 없었다. 이 점이 중세 농노와 근대 소작농 사이의 결정적 차이였다. 장원에는 경작지 외에도 농지, 숲, 공동 방목지, 방앗간, 교회와 마을이 있었다. 영주가 관할하는 장원 외에 교회와 수도원이 관리하는 장원도 있었지만, 대부분의 장원은 영주의 지배하에 있었다. 영주는 재판권을 통해 장원 전체에 대한 자기권력의 무게를 확인시켰다.

작은 왕과도 같은 영주는 장원 내의 재산뿐 아니라 사람들까지 지배했다. 영주는 모든 것을 지배하기 위해 시간까지도 지배해야 했다. 그리하여 그는 자연의 리듬에 맞춰 사람들의 시간을 통제했다. 언덕 위에 있는 저택이 영주의 권력을 확인해주는 건축물이었다면, 여기서 가장 중요한 부분은 시간을 알리는 종루였다. 시간을 관리하는 자가 세상을 지배한다는 원리는 장원에도 관철되었다. 철저한 통제를 위해 종지기 clockkeeper를 고용하는 경우도 많았다.

그러나 종소리를 통해 표출되는 중세의 시간은 고무줄 같았다. 고대 로마와 마찬가지로 중세에도 시간은 일몰에서 일출까지 12등분되었다. 이 시스템은 낮과 밤의 시간 길이가 같은 춘분점에서 잘 작동했다. 그러나 크리스마스 때 노르웨이 오슬로에서는 일출에서 일몰까지 시간이 총 6시간에 불과했다. 이처럼 중세의 시간은 계절과 거주지에 따라 크게 달랐다.

이 불명확성 때문에 중세에는 물시계, 해시계, 양초시계를 혼용하면서 시간을 계측하고 관리했다. 아무리 정교한 물시계라고 해도 15분 단위의 시간까지만 알려줄 수 있었다. 분 단위까지 알려주는 장치는 15세기 후반이 되어서야 출현했다.

역사 문해력 수업

계측된 시간은 종을 통해 사람들에게 알려졌다. 그러므로 중세의 시간은 눈이 아닌 귀로 확인되었다. 종은 하루에 7~8차례 울렸다. 시장의 개장, 통금 시간, 특별한 휴일의 시작도 종소리와 함께 찾아왔다. 최초의 시간 관리자들은 금욕과 절제의 생활을 해야 하는 수도사들이었다. 종교로 채색된 사회적 시간이 귀를 통해 들려왔다면, 좀 더 일상의 시간은 빛을 통해 전달되었다. 중세의 일상적 시간은 빛에 반응하는 생체의 리듬에 맞춰 작동했다.

중세의 시간 감각은 느슨했다. '시간은 금'이라는 자본주의적 신조가 이 시대에는 아직 존재하지 않았다. 중세 사람들은 시간이 하나님께 속해 있다고 믿었다. 그러므로 신앙적으로 볼 때, 시간은 낭비해도 좋은 자기 소유가 아니었다. 무엇보다 성서가 그 근거였다. 그러나 중세의 일상생활에서 모든 사람이 시간과 약속을 엄수하지는 않았다. 위반의 대가도 그리 가혹하지 않았다.

시간이 하나님의 것이라는 원리는 중세 사회가 발전하면서 해석과 적용의 문제를 불러일으켰다. 이는 13세기에 상인과 장인이 미결제 부채, 즉 연체료에 수수료를 부과할 수 있는지 여부를 놓고 구체화되었다. 이에 대해 프란체스코파는 부과할 수 없다는 의견을 고수했다. 어떤 이들은 연체료를 고리대금업에 비유했다. 하나님의 편에 선다면, 연체된 빚에 이자를 부과하는 것은 죄라고 생각했기 때문이다. 은행업이 비난받고, 그것을 직업으로 삼던 유대인들이 비난받은 것도 이 때문이었다. 그러므로 "시간은 금"이라는 프랭클린Benjamin Franklin의 경구가 탄생하기까지는 좀 더 시간이 흘러야 했다.

근대: 공장의 시간

시계는 근대의 산물이었다. 시계에 관한 최초의 언급은 1320년 단테의 《신곡》에 등장한다. 초보적 형태에 불과했던 이때의 시계 제작기술은 1350년대에 잉글랜드로 전해졌고, 14세기 말에는 기계적 형태의 시계가 잉글랜드의 여러 성당과 궁전에서 사용되었다. 그러나 이때까지 시계는 시각이 아닌 청각에 의존하는 장치였다. 이 당시 시계는 시간을 보여주는 기계가 아니라, 벨을 쳐서 시간을 알려주는 장치였던 것이다.

시계의 영향력은 그러나 아직은 직접적이지 않았고, 광범위하지도 않았다. 무엇보다 값이 비쌌기 때문에, 자기 집에 시계를 비치할 수 있는 여유가 있는 사람들은 대부분 귀족이었다. 도시 거주자들도 대다수는 시내의 시계탑에 의존해야 했다. 농촌에 사는 사람들은 과거와 마찬가지로 수도원이나 영주의 저택에서 들려오는 종소리나 해시계에 의존해야 했다. 그러므로 대다수 사람은 여전히 시간의 강제와 강박에서 벗어나 있었다. 영향력의 한계는 기술수준의 한계와도 관계가 있었다. 분침을 장착하기 전까지는 시계의 구속력이 일반인들에게 제한적이었다. 진자가 시계의 정확도를 크게 높일 수 있을 때까지는 분침이 널리 쓰이지 않았다.

이 모든 문제는 근대에 오면서 차츰 해결되었다. 17세기와 18세기가 되자 시계와 손목시계를 소유한 사람이 늘어났다. 이들 중 다수는 부유해진 도시의 부르주아 계급이었다. 이와 함께 기술적 문제들도 연이어 해결되었다. 시간이 표준화되기 전, 시간 관리자들은 '진짜 시간true time'을 사용했다. 그러나 '진짜 시간'에도 문제점이 없지 않았다. 해가

뜨면서 시작되어 해가 져야 끝나는 하루 일과는 12개의 단위로 분할되었다. 이 12개 시간의 길이는 계절에 따라 다를 수밖에 없었다. 따라서 '진짜 시간'은 마을마다 달랐다. 이 문제점을 해결하기 위해 유럽의 도시들은 오늘날 우리가 사용하고 있는 '평균시간mean time'을 채택했다. 이를 위해 천문학자들은 지구의 자전과 별을 이용하여, 하루를 24단위의 균등한 시간으로 나누었다. 1780년에 제네바가 이 평균시간을 최초로 채택한 후, 런던(1792), 베를린(1810), 파리(1816), 빈(1823)이 그 뒤를 이었다.

시간의 표준화에서 중요한 것은 등시적 시간isochronous time의 제정이었다. 1656년 크리스티안 하위헌스Christiaan Huygens가 진자시계를 발명하면서 등시적 시간이 출현했다. 이때 한 시간이 3,600초로 정해졌다. 여기에 기초하여 시계에 분침이 더해지면서, 시간은 더욱더 정교해졌다. 그러나 시계는 여전히 해당 지역의 정오 태양과 일렬로 맞춰져 있었다. 1830년 기관차가 발명된 후, 기차 시간표를 정리하기 위해 광대한 지역에 걸쳐 시간을 동기화해야 했다. 이것은 결국 시간대의 발달로 이어져, 전 지구적인 등시 시간이 고안되었다.

시계가 발전하고 시간이 균질화됨에 따라 서구 세계에서는 시간규율이 강화되었다. 이것은 다시 노동에 대한 통제를 강화하고 일하는 패턴의 변화를 가져왔다. 산업혁명의 총아로 일컬어지는 공장은 이런 변화가 가장 극적으로 진행된 공간이었다. 영국의 역사가 톰슨Edward P. Thompson은 자주 인용되는 그의 논문 〈시간, 노동규율, 산업혁명Time, Work-Discipline, and Industrial Capitalism〉(1967)에서 시계의 출현이 인류에게 초래한 엄청난 변화를 세밀하게 추적했다.

거칠게 말하자면, 톰슨은 기계시계의 출현이 산업혁명을 야기했고, 산업혁명은 다시 시계 시간clock-time 준수를 통해 전례 없는 노동규율의 강화를 가져왔다고 단언했다. 그에 따르면, 새로운 시계 시간의 출현을 가장 기뻐한 세력이 근대 국가와 자본가들이었다. 예전에 시간을 지배했던 대표적 집단이 교회와 수도원의 성직자라면, 이들의 시간 감각은 정부와 자본가들의 시간 의식으로 빠르게 대체되었다. 근대적 시간 의식이 산업혁명 직전 영국에 얼마나 깊이 스며들었는지 알려주기 위해, 톰슨은 그 시대의 목소리를 이렇게 인용했다. "브레이드 집안의 방앗간에서 우리는 여름처럼 긴 시간 동안 일했다. 나는 일이 언제 끝나는지 물어볼 수 없었다. 시계를 차고 있는 사람이 장인과 그의 아들뿐이었기 때문이다. 우리는 시간을 몰랐다. 오직 한 사람만이 시계를 갖고 있었다."

시계 자체는 정확했으나, 고용주가 알려주는 시간은 정확하지 않았다. 시작 시간은 당겨졌고, 끝나는 시간은 뒤로 밀렸으며, 휴식 시간은 단축되기 일쑤였다. 그러나 일하는 사람들은 그런 사정을 정확하게 알 수 없었고, 그래서 항의할 수도 없었다. 이유는 하나였다. 고가의 시계를 갖고 있지 못했기 때문이다. 시계는 불규칙적이고 불균등한 노동을 규칙적이고 균등하게 바꾸는 마법의 장치였다.

수천 년 동안 자제된 방종을 누려오던 인류를 산업전사로 탈바꿈시키기 위해 자본가들은 다양한 수단과 방법을 동원했다. 무엇보다 노동 과정을 잘게 쪼갰다. 애덤 스미스가 《국부론》에서 핀 공장의 예를 통해 설명했던 것처럼, 분업은 생산성의 폭발적 증가를 가져왔다. 동시에 자본가에 대항하는 노동자의 힘을 약화시켰다. 그리고 노동에 대한 감독을 강화했다. 종소리와 시침을 기준 삼아 시간 규칙을 잘 지키는 노동자에게는 인센티브를 부여했고, 시간을 어기는 노동자에게는 벌금을 부과했다. 자본가들은 다양한 시간 규칙을 부과했고, 이를 통해 노동을 규율했다. 이런 일이 수 세대에 걸쳐 진행되면서, 노동자들의 내면에는 전에 없던 사회적 시간에 대한 감각이 생겨났고, 새로운 형태의 노동 습관이 자리 잡게 되었다. 국가는 학교 교육을 통해 이 자본주의적 규율의 내면화 과정을 촉진했다.

엄격한 시간 규칙은 본래 부르주아의 것이었다. 《프로테스탄트 윤리와 자본주의 정신》에서 막스 베버가 강조했던 것처럼, 캘빈주의 목회자들은 성서의 청지기설을 통해 이윤 추구와 부의 증식을 위해 자기 삶 전체를 재조직하기에 바빴던 부르주아에게 힘을 실어주었다. 소명으로서 직업에 충실해야 이미 얻은 구원을 외적으로 확증할 수 있다는 프로테스탄티즘의 윤리는 상업 부르주아들에게 분초 단위의 시간까지 아껴 쓸 것을 요구했다. "시간은 금"이라는 벤저민 프랭클린의 말처럼 자본주의 정신을 간단명료하게 표현해주는 것도 없다고 베버는 강조했다. 시간의 가치를 누구보다 강조했던 프랭클린은 시간 엄수와 자기 절제에 관해 또 하나의 유명한 말을 남겼다. "나는 성 월요일St. Monday을 준수한 적이 없다."

'성 월요일'이란 주말에 과음한 후 월요일에 제대로 일하지 않던 관습을 가리키는 말이었다. 이와 같은 불규칙하고 비효율적인 전통사회의 노동 습관을 단호하게 거부한 것이 부르주아의 자랑거리였다. 새로운 시간 개념과 이에 입각한 금욕적 노동윤리를 중시했던 17세기 후반 백스터Richard Baxter의 가르침은 19세기 영국 감리교 목회자들을 통해 철저하게 계승되었다. 그리하여 당시의 복음 전도자 웨슬리John Wesley 는 〈조기 기상의 의무와 이점The Duty and Advantage of Early Rising〉에서 평생 매일 4시에 일어나는 것이 자신의 자랑거리라고 밝혔다. 이와 같은 근대 부르주아의 시간관이 자본주의의 산실인 공장에서 노동자들에게 주입된 것이다. 공장에서 뿌리내린 시간 규칙은 다시 공교육과 언론을 통해 전 사회로 확산되었다.

노동자들이 노동의 규칙성과 균질성을 확보하려는 자본가와 19세기 국가의 시도를 전폭적으로 지지하기만 했던 것은 아니다. 노동자들 사이에서는 철두철미한 시간 관리 방식을 도입하는 데 저항하는 이들도 있었다. 특히 숙련 노동자들 사이에서 이런 경향이 강하게 나타났다. 이에 대해 자본가들은 노동 시간을 줄이는 방식으로 다수를 설득했다. 그러나 그 대가로 하루 일과에서 노동의 강도가 높아졌다. 노동 시간도 줄었지만, 식사 시간도 줄었던 것이다. 일과 휴식 간의 모호한 구분도 이제는 찾아보기 어려워졌다. 분업화된 노동의 틀 속에서 인간의 리듬은 기계의 리듬에 맞춰 재조정되어야 했다. 철저한 시간 관리를 위해 고안된 컨베이어 벨트 시스템이 대표적 사례였다. 손동작 하나하나까지 관찰하고 불필요한 움직임을 제거하려는 테일러 시스템Taylor system도 마찬가지였다. 공장의 시계로 상징되는 근대의 사회적 시간 개념의 확산은 모든 가정의 침대 곁에 자명종을 두게 만들었다. 자명종과 진한 블랙커피는 시간의 양과 질을 경제적 가치로 환산하는 근대 사회의 상징이 되었다. 지금 우리는 바로 그런 사회 속에서 살고 있다. 이처럼 사회적 시간에 구속된 삶은 가까운 미래에도 지속될 것이다.

16
역사적 시간의 세 층위: 파도의 시간, 해류의 시간, 해구의 시간

역사에는 차원을 달리하는 세 종류의 시간이 흐른다. 변화무쌍한 것 같지만 주의를 기울이기만 하면 파악하기 쉬운 '사건의 시간'이 그 첫 번째다. 이 시간을 재는 데 필요한 것은 손목시계와 달력이다. 우리는 일상 속에서 초-분-시-일-월-년으로 이어지는 눈금에 비추어 이 변화의 속도와 폭을 파악한다. 두 번째로는 '국면의 시간'이 있다. 흐름을 타고 전개되는 이 시간을 포착하는 데는 세대와 세기의 단위가 필요하다. 이 시간은 종종 경기 상승과 하강이나 인구의 증감을 설명하는 곡선 그래프를 통해 표현된다. 마지막으로 구조structure의 시간이 있다. 좀처럼 변하지 않는 구조적 세계의 변동을 측정하는 데는 최소한 세기 단위 이상의 시간 자가 필요하다. 어떤 때는 천 년millenium 단위로도 부족할 수 있다. 지질의 시간, 천체의 시간을 측정할 때가 특히 그렇다.

이 삼층의 시간 개념이 역사가에게 중요한 것은 역사가의 가장 큰 과제가 다종다양한 변화를 포착하는 데 있기 때문이다. 역사가는 변화의 폭과 깊이를 측정함으로써, 역사적 변동의 의미를 파악한다. 따라서 역사가에게는 시간 감각이 매우 중요하다. 변화에 대한 감각이 바로 이 시간 감각에서 출발하기 때문이다.

하지만 변화하는 것에 대한 집착은 역사가의 오판을 초래하기 쉽다. 변화하는 것에 집중한 나머지 느리게 변하는 것, 좀처럼 변하지 않는 것, 아예 변하지 않는 것을 놓치는 경우가 허다하기 때문이다. 현대 역사학이 자연과학과 제대로 접목되기 전, 역사가들은 지구의 온도 변화와 기후 변동에 둔감했다. 왜냐하면 미세한 온도 변화는 과거 기록 속에 도드라진 방식으로 남아있지 않기 때문이다. 또 미미한 변화를 정밀하게 측정할 장치도 없었다. 오랜 세월에 걸쳐 나타난 온도 변화는 토양과 기후의 변화를 일으킨다. 이 변화는 농산물의 작황을 결정하기 때문에, 인간의 삶에 엄청난 영향을 초래한다. 이런 이유에서 역사가는 '큰 시간'과 '작은 시간' 가운데 그 어떤 것도 소홀하게 취급해서는 안 된다.

시간의 여러 층위를 가장 예리하게 파악한 역사가는 아마 프랑스 아날학파의 거두로 불리는 브로델Fernand Braudel(1902~1985)일 것이다. 브로델에 따르면, "역사는 세 종류의 운동, 즉 빠르게 움직이는 것, 느리게 움직이는 것, 그리고 움직임이 아예 없어 보이는 것으로 나뉠 수 있다." 랑케 이후 정치사가들은 빠르게 움직이는 것에 관심을 집중했다. 마치 연극배우의 말이나 발레리노의 발걸음에 집중하는 아마추어 평론가처럼 말이다. 정치사가들은 느리게 움직이는 것을 배경처럼 처리하고, 움직임이 없는 것에는 눈길도 주지 않았다. 브로델은 이런 전통에 반기를 들었다. 그는 장구한 지구의 시간이나 인간 역사의 긴 시간을 외면하고 하루살이처럼 덧없는 것에 집착하는 역사학의 관행에 비판적이었다. 종래의 역사서술은 지배 엘리트의 사사로운 일거수일투족에 관심을 집중한 대가로 인구의 다수를 차지하는 평범한 사람들의 일상생활을 시야에서 놓쳤다는 것이다.

이러한 브로델의 문제의식이 집약된 작품이 《지중해: 펠리페 2세 시대의 지중해 세계》다. 이 책에서 브로델은 역사의 시간을 셋으로 나눴다. 그 첫째가 지리적 시간이다. 지중해의 산과 바다, 사막과 초원, 산맥과 저지는 수천 년이 흘러도 변한 것이 없다. 인간 생활에서 이 자연환경보다 더 중요한 것은 없었다. 브로델에게 지리적 환경은 단순히 인간 행위의 배경이 아니었다. 오히려 인간의 기초적 활동을 지배하는 또 다른 행위 주체였다. 브로델은 침묵을 지키는 이 거인 같은 주인공에게 충분한 발언권을 부여하고 싶어 했다. 움직임이 거의 없이 느리게 흘러가는 시간, 반복적이고 영속적인 이 지리적 시간을 설명하기 위해 그는 '장기지속longue durée' 개념을 고안해냈다.

지중해라는 바다가 지중해성 기후와 토양을 낳고, 그 속에서 자라난 올리브와 포도가 지중해 식단의 핵심을 차지하고 있는 것은 우리 모두가 알고 있는 사실이다. 이 지중해 식단이 그 지역 주민들의 건강 장수 비결이었다는 점도 의학적으로 잘 알려져 있다. 그러므로 수천 년 동안 유지되어온 먹거리의 일상생활을 통해 지중해 세계의 특성을 고찰하는 것은 역사가에게 매우 중요한 일일 것이다. 브로델도 음식을 통해 문명의 특성을 포착할 수 있다고 믿었다. 이 점에서 보면, 지리적 구조는 인간 생활의 매트릭스라고 해도 지나치지 않다. 브로델이 주목한 것은 인간의 행위와 사건 그 자체가 아니라, 사건을 일으키는 기저의 힘이었다.

역사의 시간 가운데 두 번째는 사회경제적 시간이다. 경제는 주기를 타고 움직인다. 이 주기에 해당하는 프랑스어가 콩종튀르conjoncture다. 흔히 '국면'으로 번역하는 콩종튀르는 짧게는 수십 년, 길게는 한두 세기 간격으로 움직이는 거대한 리듬이다. 유럽에서 인도로 가는 직항로 발견과 더불어 후추값이 폭락하고, 여기에 더해 아메리카에서 대량의 은이 유입되면서 유럽사의 무게중심이 지중해에서 대서양으로 이동했던 변화가 여기에 해당한다. 이 거대한 변화는 그 어떤 개인도 막지 못한다. 하루 세 끼를 먹고살기에 바쁜 인간의 지혜와 힘으로는 세대의 단위를 넘어서는 콩종튀르의 변화를 막아낼 수 없다. 이 경제 변동은 약간의 시차를 두고 인간의 사회적 행동에 직접적인 영향을 준다.

역사적 시간의 마지막 층위는 '사건들의 역사'로 통칭되는 정치적 시간이다. 여기서는 개인들의 이름이 드러나고, 당파의 움직임이 보이며, 희극 또는 비극적 결말에 관해 이야기할 수 있다. 프랑스대혁명이 대표적이다. 1789년 5월 삼부회 소집으로 시작된 파리의 혁명은 10년 후인 1799년 11월 나폴레옹이 일으킨 브뤼메르Brumaire 18일의 쿠데타로 막을 내렸다. 어떤 역사가들은 나폴레옹이 프랑스대혁명을 교살했다고까지 표현한다. 목 졸라 죽였다는 뜻이다. 이처럼 사건들의 역사는 한 편의 연극처럼 세밀하게 묘사된다. 역사 무대에서 펼쳐지는 이 연극에서 중시된 것은 정치적 투쟁과 군사적 승패와 명사들의 지략이었다.

브로델은 다층적인 역사의 시간을 설명하기 위해 바다의 비유를 활용했다. 그 첫째가 파도의 시간이다. 태풍 속에서 휘몰아치던 파도도 바람이 멈추면 이내 잔잔해진다. 이 파도가 사건들의 시간을 함축한다면, 사회경제사가들이 중시하는 국면과 주기의 시간에 대응하는 것이 해류다. 대기의 대순환에 따라 형성되는 해류는 주기적 순환과 상호작용을 통해 에너지와 물질을 이동시킨다. 바다는 난류와 한류의 상호작용 속에서 살아 움직인다.

우리나라 바다에 직접적인 영향을 주는 조류 중에 쿠로시오黑潮 난류가 있다. 동중국해의 대륙 사면을 따라 북동 방향으로 흘러 북태평양으로 들어가는 쿠로시오 난류는 동중국 해역에서 분리되어 일부는 서해로 흘러들어 황해 난류를 이루고, 일부는 대한해협을 거쳐 동해로 유입되면서 쓰시마 난류를 이룬다. 이 쓰시마 난류의 한 줄기는 일본 연안을 따라 북동 방향으로 흘러가고, 다른 한 줄기는 우리나라 남동 연안을 따라 올라가서 동한 난류가 된다. 이 두 해류가 다시 만나 일본의 쓰가루해협을 통과하여 북태평양으로 흘러나간다. 북쪽에서도 해류가 흐른다. 오호츠크해에서 발원한 리만 한류가 연해주를 따라 남하하다가 그중 일부가 북한 앞바다에 이르러 북한 한류를 형성한다. 이 북한 한류와 동한 난류가 동해 중부에서 만나 조경 수역을 이룬다. 이 바다가 수천 년 동안 동해안 어민들의 생활을 좌우했다. 이 수역의 변화에 따라 어떤 사람은 삶의 기회를 얻었고, 어떤 사람은 생의 한계에 몰렸다. 그 때문에 우리는 국면의 변화에 주목하지 않을 수 없다.

하지만 바다의 모든 부분이 변화에 민감한 것은 아니다. 오히려 변화를 거부하는 것처럼 보이는 곳도 있다. 해구海溝oceanic trench가 바로 그 경우다. 해구는 말 그대로 깊은 함몰지다. 우리 지구에는 20개의 주요 해구가 있다. 오랜 지각운동으로 형성된 해구의 횡단면은 V자 형태다.

북태평양 서부에 있는 마리아나 해구의 깊이는 무려 11킬로미터에 달한다. 이 속에서는 물의 흐름이 거의 감지되지 않는다. 그 때문에 해구는 마치 존재하지 않는 것처럼 숨어있다. 이따금 지진활동이 일어날 때만 자기 존재를 드러낼 뿐이다.

인간의 역사에도 이처럼 스스로는 거의 움직이지 않으면서 수많은 움직임을 야기하는 것들이 있다. 무엇보다 지질구조와 지리환경이 그렇다. 이외에도 마르크스가 강조한 사회구성체도 역사가들이 주목해야 하는 구조다. 개인이건 집단이건 인간의 삶은 모두 이 거대한 철장 속에서 전개된다. 노예제 사회구성체와 봉건제 사회구성체는 각각 천 년 이상 이 지구상에 존재했다. 봉건적 사회구성체를 대체한 자본주의 체제는 갱신을 거듭하면서 지금까지 600년 이상 유지되고 있다.

스스로는 좀처럼 변화하지 않으면서 인간의 삶을 강력하게 규제하는 구조가 하나 더 있다. 집단적 심성mentalité이 바로 그것이다. 브로델의 제자로서 3세대 아날학파를 대표한 프랑스의 역사가 르 고프Jacque Le Goff는 서양 중세 사회를 결핍과 불안이라는 두 단어로 특징지었다. 결핍은 중세의 경제적 단면이다. 중세는 기술과 동력, 주택과 식량이 모두 부족한 사회였다. 결핍의 경제는 빈곤을 가져왔고, 빈곤은 굶주림과 영양실조를 초래했다. 이것은 다시 높은 사망률을 수반했다. 치명적인 사망률의 주 원인은 혹독하게 높은 유아와 산모의 사망률이었다. 중세와 근대 초를 배경으로 유행했던 자녀 살해와 표독한 새엄마 이야기들은 상상 속에서 지어낸 동화가 아닌 냉혹한 현실의 반영이었다. 주기적으로 반복되는 전염병도 떼죽음을 가져왔다.

이처럼 중세에는 죽음이 각 가정의 문 바로 앞에 와있었다. 이런 상황 속에 내던져진 사람들의 마음은 어땠을까? 그것은 바로 불안 그 자체였다. 내면화된 불안을 떨쳐버리기 위해 중세 사람들은 생명을 가져다준다고 믿는 빛에 집착하고, 사랑의 묘약을 찾아 헤맸다. 불안은 이처럼 고단한 서양 중세의 삶을 가장 정확하게 설명해주는 단어였다. 불안이야말로 중세인의 모든 삶에 깊이 스며든 무형의 구조였다.

역사에 세 차원의 시간이 흐른다는 발견은 아날학파의 최대 공적이었다. 거의 변함이 없는 구조가 인간 삶의 기저에서 장기지속의 세계를 지탱한다면, 주기적으로 나타나는 국면의 느린 변화는 중기지속의 세계에서 일어난다. 나날이 발생하는 단발적 사건이나 한국전쟁과 같은 사건들의 복합적 연쇄는 단기지속의 차원에서 전개된다. 많은 경우에 사건적 시간은 제한된 공간에서 극적으로 전개된다. 이에 반해 심층의 시간은 광대한 지역이나 지구적 차원의 공간에서 펼쳐지는 거시적 역사macro-history와 관련된다. 그렇다면, 중층의 시간은 어떨까? 중층의 시간은 예를 들자면 서유럽이나 동아시아 정도의 공간에서 진행되는 중간 수준의 역사mezo-history와 관계된다. 표층의 시간은 3·1운동처럼 국가 단위에서 일어나는 사건에서부터 봉오동전투처럼 수천 명 이내의 사람들이 연루된 사건, 또는 경복궁 내에서 일어난 명성황후 시해 사건처럼 불과 몇 시간에 작은 공간에서 발생한 사건에 초점을 맞춘 미시적 역사micro-history와 관계를 맺는다.

개인의 일기에는 국면의 움직임이 잘 나타나지 않는다. 수도원에 작성된 연보에서는 구조가 보이지 않는다. 그러나 역사가는 무수한 일기와 월보와 연대기에서 국면의 변동이나 기저의 구조들까지 발견할 수 있어야 한다. 그렇게 되기 위해서는 무엇보다 고립된 통계들, 흩어진 정보들, 개별적인 지식들을 긴 시계열 속에서 파악하는 훈련을 거듭해야 한다. 이를 통해 침묵하는 구조 속에서 구조화된 인간의 삶과 그 구조의 틀 속에 갇혀 있는 무수한 사람들의 다양한 삶의 양상을 읽어낼 수 있어야 한다.

이 점에서 볼 때, 별다른 특징 없는 민중의 일상이야말로 우리의 삶을 오랫동안 규정해온 저변의 힘들을 읽어낼 수 있는 사료의 암석층이라고 할 수 있다. 퇴적층의 단면에서 누적된 지각운동을 발견하는 지질학자와 비슷하게, 역사가는 그루터기처럼 이 땅에 깊이 뿌리내린 채 지속되어온 민중의 삶 속에서 빠르지 않게 진행되어온 변화의 단서들을 찾기 위해 애쓴다. 이것이 바로 '밑으로부터의 역사'다.

참고문헌

김응종, 《페르낭 브로델―지중해, 물질문명과 자본주의》(살림 2006).

김한종, 《역사수업의 원리》(책과함께 2007).

데만트, 알렉산더, 이덕임 옮김, 《시간의 탄생―순간에서 영원으로 이어지는 시간과 문명의 역사》(북라이프 2018).

뤼프케, 외르크, 김용현 옮김, 《시간과 권력의 역사―인간 문명 그리고 시간의 문화사》(알마 2011).

브로델, 페르낭, 주경철·조준희 옮김, 《지중해: 펠리페 2세 시대의 지중해 세계 1―환경의 역할》(까치 2017).

브로델, 페르낭, 남종국·윤은주 옮김, 《지중해: 펠리페 2세 시대의 지중해 세계 2-1, 2-2―집단적 운명과 전체적 움직임》(까치 2017).

브로델, 페르낭, 임승휘·박윤덕 옮김, 《지중해: 펠리페 2세 시대의 지중해 세계 3―사건, 정치, 인간》(까치 2019).

양호환 외, 《역사교육의 이론》(책과함께 2009).

역사교육연구소, 《역사의식 조사, 역사교육의 미래를 묻다》(휴머니스트 2020).

와인버그, 샘, 한철호 옮김, 《역사적 사고와 역사교육》(책과함께 2006).

이영석, 《공장의 역사―근대 영국사회와 생산, 언어, 정치》(푸른역사 2012).

톰슨, 에드워드 파머 톰슨, 나종일 외 옮김, 《영국노동계급의 형성》 상·하(창비 2000).

Rüsen, Jörn, *Historisches Lernen. Grundlagen und Paradigmen*(Böhlau 1994).

Seixas, Peter C. (ed.), *Theorizing Historical Consciousness*(University of Toronto Press 2004).

Thompson, Edward Parmer, "Time, Work-Discipline, and Industrial Capitalism", *Past & Present*, Vol. 38, No. 1(1967), pp.56~97.

5

세계사를 읽는 네 개의 키워드
: 순환-진보-발전-문명

고대 그리스의 철학자 헤라클레이토스는 "인간은 같은 강물에 두 번 발 담글 수 없다"고 말했다. 이 명제를 통해 그가 우리에게 알려주고자 한 것은 인간사를 지배하는 변화의 숙명이다. 이 운명의 굴레를 기회로 바꾸기 위해 사람들은 변화의 패턴을 파악하고자 애썼다. 패턴의 파악은 미래를 예측할 수 있는 가능성을 높여주기 때문이다. 이러한 수고를 통해 인류는 역사를 자기편으로 삼고자 했다. 르네상스 시기 이탈리아의 지성 마키아벨리가 《군주론De Principi》에서 시운時運fortuna을 활용할 줄 아는 지도자의 능력virtu을 역설한 것이 대표적인 경우다.

인류가 가장 먼저 주목한 것은 하늘과 강과 바다의 움직임이었다. 천문과 역법의 발전은 '적기適期'를 발견하려는 염원의 표현이었다. 지금도 많은 사람이 세상사의 패턴을 파악하기 위해 분주하게 작업한다. 어떤 사람들은 항체의 생성주기 규명에 매달리고, 어떤 사람들은 지진의 패턴 파악에 자기 시간을 쏟아붓는다. 역사가들도 이와 크게 다르지 않다. 많은 역사가가 전쟁의 조건과 빈도 분석을 통해 평화의 가능성을 모색하고, 경제적 주기 변동 추적을 통해 공황에 대비하고자 했다.

인류사의 진행 패턴을 숙고하는 가운데 역사가들은 몇 개의 기본 개념을 탄생시켰다. 서양 고대의 순환론적 역사 해석, 18세기의 진보사상, 19세기의 발전사상이 가장 대표적이다. 이 세 개의 개념이 지나치게 서구중심적이라는 비판이 제기되면서, 역사가들은 그에 대한 대안으로 문명권 중심의 세계사 해석을 시도하기도 했다. 여기서는 순환, 진보, 발전, 문명의 범주에 기초하여 세계사의 진행을 설명했던 시도들을 살펴볼 것이다.

17

순환: 금·은·동·철 시대의 반복

고대 그리스인들의 지혜는 포도밭에서 시작되었다. 그들은 포도원에서 봄·여름·가을·겨울을 보았고, 그 순환주기에 맞춰 묘목을 심고 거름 주며 포도를 수확했다. 기쁨의 추수가 끝난 뒤에는 어김없이 축제가 열렸다. 통에 가득 담긴 포도송이를 남녀가 함께 발로 밟으며, 무사하게 지나간 한 해를 안도하며 돌아보았고, 다음 해에도 같은 축복이 반복되기를 바랐다. 그들의 감사와 기원은 디오니소스Dionysus신을 향했다. 연극의 신으로 불리는 디오니소스는 포도주와 풍요, 다산과 황홀경의 신이기도 했다. 앙상한 가지와 탐스러운 열매의 주기를 반복적으로 경험한 포도원의 농부들에게 디오니소스는 죽음과 부활의 신이었다.

포도가 자라거나 농업이 행해지는 곳에는 다른 나라, 다른 시대에도 유사한 신이 있었다. 그리스 신화에 디오니소스가 있었다면, 로마 신화에는 바쿠스Bacchus가 있었다. 이집트 신화의 오시리스Osiris, 프리기아 신화의 사바지오스Sabazios도 디오니소스와 유사했다. 이처럼 사람들은 사계절의 반복, 삶과 죽음의 연이은 계기에 주목했다. 그것은 자연의 이치 그 자체 같았다. 사람들은 여기서 유추된 지혜에 인간의 경험을 더해 역사도 순환과정을 밟는다고 믿었다.

시간과 변화 사이의 관계를 밝히기 위해 자연의 세계를 유심히 관찰했던 고대 그리스인들은 디오니소스와는 별개의 신들을 창조했다. 그 중 하나가 호라이Horae다. 단수인 호라Hora의 복수 형태인 호라이는 정확하게는 세 여신을 지칭한다. 제우스와 테미스 사이에서 태어난 이 세 여신의 이름은 에우노미아Eunomia, 디케Dike, 에이레네Eirene다. 그리스 작가 헤시오도스에 따르면, 에우노미아는 질서를, 디케는 정의를, 에이레네는 평화를 상징한다. 서로 다른 계절의 특징을 인격화한 이 세 자매는 하나로 묶여 계절과 시간의 자연스러운 질서를 관장하는 여신으로 일컬어졌다. 처음에는 식물이나 꽃의 성장을 지켜주던 이 세 여신은 시간이 지나면서 인간 사회의 모든 질서를 수호하는 신으로 의미가 확장되었다. 고대인들에게는 계절의 순차적인 순환이 질서요, 평화며, 정의였던 것이다.

이처럼 고대 농업 사회에서 자연법칙에 대한 예측은 인간 삶의 핵심이었다. 여기서 자연법natural law에 대한 숙고가 시작되었다. 자연의 법칙과 유사한 것을 인간사에서도 찾을 수 있을 것이라는 기대는 고대인들에게 당연했다. 고대 그리스인들도 자연 세계와 인간 세계 사이의 유추를 통해 역사의 반복을 구상하게 되었다.

인간의 역사가 반복된다는 생각은 그리스 신화의 다른 이야기에서도 발견된다. 아카디아 지방의 폭군에 관한 이야기를 보고받은 제우스가 현지를 잠행 방문했을 때, 어설픈 제우스의 연기를 알아챈 폭군은 일부러 사람 고기를 대접했다. 이에 분노한 제우스는 올림포스산에 돌아와 신들의 회의를 주재했다. 타락한 인간들에게 내릴 벌칙을 놓고 격론을 벌이던 신들은 마침내 물로 심판하기로 결정했다. 그 결과 인간 세계에는 전무후무한 홍수의 징벌이 내려졌다. 성서 속 노아의 홍수 이야기와 비슷한 이 일화에서 내가 주목한 것은 '철의 시대'라는 표현이었다. 타락한 철의 시대가 있다면, 그 앞에는 금-은-동의 시대가 있었으리라는 기대에서였다.

실제로 그리스 신화에서는 인류 역사가 다섯 시기로 구분된다. 그리스 신화의 해설서로 불리는 헤시오도스의 《노동과 나날》에 이 다섯 시대에 대한 설명이 상세하게 나온다. 황금시대는 제우스의 아버지 크로노스가 통치한 태초의 시기였다. 이때는 걱정과 고통이 없는 축제의 시간이었다. 힘들여 농사짓지 않아도 풍성하게 수확했고, 평화와 질서가 충일한 세계였다. 그 후에 등장하는 은의 시대는 올림포스의 신들이 지배하기 시작한 때를 가리킨다. 인간의 성장은 느려졌고, 성년이 되어서도 어리석음이 사라지지 않았다. 신들에 대한 공경심도 없었던 이들은 결국 제우스의 손에 멸망하고 말았다.

하지만 뒤에 출현한 시대는 폭력의 연속이었다. 갈등은 전쟁을 낳았고, 전쟁은 사람들을 죽음으로 몰아갔다. 학자들은 이 시대가 미케네의 청동기 문화와 관련이 있을 것으로 추측한다. 이 뒤에 영웅들이 할거하던 시대가 왔다. 영웅들 중에서 가장 대표적인 존재가 헤라클레스였다. 본래 신들의 적을 물리치기 위해 탄생된 존재였으나 신의 위치까지 위

역사 문해력 수업

협할 정도로 능력이 빼어난 영웅들이 너무 많아지자, 신들은 다양한 수단을 동원해서 이들을 제거했다. 트로이 전쟁도 그중 하나였다. 학자들은 바다 민족에 의해 지중해 문명이 파괴된 때가 신화적으로 미화된 것으로 보고 있다. 이 네 시대의 끝에 철의 시대가 등장한다. 극에 달한 인간들의 악행에 절망한 신들의 홍수 심판으로 이 시대가 끝난다. 신화는 다시 대홍수 이후의 시대를 암시하며 끝난다.

이후 그리스 신화 속에서 다시 돌아온 황금시대에 관한 이야기는 보이지 않는다. 그럼에도 그리스인들은 이제까지의 쇠락의 경험을 딛고 일어서, 금의 시대가 다시 도래할 것이라고 믿었다. 현재 문명에 대해서는 회의적이지만, 미래에 대한 기대마저 포기하고 싶지는 않았던 것 같다. 이처럼 소박한 낙관론은 고대 로마에 와서 더 크게 지지받았다. 로마의 민중들 사이에서는 언젠가 다시 황금시대가 돌아올 것이라는 믿음이 널리 퍼져 있었다. 로마의 역사가들도 정치지배 형태의 순환에 관해 상세하게 다뤘다. 특히 키케로와 폴리비오스가 그리스의 철학자 플라톤이 제시한 순환정체론anacyclosis에 많은 관심을 보였다. 군주정-귀족정-민주정-중우정으로 이어지는 통치형태 변화의 사이클은 고대 그리스-로마의 많은 지성들로부터 동의를 얻었다.

이와 같은 순환론적 역사 이해에는 행위 주체로서 인간이 역사과정에 적극 참여해야 한다는 요구가 강하게 담겨있지 않다. 이 속에는 미래에 대한 절망적 희망과 현재에 대한 체념적 비판이 진하게 반영되어 있는 것 같다. 물론 정반대의 해석도 가능하기는 하다. 가장 칠흑 같은 밤에서 찬란한 새벽이 머지않은 것처럼, 현재가 가장 쇠락한 철의 시대라고 한다면 이상적인 금의 시대가 곧 출현할 것이라는 강렬한 미래 의식이 이 순환론적 역사인식에 반영되어 있다고 해석할 수 있기 때문이다.

시간의 바퀴와 순환론적 역사인식의 돌파

순환론적 역사인식 기저에 있는 순환의 시간관은 우리에게도 낯설지 않다. 아마도 모든 농경 사회에서도 비슷했을 것이다. 《베다Veda》에 상세하게 설명되어 있는 것처럼, 고대 인도철학에서도 우주는 창조와 파괴와 재생의 사이클을 반복한다. 여기서 비롯된 순환적 시간관이 바로 '시간의 바퀴Kalachakra(wheel of time)'다. 이와 한 쌍을 이루는 것이 무한 반복되는 개인의 재생 사이클에 대한 믿음이다. 우리가 윤회사상으로 부르는 바로 그것이다. 이 '시간의 바퀴' 개념은 힌두교와 불교뿐만 아니라 고대 그리스의 오르페우스 신앙과 피타고라스 학파에서도 발견된다. 이러한 믿음은 자연현상의 반복성에 대한 관찰과 밀접하게 연결되어 있다. 낮과 밤의 주기, 조류의 움직임, 달의 월간 주기, 매년 반복되는 계절의 교체가 사람들의 생각에 미치는 영향은 그만큼 절대적이었다.

그러나 고대의 모든 세계가 이와 같은 바퀴 시간관과 역사관을 고수했던 것은 아니다. 이때에도 목적을 지향하는 직선적 시간관이 있었다. 팔레스타인 지방에 거주했던 유대인이 바로 그 경우다. 그들이 신봉한 구약성서는 지상의 역사를 천지창조에서 최후의 심판으로 나아가는 유한한 과정으로 상정한다. 여기에는 시작이 있고, 끝이 있다. 이와 함께 성서는 일시적인 것과 영원한 것을 구분한다. 현명한 자는 결코 일시적인 쾌락을 위해 영원한 생명을 포기하지 않는다. 부활과 영생이 이 땅에서 살아가는 사람들에게 강력한 목적의식을 부여한다. 성공하는 삶은 목적이 이끄는 대로 살아가는 삶이다. 인간은 연속적 선택을 통해 영원한 생명으로 나아가야 한다. 이렇게 살아가고자 애쓰는 사람들이 아우구스티누스가 말한 '하나님의 도성civitas dei'에 속한 성도들이다. 이들은 크로노스Κρόνος의 단위를 통해 자신들의 삶을 측정하면서도, 궁극적으로는 신이 주관하는 카이로스의 영역에 속하는 종말의 순간을 지향한다. 이때가 바로 유한한 지상의 역사가 끝나는 그리스도 재림의 순간이다. 이로써 지구의 역사는 본연의 목적을 성취한다. 이제 새롭게 시작되는 역사는 구원의 섭리과정이 아니라 '새 하늘, 새 땅'의 역사다. 이 역사는 철저한 신의 역사이기에, 종래의 기준으로는 서술할 수 없다.

그렇다면 하나님의 시간 일정에 따라 최후의 날이 이 땅에 올 때까지, 인간은 그의 강림을 대망하는 소극적 삶을 살아가야 하는 것일까? 성서는 그렇지 않다고 답한다. 오히려 구속의 역사는 창조주의 단독 플레이가 아니라고 반복해서 밝힌다. 하나님은 '하나님의 도성' 사람들에게 앞으로 벌어질 일들에 관해 알려주고, 의논하면서, 함께 만들어가는 합작품에 가깝다. 여기서 인간은 역사의 주인인 하나님께 종속된 존재가 아니라, 계약의 파트너로서 사역의 동역자가 되는 것이다. 이 점에서 보면, 고대 유대인들의 역사관은 그리스-로마에서보다 인간의 능동적 역할을 훨씬 더 많이 허용했다고 하겠다.

18

진보: 문명을 향해 달리는 우상향의 고속도로

진보는 직선적 발전에 대한 인간의 기대를 함축한다. 진보에 대한 믿음은 성서의 바탕을 이루는 직선적 시간관 위에서 성장했다. 이 기반 위에서 인류의 삶이 더 나은 미래로 나아가고 있다는 믿음이 확산된 것은 근대에 와서다. 인간의 역사가 야만에서 문명으로, 인습에 의한 구속에서 이성의 자유로 끝없이 나아간다는 믿음은 르네상스 이후 유럽에서 큰 지지를 얻었다. 19세기 독일의 역사철학자 헤겔은 인류 역사를 자유의 확산과정이라고 밝혔다. 그는 세계사가 오직 한 사람만이 자유를 의식하는 단계에서 몇몇 사람이 자유를 의식하는 단계를 지나 모든 사람이 신 앞에서 자유를 의식하는 단계로 진보해왔다고 주장했다.

헤겔의 정신적 자녀인 마르크스는 다소 모호했던 스승의 어법을 훨씬 더 명료하게 바꿨다. 마르크스는 인류 역사는 원시 공산사회, 고대 노예제 사회, 중세 봉건사회, 근대 자본주의 사회를 거쳐 미래의 공산주의 사회로 진보해갈 것이라고 천명했다. 이 과정이 진보의 연속인 것은, 기술 개발에 힘입어 생산력이 발전해갈 뿐만 아니라, 장구한 계급투쟁을 거쳐 결국에는 인류가 오랫동안 꿈꾸어온 무계급 사회로 진입할 수 있기 때문이다. 계급 없는 공산사회에서는 풍요로운 물질적 기반위에서 부족함이 없는 데다가, 노동의 결과가 사유재산에 기초한 계급관계에 의해 왜곡되어 배분되지 않기 때문에, 사람들이 자기가 하고 싶은 일을 마음껏 할 수 있다는 것이 마르크스의 희망 섞인 전망이었다. 이 점이 중요한 이유는 마르크스가 인간의 본성이 노동에 있다고 믿었기 때문이다. 만약에 자기실현의 방편인 노동을 통해 자신이 하고 싶은일을 자신의 방식대로, 자신이 하고 싶을 때에 할 수 있다면, 엄청난 축복일 것이다. 하지만 그런 세상은 오지 않았다.

막스 베버는 한때 역사의 진보에 대한 선배들의 낙관적 신념을 계승했다. 그리하여 그는 인류의 역사가 주술적 단계에서 합리적 단계로 나아가고 있다고 생각했고, 그 증거를 자본주의 발전과 관료제의 출현에서 찾았다. 베버와 같은 시기에 활동했던 국민경제학의 역사학파에 속한 거장들도 서구 역사를 고대 가내경제에서 중세 도시경제를 거쳐 근대 국민경제로 진보해온 과정으로 파악하면서, 이 추세가 이어져 가까운 미래에 세계경제가 도래할 것이라고 전망했다. 또 다른 경제학자들은 현물경제-화폐경제-신용경제의 연쇄가 서구 경제사 진보의 핵심적 추세라고 강조했다.

이 모든 낙관적 전망의 틀을 주조한 사람들이 18세기의 계몽사상가들이었다. 이들 외에 실증주의자positivist로 불리는 사상가들도 역사의 진행이 진보의 과정이라는 신념을 주저 없이 표명했다. 모든 계몽사상가가 실증주의자는 아니었지만, 이 두 무리 사이에는 공통분모가 많이 있었다. 인간의 능력에 대한 신뢰, 과학의 발전에 대한 기대감, 지식의 축적에 대한 긍정적 견해, 세속적 세계관이 바로 그것이다.

그 가운데 가장 뛰어난 사상가가 볼테르Voltaire(1694~1778), 콩도르세Marquis de Condorcet(1743~94), 콩트August Comte(1798~1857)다. 영국의 버클Henry Thomas Buckle(1821~1862)은 인간 진보에 관한 이들의 신념과 이론을 역사 연구 영역에서 구현하고자 했다.

역사를 이끌어가는 힘은 인간

국적과 관심 분야가 달라도 이 사상가들은 출발점을 공유했다. 무엇보다 이론과 방법에서 기독교의 신을 배제했다. 기독교 신앙을 고수한 사람들도 될 수 있는 대로 역사 영역에서 인격신을 직접 언급하지 않았다. 이들은 역사를 이끌어가는 힘을 하나님의 섭리가 아니라 인간에서 찾았다. 하나님은 인간이 펼쳐가야 할 능력의 씨앗을 인간 내면에 심어준 '감추어진 농부' 같은 존재로 처리했다. 인간 속에 주어진 잠재력은 곧 이성이었다. 인간의 이성은 자유에 대한 염원과 갈망을 자기 속에 품고 있다. 이 잠재력은 이성적 개인의 성장과정에서 발현된다. 이러한 계발과정은 개인들의 집합체인 인류의 역사를 통해 선명하게 나타난다는 것이 계몽시대의 믿음이었다.

이런 이유에서 18세기의 유럽 사상가들은 앞다투어 보편사universal

history를 집필했다. 그중에는 자기 고향을 벗어나 먼 거리를 여행한 적이 한 번도 없는 사람도 있었다. 쾨니히스베르크의 철학자 임마누엘 칸트가 바로 그 경우였다.

왜 보편사였을까? 세계사의 또 다른 이름인 이 형식을 통해서 이 시기 사람들은 인류가 밟아온 삶의 궤적을 시공간적으로 조망할 수 있을 것이라 기대했다. 계몽사상가들은 세상의 지식을 있는 대로 긁어모아 인류 사회 각 부분의 공통점을 확인하고 싶어했다. 태초의 과거에서 현재까지 이어주는 공통의 궤적은 다시 현재에서 미래로 향하는 길을 예측케 해줄 것이라고 믿었기 때문이다. 우상향의 직선으로 수렴될 이 궤적은 인류의 미래를 이성의 원칙에 따라 개선해가는 데 필요한 단서를 제공해줄 뿐만 아니라, 과거 인류 삶에서 나타났던 진보의 장애들을 효과적으로 제거할 수 있도록 선견의 지혜까지 제공해줄 것이라고 확신했던 것이다. 세상의 모든 것을 개혁 대상으로 삼아 거대한 변혁을 기획했던 계몽사상가들에게 필요한 것은 명견만리의 지혜였다. 이 지식은 신앙적 독단과 사변적 억측이 아니라, 경험에서 비롯되어야 했다.

이러한 요구가 프랑스 파리에서 백과전서파의 출현으로 나타났다. 이와 달리 독일 지역의 학자들은 보편사 탐구를 통해 인간 사회가 나아가야 할 이성의 길을 제시하고자 했다. 독일 역사가들에게는 프랑스의 볼테르와 콩트보다는 문명사의 기획을 선보였던 영국의 역사가 버클이 더 중요해 보였다. 진보는 시간을 축으로 삼아 인류의 삶을 관찰할 때 가장 선명하게 자기 모습을 드러낼 것이라는 신념에서였다.

인류의 진보에 관해 강력한 발언권을 소유한 프랑스의 사상가 중 하나가 볼테르였다. 그는 역사 진행의 동력을 신이 아닌 인간의 과학에서 찾았다. 이 때문에 그는 일체의 형이상학적 접근을 학문에서 배제했다. 그는 인간정신의 진보의 길을 교육에서 찾았다. 그리하여 그는 고등교육을 통해 과학을 학습한 사람들이 인류의 역사를 이끌어가야 한다고 주장했다.

콩도르세는 볼테르의 이 구상을 더 구체화했다. 그는 인간의 이성이 각성되면 과학과 윤리가 조화를 이룰 것이라고 믿었다. 이 주장을 잘 보여주는 것이 그의 대표 저작 《인간 정신의 진보에 관한 역사적 개요》다. 여기서 콩도르세는 법칙 발견의 중요성을 역설한다. 현상을 관통하고 있는 법칙을 파악함으로써 미래를 예측할 수 있다면, 결국에는 바람직한 미래의 도래를 촉진할 수 있기 때문이다.

콩도르세가 꿈꾼 미래는 개인의 잠재력이 실현되고, 국가 구성원들 간의 차이는 물론 국가들 간의 차이마저도 완전히 극복된 상태였다. 이 평등사회에 도달하기 위해서는 세 가지 불평등을 제거해야 했다. 경제적 부와 생계수단과 교육의 불평등이 바로 그것이다. 앞의 두 가지를 없애기 위해 시급한 것이 교육의 불평등이라고 콩도르세는 역설했다. 여기서 특히 중요한 것이 과학 교육이었다. 과학의 진보는 기술의 진보를 약속하고, 기술의 진보는 다시 과학의 진보를 가속화한다. 인류 진보의 궁극적 결과는 무엇일까? 이에 대해 콩도르세는 인간의 평균수명의 획기적 연장, 불필요한 갈등의 축소, 지금보다 훨씬 더 합리적인 사회의 출현이라고 답했다.

인류 진보에 대한 볼테르와 콩도르세의 생각은 콩트의 실증주의에서 더 구체화되었다. 《실증철학 강의》에서 콩트는 과학 지식을 중심으로 인류 진보의 과정을 설명했다. 그에 따르면, 인류는 신학적 단계와 형이상학적 단계를 거쳐 과학적 단계로 진입했다. 첫 번째 신학적 단계는 점성술과 연금술의 시대였다. 두 번째 형이상학적 단계는 실체나 본질 같은 추상적 개념을 통해 세계를 인식했다. 이에 반해 마지막 과학적 단계에서 인류는 과학적 추론과 관찰에 따라 모든 현상 간의 관계를 해명하고자 한다. 다양한 분과학문의 발전이 이루어지는 이 단계의 정점이 바로 사회학이라고 콩트는 믿었다. 그에 의하면, 사회학은 정학靜學적 접근을 통해 사회의 질서·구조·형태를 탐색하고, 동학動學적 접근을 통해 사회의 진행과 변화를 추적한다. 동학적 탐색의 궁극적 목표는 인류 진보의 전 과정을 추적하는 것이다.

콩트의 이러한 이론과 방법 논의를 몇몇 유럽의 역사가들이 적극적으로 받아들였다. 진보의 도식을 통해 역사의 전개과정을 조명하는 데 공을 들인 대표적 역사가가 영국의 버클이었다. 그는 미완성 유작인 《영국 문명사》에서 역사서술의 목표가 수많은 민족의 특성과 운명을 지배하는 원리를 해명하는 데 있다고 밝혔다. 물리적 세계와 마찬가지로 역사 세계에도 법칙이 작용한다고 믿은 그는, 인류의 지식 발전의 일차적 원인을 기후·토양·음식·자연의 양태에서 찾았다. 기후·토양·음식이 부의 축적과 분배를 간접적으로 결정한다면, 자연은 사고의 축적과 분배에 직접 영향을 준다. 이를 통해 세상에 대한 인간의 지식이 확장되고 심화된다는 것이다.

버클은 그러나 역사발전의 법칙을 너무 강조한 나머지 무리한 주장도 남발했다. 예를 들면, 서구 문명과 비서구 문명의 차이를 설명하면서, 유럽에서는 인간이 자연보다 강한 데 반해 유럽 외의 지역에서는 자연이 인간보다 강한 데서 결정적인 차이가 비롯되었다고 주장했다.

그리하여 전 세계에서 오직 유럽인들만이 자연 정복에 성공했다고 말했다. 그의 무리한 주장은 여기서 그치지 않는다. 유럽에서는 물리적 법칙의 영향력이 감소하고 인간정신 법칙의 역할이 증대되어 왔다고까지 강조한 것이다. 사회의 진보를 통제하는 이 정신적 법칙을 발견하기 위해 그가 강조한 것이 일반화의 방법이다. 여기서 그가 주목한 것은 개인의 성취나 행위가 아니라, 각 개인이 속한 세대와 문명이었다. 그러므로 버클이 생각한 진보란 곧 문명의 진보였다고 하겠다.

계몽사상가들이 중시한 역사법칙의 발견은 유럽의 역사가들에게 큰 자극을 주었다. 이것은 19세기 유럽의 급변하는 현실 상황과 직결되었다. 무엇보다 산업혁명과 정치혁명의 이중적 파도 때문에 유럽 각국은 전례 없는 경쟁으로 내몰렸다. 자본주의의 급속한 발전 때문에 각 국가 내부에서는 승자와 패자가 양산되고 있었다. 여기에 더해 전 지구적인 식민지 재분할 경쟁 속에서 약육강식의 싸움이 가속화되었다. 이에 사람들은 성공과 실패를 가르는 핵심 법칙을 역사에서 찾고 싶어했다.

하지만 버클이 발견한 법칙은 유럽의 경험에 대한 고찰에서 비롯되었을 뿐이다. 어쩌면 유럽에서 가장 선진적이었던 영국의 경험에 대한 고찰일 뿐이었는지도 모른다. 19세기 유럽의 역사가들은 예외적 경험에 불과한 영국의 사례에서 자기 나라와 유럽의 역사, 더 나아가 인류 역사의 발전을 가능케 한 동력을 찾아내려는 유혹에 너무 쉽게 넘어갔던 것이다. 스펜서의 사회진화론Social Darwinism이 19세기 유럽 지식 사회를 지배한 것도 이와 같은 분위기의 반영이었다.

19세기 말 20세기 초의 동아시아도 예외가 아니었다. 양육강식, 자연에 의한 도태, 적자생존으로 요약되는 진화의 세 법칙은 같은 시기에 근대화를 강박적으로 도모한 일본, 중국, 한국 지식인들의 생각을 지배했다. 과학기술 진보를 통한 문제 해결의 강박은 반식민지로 전락한 중국 지식인들 사이에서 가장 심하게 나타났던 것으로 보인다. 메이지유신 이후 일본에서는 한동안 문명사 연구가 크게 유행했다. 일본의 조선 침략은 세계사적인 문명의 발전을 아시아에서 일본이 완성하겠다는 후발주자 특유의 과대망상의 결과였다. 이 점에서 보면, 진보에 대한 맹신과 자기 능력에 대한 과대평가가 인류의 진보에 가장 큰 장애물이었는지도 모른다.

19

발전: 문명의 진보, 문화의 쇠락

역사를 움직여온 법칙을 발견하기 위해 일반화의 방법에 매달렸던 계몽사상가들과 그 후예들의 태도가 모든 학자의 지지를 받은 것은 아니었다. 이미 계몽사상의 중심인 프랑스에서, 계몽사상가들의 기관지로 불렸던 《백과전서》에 활발하게 기고했던 루소Jean-Jacque Rousseau (1712~1778)부터도 이와 같은 일면적 사고에 반기를 들었다.

계몽시대가 빛을 이성의 메타포로 중시했던 데 반해, 루소는 그 빛에서 무서운 섬광을 보았다. 그것은 인간의 진보를 위한 계몽사상가들의 소명의식이 실상은 인류의 타락을 초래하고 있다는 문제의식의 표현이었다. 인류 진보의 신념에 대한 루소의 비판은 무엇보다 디종 아카데미에 제출했던 현상 논문 〈학예론Discours sur les sciences et les arts〉(1750)에 잘 나타나 있다. 이 글에서 루소는 인간이 본래 선한 존재였지만, 사회와 문명 때문에 타락하고 말았다고 역설했다. 〈학예론〉에 이어 쓴 《인간 불평등 기원론Discours sur l'origine de l'inegalité parmi les hommes》(1755)에서 루소는 자연 상태의 인간은 선했지만 이후 타락했다는 주장을 좀 더 정교하게 발전시켰다. 여기서 그는 인간 사회를 지배하고 있는 두 종류의 불평등을 구별한다. 그 하나가 건강이나 지적 능력의 차이에서 비롯된 자연적 불평등이라면, 다른 하나는 사회를 지배하는 규칙 때문에 생겨난 불평등이다. 이 인위적 불평등의 기원과 심화를 루소는 이렇게 설명한다.

원시 상태의 인간은 고독한 존재였다. 그럼에도 당시의 인간은 건강하고 자유로웠으며 행복했다. 문제는 인간이 사회적 존재가 되면서 시작되었다. 이때를 계기로 악이 형성되기 시작했기 때문이다. 이 악은 자연이 아니라 사회에서 비롯되었다. 물론 초기 단계에서 악은 편재하지도 않았고, 극심하지도 않았다. 가족이 만들어지고 이웃과의 교제가 시작된 초기 사회는 어쩌면 인류의 황금기였다. 그러나 이 안정과 행복은 오래가지 못했다. 사랑의 원초적 감정에 질투의 파괴적 감정이 더해지고, 사람들이 자기 능력과 성취의 결과를 타인과 비교하면서 "불평등을 향한 첫걸음이자 악을 향한 첫걸음"이 시작되었다.

사유재산을 보호하기 위해 법과 정부가 만들어지면서 불평등은 더욱 심해졌다. 빈부격차가 심화되면서 모든 사람에게 평화를 제공해야 하는 시민사회의 애초 목적은 약화되고, 오히려 재산권 보장에 더 많은 관심과 노력을 기울였다. 이 속에서 사람들 사이의 관계는 악화를 거듭했다. 사람들은 각자의 이해관계 때문에 서로 갈등하며, 친절이라는 가면 뒤에 적개심을 숨긴 채 서로 미워하게 되었다. 그 결과 불평등은 끝없이 심화되었다.

이렇게 볼 때 인류의 역사는 자연으로부터 소외되어온 과정이며, 이러한 소외 속에서 인간은 결코 행복할 수 없었다. 이 과정은 인간 자유의 상실로 특징지을 수 있다. 그리하여 루소는 《사회계약론》에서 마침내 이렇게 선언했다. "인간은 자유롭게 태어났으나, 지금은 모든 곳에서 사슬에 매여 있다."

인류 역사를 진보의 과정으로 볼 수 없다는 루소의 생각은 계몽사상에 거리를 둔 낭만주의자들 사이에서 광범위하게 수용되었다. 낭만주의의 영향을 강하게 받은 독일의 역사가 랑케Leopold von Ranke(1795~1886)도 그중 하나였다. 바이에른 왕 루드비히에게 행한 강연에서 랑케는 과학과 기술 분야에서 인류는 거듭 진보해왔지만, 도덕에서는 그렇지 않다는 생각을 분명하게 밝혔다. 뿐만 아니라, 인간의 역사는 부단히 우상향의 직선 궤도로 움직인 적이 없다는 것이 랑케의 신념이었다. 역사는 어떤 면에서 크고 긴 강의 흐름과도 같은 것이었다. 앞을 향해 빠르게 흐르다가도 어떤 거대한 암벽을 만나면 우회하고 지세에 따라서는 정체하거나 후퇴하기도 하는 강물처럼, 역사에는 매우 다양한 계기가 작용하기 때문이다. 동족 간의 자중지란에 빠질 때 역사는 정체하고, 전쟁과 페스트를 경험하면서 인구가 급감하고 나락으로 떨어지는 경험을 하기도 한다. 그런가 하면, 거대한 전쟁을 치른 후에는 평화를 갈망하면서 국제법을 발전시키고 초국가적 기구들을 창설하기도 한다. 이런 점에서 보면, 인류 역사는 전진과 후퇴, 정체와 일탈의 계기를 포함하는 복잡한 궤도를 그린다. 이 긴 과정에서 우상향의 단선적 진행은 거의 감지되지 않는다.

역사의 순류와 역류

이런 이유에서 17세기와 18세기 이탈리아에서 활동한 역사가 비코 Giambattista Vico는 나선형적 발전의 개념을 제시했다. 역사는 끊임없이 진보하는 것이 아니라 때로는 야만으로 회귀하기 때문에 순류와 역류 corso-recorso의 패턴을 보인다고 그는 강조했다. 20세기 홀로코스트 같은 경험은 실제로 재귀야만의 가능성에 대한 비코의 경계를 환기해주기에 충분하다.

이와 같은 선학들의 언급을 수용하는 동시에 자기 나라 독일의 특수한 상황에도 주목한 랑케는 더이상 영국과 프랑스에서 비롯된 진보 개념을 그대로 받아들이기 어려웠다. 랑케는 두 가지 이유에서 진보 개념의 수정을 요구했다. 첫째, 역사를 암흑에서 빛으로 나아가는 개명의 과정으로 단순화하면, 중세 같은 시기를 '암흑의 시대'로 판단하는 오류를 저지를 수 있다. 이런 이유에서 랑케는 "각각의 시대가 하나님께 직접 맞닿아 있다"고 강조했다. 시대마다 고유의 가치가 있기 때문에 하나의 인위적 기준에 따라 각 시대의 의미를 재단할 수는 없다는 것이다. 둘째, 역사에는 빛을 향해 나아가는 단 하나의 황금길이 존재하지 않는다. 개인마다 독특한 재능과 가치가 있는 것처럼, 민족과 국가도 고유한 환경과 조건 속에서 분투하는 가운데 각자의 길을 개척해왔다. 지정학적 위치가 매우 불리하다면, 외침 때문에 제대로 발전하지 못한 것까지 그 나라의 무능 탓으로 돌릴 수는 없다. 역사에 수많은 우연이 작용하는 것과 마찬가지로, 각 개인이나 국가가 어떻게 해볼 수 없는 장벽이 눈앞에 놓인 경우도 허다하다. 그러므로 서구 역사가들처럼 계몽의 길을 하나의 표준처럼 제시하고, 여기서 벗어난 길을 일탈로 평가하는 것은 독단에 가깝다는 것이다.

이러한 생각에서 랑케는 너무 경직된 진보Fortschritt 개념을 발전Entwicklung으로 수정할 것을 제안했다. 그에게 발전이란 정체와 퇴보, 일탈과 우회의 모든 계기를 포함하는 과정이다. 그렇다고 해서 발전이 진보 개념과 아예 무관한 것은 아니다. 오히려 특정한 방향성을 가지고 역사가 진행된다고 한 점에서, 랑케의 발전 개념은 진보 개념의 수정이라고 이해하는 것이 타당하다. 랑케는 유럽의 역사가 더 나은 방향으로 진행되어왔다고 믿었다. 입헌군주제의 출현이나 관료제의 등장, 인문주의의 진작이나 시민계급 출현이 그 대표적인 예다. 다만 그는 우상향 일변도의 길은 어떤 시대, 어떤 민족에게서도 찾을 수 없다고 보았다.

이와 더불어 랑케는 역사발전의 다양한 경로를 인정할 것을 요구했다. 전체의 발전은 결국 다양한 조건과 환경 속에서 각 개인과 집단이 분투한 결과라는 것이다. 이처럼 뛰어난 개인과 집단, 탁월한 민족이나 국가가 없다면, 전체의 발전도 기대할 수 없다. 전체란 수많은 개체의 총체이기 때문에, 여러 수준에 있는 개체들의 창의적 발전을 통해서만 인류의 발전을 기대할 수 있다는 것이다. 이러한 주장은 우리로 하여금 역사의 다성성多聲性polyphonic과 다면성에 주목할 수 있게 해준다.

개인의 삶이 하나의 잣대로 재현할 수 없을 만큼 복잡한 것이라면, 그 개인들이 함께 만들어가는 집단의 생은 더욱더 혼종적이고 다양다기할 수밖에 없을 것이다. 또한 이러한 개인과 집단이 뒤엉켜 만들어가는 역사의 드라마는 진보라는 단일 기준으로 평가하기에는 너무 복잡할 것이다. 이러한 문제의식을 담고 있는 개념이 바로 발전이다.

그렇다고 해서 발전 개념을 언제나 받아들일 수 있는 것은 아니다. 우리가 주의해야 할 발전 개념도 있다. 예를 들어, 한때 우리나라 지식인들이 앞다투어 받아들인 발전경제이론이 그것이다. 여기서처럼 산업화라는 단일 잣대에 비추어 저개발국가, 개발도상국가, 선진국으로 삼분하는 방식은 개발경제학에서는 유용할지 몰라도, 세계사 해석에 적용하기에는 너무 위험한 개념이다. 역사의 진행은 목적지를 향해 정해진 궤도 위를 쏜살같이 달려가는 고속철도와 다르다. 역사는 수많은 우연적 계기에 의해 틀지어진 다양한 발전 경로의 총합에 가깝다. 단순명료한 역사 해석을 요구하는 일반인의 기대에 직업적 역사가들이 부응하지 못하는 가장 큰 이유가 바로 여기에 있다.

20

문명: 집단적 개체들의 파노라마

낭만주의 토양에서 싹튼 발전 개념은 어느 하나에 주목한 나머지 다른 여럿을 시야에서 놓치는 진보 중심의 역사 고찰이 초래하는 폐해에서 벗어날 수 있게 해주었다. 그러나 발전 중심의 고찰도 역사 전개의 다채로움을 포괄하기에는 분명한 한계를 갖고 있다. 랑케를 비롯한 독일 역사가들이 발전 개념을 통해 상대적으로 낙후되었던 중부 유럽의 역사를 유럽사에 편입시키는 데 성공한 것은 사실이다. 그러나 랑케의 후예들은 동유럽을 중유럽보다 후진 지역으로 간주하여 유럽적 보편사에 포함하는 데 관심을 두지 않았다. 이것이 개체를 강조하는 독일 발 역사주의의 문제점이었다.

우리의 시야를 좀 더 확대해보자. 비서구 지역의 입장에서 보면, 랑케의 보편사도 기껏해야 유럽중심의 세계사에 지나지 않았다. 그의 보편사는 실상 그리스-로마의 고전고대 문명과 기독교라는 양대 유산을 공유하는 유럽 국가들의 역사였을 뿐이다. 또한 유럽의 주민 전체가 이 역사의 주인공도 아니었다. 근대 유럽사의 성취는 부르주아를 포함한 지배 엘리트의 성취로 간주되었다. 랑케 자신은 유럽중심주의의 체현자가 아니었으나, 그의 후예들은 노골적으로 유럽중심의 역사 해석을 표방했다. 유럽중심의 역사 해석은 오리엔탈리즘Orientalism과 옥시덴탈리즘Occidentalism으로 이어졌다. 서구의 관점에서 동양을 재단하는 오리엔탈리즘과, 비서구의 관점에서 왜곡된 서양의 이미지 고발에 집착하는 옥시덴탈리즘은 서구중심주의에 편향된 지식의 쌍생아였다.

서구중심의 역사 해석은 선발과 후발, 창조와 모방의 이원론적 구분 위에 서 있다. 이 설명의 틀 속에서 우등생인 서구와 지진아인 비서구 사이에는 엄청난 시간 격차가 존재한다. 후발주자에 대한 평가는 얼마나 빠르고 정확하게 서구를 모방하는지에 달려있다. 하지만 이러한 세계사 해석은 오늘날과 같은 지구화 추세 속에서 비판을 받고 있다. 근대화이론에 기초한 과거의 서구중심 역사 해석이 다양한 근대를 강조하는 오늘날 세계에서 그대로 수용될 수 있는 여지는 크게 축소되었다.

동아시아가 급부상하고 세계 질서가 미국-중국 중심의 G2체제로 개편되면서, 한 세기 가까이 웅크리고 있었던 한국과 중국과 일본의 학자들이 이제는 자기 관점에서 세계사 다시 읽기를 시도하고 있다. 포스트모더니즘의 세례를 받은 어떤 학자들은 세계의 해방을 위해서는 서구-남성-부르주아 중심의 역사 해석 틀에서 탈피해야 한다고 역설한다. 인도나 남미 학자들은 (서유럽과 북아메리카를 뜻하는) 중심과 (비서구 지역을 뜻하는) 주변부 사이의 다차원적 교섭관계에 주목해야 한다고 강조한다.

이러한 지식 세계의 환경 변화에 따라, 동아시아 학자들의 시각도 바뀌고 있다. 이들은 이제 한 세기 전 서세동점의 위기의식 속에서 과학과 자본주의에 열등감 느끼던 선배들과는 다르다. 과거의 패배의식에서 벗어난 이들은 역사 세계의 다면성과 다양성, 다차원성과 다성성을 파악할 수 있게 해주는 시각과 방법을 모색하고 있다.

문화권 중심의 역사 해석

역사 세계의 복합성과 현대 세계의 다중심성을 파악할 수 있게 해주는 대안적 패러다임 가운데 하나가 문화권 중심의 역사 해석이다. 역사의 단일한 방향성과 궤적을 전제하는 진보와 발전 중심의 해석은 물론, 중심과 주변을 나누는 단조로운 시각에서도 벗어나 역사 전개의 양상을 생·성·변·전하는 여러 개의 중심에서 조망할 수 있게 해주기 때문이다. 문명권 중심의 해석은 내외의 도전에 성공적으로 대응하지 못한 문명은 소멸의 운명을 피하지 못했다고 강조한 점에서, 단순한 다축 해석의 경지를 넘어선다. 다중심성만이 아니라 다변성과 역동성까지 주목하기 때문이다.

문화권에 초점을 맞춘 역사 해석은 높은 하늘 위에서 다종·다양·다생의 자연경관을 살펴볼 때와 같은 감동을 준다. 뿐만 아니라 고도를 낮춰 지표면 가까이 접근하는 드론처럼 특정 문명에 가까이 다가갈 경우에는 탄생에서 몰락에 이르는 역사의 드라마를 만끽할 수도 있다. 때로는 문명들 간의 공통점에 놀라고, 때로는 각 문명의 독특성에 경탄할 수도 있다. 어떤 때는 동시성의 비동시성을 발견하고, 어떤 때는 비동시성의 동시성이 눈에 들어오기도 한다. 이런 이유에서 문명권 중심의 고찰은 선후와 고저만 따지는 단선적 논리에서 탈피할 수 있는 유력한 대안이 될 수 있다.

문화권 기반 역사 해석은 모든 문명의 소멸 가능성을 전제하고 있다는 점에서 겸허하다. 슈펭글러Oswald Spengler(1880~1936)의 책 《서구의 종말Untergang des Abendlandes》이 그중 하나다. 이 책은 그 어떤 탁월한 개인도 생로병사의 숙명을 피할 수 없는 것처럼, 찬란했던 유럽 문명도 곧 종언을 맞이할 수 있다고 경고하여 제1차 대전 전후 유럽의 독자들 사이에서 엄청난 반향을 불러일으켰다. 이 책은 유럽인의 집단적 오만에 대한 비판인 동시에 문명 영속성에 대한 맹목적 신념을 흔들어 놓는 경종이었다. 슈펭글러는 역사의 원천을 문화에서 찾았다. 이 문화는 개인과 마찬가지로 탄생·성장·소멸을 겪는 유기체다. 고전고대 그리스와 로마가 그랬던 것처럼, 번영의 시기를 지난 문명은 몰락을 피할 수 없다는 것이 슈펭글러의 요지였다. 그의 비판은 제1차 대전을 겪으며 무기력 상태에 빠진 서구의 정치 지도자들과 지식인들에 대한 묵시론적 예언이었다.

그러나 제1차 대전을 통해 서구는 몰락하지 않았다. 그것이 서구 문명에 내재해 있는 자기 치유의 기제 때문이었는지, 아니면 몰락에 대한 슈펭글러의 진단이 섣부른 예측이거나 잘못된 판단에 기인했는지는 한마디로 말하기 어렵다. 어쨌거나 유럽은 또 한 차례의 세계대전을 겪고 나서도 명맥을 유지했다. 유럽의 역사가들은 양차 대전의 경험을 바탕으로 자기 지역의 역사를 다시 성찰하고, 문명권 중심의 역사 해석 틀을 정교하게 재구성했다. 그 가운데 가장 높은 완성도를 갖춘 책이 영국의 역사가 토인비Arnold Joseph Toynbee(1889~1975)의 《역사의 연구*A Study of History*》다.

27년간 집필한 전체 12권의 역저 《역사의 연구》에서 토인비는 지구에서 명멸했던 인류 문명을 시기에 따라 세 세대로 나누었다. 이 가운데 1세대에 속하는 것이 이집트, 수메르, 미노스, 인더스, 은殷 문명이다. 이 최초의 문명은 전인미답의 상태에서 인류가 개척한 길이요 흔적이기에 더 많은 관심을 끌기에 충분했다. 이 어버이 문명에서 2세대와 3세대 문명들이 비롯되었다. 세 세대에 걸쳐 토인비가 탐색한 문명은 총 26개에 달했다. 이 가운데 완전히 꽃핀 문명을 21개로 정리했다(이후 황하 문명이 추가되어 총수가 22개로 늘어났다).

30년 가까운 탐구를 통해 토인비는 모든 문명이 탄생-성장-쇠퇴-해체-소멸로 이어지는 과정을 겪는다는 사실을 발견했다. 그러나 이 과정은 생물학적 주기로 단순화할 수 없다. 토인비가 강조한 것은 그와 반대다. 그가 우리 독자들에게 보여주고 싶어했던 것은, 멀리서 바라보면 유기체처럼 보이지만, 좀 더 가까이서 살펴보면 법칙적 패턴이 발견되는 문명의 전개과정이었다. 이 과정은 인간 개개인의 생애주기를 연상케 한다. 착상과 탄생에서부터 성장과 정체를 거쳐 노화와 사멸까지 이야기하기 때문에 그렇다. 이러한 유비가 우리의 직관적 이해에 도움 되는 것은 사실이지만, 정작 그가 강조한 것은 집단들 간의 사회적 동학이었다. 이 과정은 얼핏 보면 스펜서의 사회진화론을 연상하게 만든다.

토인비의 출발점은 도전과 응전이라는 두 개의 주축 개념이다. 문명은 이미 탄생 단계에서부터 도전에 대한 성공적 대응의 산물이다. 적절한 응전으로 탄생한 문명은 성장, 쇠락, 사멸로 이어지는 길을 걸어간다. 이 모든 과정에서 토인비가 주목한 것은 개인들의 내적 성장 etherialization이다. 토인비는 과학과 기술의 발전보다 창조적 소수의 내적 성장을 중시했다. 초기 문명으로 갈수록 과학과 기술도 개인적 역량에 의존했다. 사실, 산업혁명 이전의 과학과 기술이 오늘날과 같이 대규모 조직과 엄청난 돈을 필요로 했던 것은 아니다. 국가가 과학기술 발전에 역량을 집중한 것은 제1차 대전 이후의 일이었다.

증기기관의 '발명가'로 일컬어지는 와트가 수공업 기술자에 불과했다는 사실이 이를 확인해준다. 증기기관은 이미 로마제국 시절에도 알려져 있었다. 인류 문명 발전의 척도로 일컬어지는 수레바퀴의 원형이 아즈텍 문명의 어린이 장난감이었다는 점도 가볍게 볼 사안이 아니다. 중요한 것은 경제적 수요 및 사회적 활용과 창의적 개인들의 만남이다. 산업사회 이전에는 창의적 개인들의 상황 판단과 대응이 결정적으로 중요했다. 문제는 결국 사람이었던 것이다. 토인비는 문명의 전개에서 가장 중요한 역할을 수행한 주체를 네 개로 꼽았다.

문명을 전개하는 네 집단

그 가운데 가장 결정적인 것이 창조적 소수다. 창조적 소수란 문명의 탄생과정과 외부로부터의 도전에 대응하는 과정에서 중대한 역할을 담당하는 개인들로 이루어진 소수의 집단을 뜻한다. 이들을 주목해야 하는 이유는, 문제의 해법이 바로 이들에게서 나오기 때문이다. 이들이 내부와 외부의 도전에 맞서 적절한 대응책을 제시하면, 문명권 내부에서 다수를 차지하는 대중, 즉 내부 프롤레타리아가 이를 받아들여 모방한다. 창조적 소수가 리더라면, 내부 프롤레타리아는 팔로워다. 현대사가 시작되기 전 창조적 소수는 서구 문명권의 경우 정치·종교와 군사 지도자들이었다. 이들은 문명을 위해 새로운 사회·정치·경제적 해법을 모색했다. 군대 조직, 병참, 전략 같은 새로운 전쟁 기술을 발전시킨 세력도 바로 이들이었다. 이들은 사회가 요구하는 새로운 제도와 기계 장치도 발명했다. 현대로 올수록 과학기술자들이 창조적 소수의 일원으로서 더 큰 역할을 담당했다.

문명 전개에서 중요한 역할을 담당하는 두 번째 집단은 지배적 소수다. 문명의 몰락은 창조적 소수가 이 지배적 소수로 바뀌면서 시작된다. 소수에 불과한 지배집단이 창조적 소수인 것은, 그들이 외부의 도전에 직면할 때 효과적인 대응 방법을 제시하고, 적절한 예시를 통해 내부 프롤레타리아들이 이 해법을 이해하고 동의하게 만드는 역량을 지녔기 때문이다. 이로써 통치자와 민중이 동의를 통해 하나가 된다. 그러나 동의에 의한 지배가 사라지고, 지배집단이 관습, 강요, 협박에 의존할 때, 그 지배집단은 창조적 소수이기를 그친다. 이러한 현상은 특히 패전 후에 나타난다. 전쟁에서 패배한 뒤에도 지배적 소수가 자기 지위를 지키기 위해 내부 프롤레타리아에게 강요를 일삼을 때, 문명 내부의 일체성이 파괴되고 문명은 몰락의 길에 들어선다.

우리가 주목해야 할 세 번째 집단이 내부 프롤레타리아다. 노동자, 군인, 중간계급, 상인까지 포함하는 이 집단은 지배집단을 추종하는 모든 무리를 지칭한다. 이들은 무언가를 선제적으로 만들어가기보다는 창조적 소수의 제안에 동의하고, 이 소수가 제시한 해법을 모방하며, 충실하게 따르는 집단이다. 그러나 지배 엘리트가 제 역할을 하지 못할 때, 내부 프롤레타리아는 이제까지의 동의와 지지를 거두어들인다. 그리하여 이들이 이미 창의성을 잃고 지배적 소수로 전락한 엘리트 집단에 반발하는 순간부터 문명에 균열이 생기기 시작한다. 여기에 외부 프롤레타리아트의 도전까지 가세할 때, 문명은 본격적인 위협에 처하게 된다. 이 상황을 극복할 수 있는 방법은 하나밖에 없다. 고등종교를 발전시키는 경우에만, 리더십의 공백이 부분적으로 메워질 수 있다.

마지막 주요 세력은 외부 프롤레타리아다. 토인비는 특정 문명 주변에 머물면서 그 속으로 침투하고자 시도하는 사람들을 외부 프롤레타리아 범주에 포함시켰다. 흔히 역사 속에서 야만족으로 일컬어지는 집단이 여기에 해당한다. 이들은 문명의 주변부나 경계 지역에서 발원하여 처음에는 문명의 구성원들과 싸우다가, 점차 그 문명의 용병이나 노동자로 편입된다. 때로는 문명 주변부에 머물면서 문명세력과 동맹을 맺기도 한다. 하지만 이들이 문명의 중심부에 진출하여 지도세력이 되는 경우는 드물다. 대부분의 경우 문명의 약점까지 속속들이 아는 이들에게 문명이 정복되거나 멸망한다. 이 과정을 전형적으로 보여준 것이 고전 그리스 문명과 로마제국의 몰락이다.

창조적 소수의 역할

문명의 성장은 안팎의 도전에 성공적으로 대응할 수 있는지 여부에 달려 있다. 그 열쇠를 쥔 집단이 바로 창조적 소수다. 창조적 소수는 대응 방식과 제도를 새로 만들어내거나 대폭 수정함으로써 온갖 종류의 도전에 성공적으로 응전할 수 있게 해준다. 그 대표적 사례를 토인비는 그리스 문명이 인구 급증에 대처하는 방식에서 보았다. 다른 지역과 마찬가지로 그리스도 처음에는 가족 수를 제한하거나 신생아를 살해했다. 얼마 지나지 않아서 사람들은 수공업을 발전시키고, 해양무역을 통해 식민지 개척의 길을 열었다. 이를 통해 잉여인구를 식민지로 이주시킴으로써 폭발 직전의 인구 압력에서 벗어날 수 있었다. 이 성공적인 대응 후에 아테네의 황금기가 찾아왔다. 대규모 관개사업을 통해 나일강 유역의 홍수 통제에 성공한 이집트 문명도 좋은 사례다.

창조적 소수의 대응이 실패하고 나면, 그들에 대한 내부 프롤레타리아의 태도도 바뀌었다. 자발적 동의와 지지가 사라졌고, 모방과 추종도 끝났다. 이즈음에 창조적 소수는 지배적 소수로 바뀐다. 지배적 소수는 권력과 질서 유지를 위해 강제와 폭력도 불사하기 때문에, 내적 통합도 와해 수순을 밟게 된다.

바로 이때부터 문명이 해체되기 시작한다. 하지만 토인비는 해체가 불가피한 길은 아니라고 밝혔다. 전쟁과 소요 같은 고난의 시간이 닥쳐도, 해법의 모색은 가능하다. 가장 뚜렷한 사례가 고대 이집트다. 이집트는 피라미드 건립 후부터 4세기에 걸친 시련의 시간을 겪었다. 모든 책임은 지도자 집단의 정점인 파라오에게 있었다. 이집트는 강력한 중앙집권국가를 수립함으로써 난관을 돌파하고자 했다. 고난의 시간을 거치면서 문명 해체를 막기 위해 강력한 국가가 출현하는 것은 일반적이었다. 그러나 그것은 근본적 해법이 될 수 없었다. 제국은 문명의 몰락을 지연시킬 뿐, 막을 수 없기 때문이다. 그렇게 몰락한 문명의 거름더미 위에서 새로운 문명이 싹튼다.

창조적 응전과 내적 통합에 대한 토인비의 통찰은 사실 다양한 문명에서 발견되는 공통적 지혜의 산물이었다. 이미 고대의 스파르타인은 "우리 장병이 곧 우리 성벽"이라는 신념을 공유했다. "백성이 곧 성벽이고 성채"라는 일본의 격언도 이 오래된 진리를 우리에게 환기시켜준다. 구성원이 내적으로 통합되어 있는 문명은 그 어떤 야만족도 두려워하지 않는 법이다.

문명을 중심에 둔 토인비의 역사 해석은 일체의 결정론을 배격한다. 주어진 구조적 조건과 상황 속에서 대응하는 방식에 따라 생사가 갈린다는 토인비의 역사 독법은 우리에게 선택의 중요성을 알려준다. 창조적 대응을 중시한 점에서 토인비는 인간의 자유의지를 절대적으로 신뢰했다. 엘리트 집단에 대해서는 n분의 1이 아닌 가중 책임을 물었다. 이 점에서 볼 때, 토인비의 《역사의 연구》가 정치가들과 기업인들에게 애독서로 꼽히는 것은 이상한 일이 아니다.

한 세대 전에 출판된 헌팅턴Samuel Huntington의 베스트셀러 《문명의 충돌》도 토인비에게 큰 빚을 지고 있다. 헌팅턴은 토인비의 지적 유산 위에서 냉전 이후의 현대 세계를 7개 내지 8개의 문화권으로 나누었다. 그에 따르면, 대부분의 문화권에서 가장 중요한 역할을 하는 것이 종교다. 이러한 종교적 동질성에서 비롯된 집단 정체성 때문에 문화권

사이에는 건너기 어려운 심연이 존재한다. 이 간극을 헌팅턴은 단층선이라는 지질학 용어로 설명했다.

《문명의 충돌》은 학술적 성격의 문명사 해석서가 아니다. 그가 이 책을 쓴 이유는 1990년 현실 사회주의 붕괴 이후 혼돈에 빠진 미국의 대외정책과 국내정책에 적절한 지침을 제공하기 위해서였다. 헌팅턴의 주장은 이렇게 요약할 수 있다. 무역수지 적자와 예산 적자라는 쌍둥이 적자에 시달리는 미국은 더이상 '세계의 경찰' 역할을 수행할 수 없다. 문화권의 성쇠와 제국의 흥망을 통해 역사에서 얻을 수 있는 교훈은 쇠락에 접어든 미국이 보편국가로서 역할을 포기하는 것이다. 미국은 감당 불가능한 천문학적 군사비를 삭감하고, 대안으로서 문화적 정체성을 공유하는 유럽과 긴밀하게 협력하여 군사와 외교에서 헤게모니를 연장해야 한다는 것이다. 헌팅턴은 미국의 핵심 이익이 걸려있지 않은 사안에 대해서는 각 문화권에서 중심을 차지하는 국가의 영향력을 인정해야 한다고 강조했다. 가능하면 지역 분쟁 개입을 회피하라는 것이다. 헌팅턴의 제안은 여기서 끝나지 않았다. 미국이 이민 쿼터를 줄이는 것은 물론 다문화주의적 교육정책도 포기할 것까지 요구했다. 이 모든 것은 문화적 동질성 강화로 귀결된다.

헌팅턴의 문명권 중심 역사 해석에서 주목할 특징은 무엇일까? 아마도 문명권이론이 꼭 문화 다원주의적 입장으로 이어지지 않는다는 점일 것이다. 헌팅턴은 다양한 인종과 문화를 인정하기보다 기독교-백인 중심의 동질적 문화를 옹호했다. 또한 헌팅턴의 문명 해석에는 지역 간 대립과 갈등을 합리화하고 격화시킬 수 있는 소지도 다분히 담겨 있다.

이와 다르게, 토인비는 궤도를 도는 우주선에서 지구를 내려다보는 것처럼 색채를 달리하는 여러 문명을 조감적 방식으로 탐구했다. 그는 가치판단을 절제하면서 각 문명의 고유성과 공통점을 찾아내고자 애썼다. 이처럼, 낯선 것에 대한 호기심, 타자에 대한 존중, 고유한 가치에 대한 인정이야말로 문화권에 초점을 둔 역사 해석의 장점일 것이다. 이것이 바로 오늘날과 같은 지구화 시대에 토인비의 문화권이론에 대한 관심이 다시 일어나는 이유라고 하겠다.

참고문헌

김헌, 《김헌의 그리스·로마 신화》(을유문화사 2022).

드로이젠, 요한 구스타프, 이상신 옮김, 《역사학》(나남출판 2010).

랑케, 레오폴트 폰, 이상신 옮김, 《강대세력들·정치대담·자서전》(신서원 2014).

랑케, 레오폴트 폰, 이상신 옮김, 《근세사의 여러 시기들에 관하여》(신서원 2011).

루소, 장 자크, 김중현 옮김, 《학문과 예술에 대하여 외》(한길사 2007).

루소, 장 자크, 최석기 옮김, 《인간불평등기원론·사회계약론》(동서문화사 2016).

불빈치, 토마스, 김경희 옮김, 《그리스 로마 신화》(브라운힐 2019).

슈펭글러, 오스발트, 박광순 옮김, 《서구의 몰락》 1·2·3(범우사 1995).

이거스, 게오르그 G., 최호근 옮김, 《독일 역사주의》(박문각 1992).

콩도르세, 마르퀴 드, 장세룡 옮김, 《인간 정신의 진보에 관한 역사적 개요》(책세상 2002).

콩트, 오귀스트, 김점석 옮김, 《실증주의 서설》(한길사 2001).

토인비, 아놀드 조셉, 원창화 옮김, 《역사의 연구》 I·II(홍신문화사 2007).

헌팅턴, 새뮤얼, 이희재 옮김, 《문명의 충돌—세계질서 재편의 핵심 변수는 무엇인가》
　(김영사 2016).

헤시오도스, 천병희 옮김, 《신들의 계보》(도서출판 숲 2009).

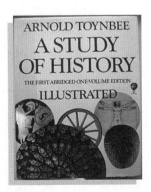

6

역사를 어떻게 볼 것인가
: 세 개의 역사관

사람들은 누구나 자신이 선 곳에서 자기 눈으로 세상을 본다. 그것이 주관主觀이다. 이와 마찬가지로 역사가도 자기 입장과 시각에 따라 역사를 바라본다. 그렇지만 우리는 과거를 조망하는 모든 방식을 역사관이라고 부르지 않는다. 단순한 자기중심적 역사 해석이나 주관적 역사 해석의 수준을 넘어 하나의 역사관으로 인정받기 위해서는 긴 호흡과 넓은 시야에서 역사를 조망할 수 있어야 한다. 그러므로 역사관은 인류 역사 전체를 통일적으로 관찰할 수 있게 해주는 사고체계를 뜻한다. 역사관이란 모든 사건, 시대, 민족과 문화권의 역사를 체계 속에서 일관성 있게 해석할 수 있게 해주는 패러다임을 뜻한다.

과거를 조망하는 어떤 시각이 역사관이 되기 위해서는 인류 역사의 시원과 목표, 역사의 전개 양식과 동력까지 명료하게 표현할 수 있어야 한다. 이러한 해석의 틀에 기초하여 역사가는 개인의 주관과 집단의 선입견을 넘어 보편사적인 전망을 제시할 수 있다. 이 책에서는 이제까지 이러한 조건을 충족해온 역사관 가운데 세 개의 사례를 소개할 것이다.

아우구스티누스가 대표하는 신학적 역사관은 성서의 해석에 입각해서 인간의 역사를 창조주인 하나님이 섭리해가는 구원의 과정으로 설명한다. 이에 반해, 헤겔이 전형을 제공한 관념론적 역사 해석은 인류의 역사를 자유에 대한 인간의 의지와 염원이 실현되어온 과정으로 파악한다. 마르크스에 의해 정립된 유물론적 역사 해석은 인간의 본질을 노동하는 존재로 규정하고, 생산력과 생산관계에 주목하면서 사회구성체의 교체를 통해 인간사의 전개과정을 일관되게 설명한다.

21

구원론: 역사란 신의 섭리가 실현되는 과정

기원후 410년 8월 24일, 로마제국의 수도가 '야만족'의 침공을 받고 함락되었다. 이후 3일간 약탈의 물결이 로마를 휩쓸었다. 로마인들은 큰 충격을 받았다. 영원하리라고 믿었던 제국의 수도가 처음으로, 그것도 한때 로마군 관리 하에 있던 한갓 용병들에게 무너졌기 때문이다. 도시가 만들어진 후 800년 동안 이런 일은 없었다. 그렇기에 서고트족의 수장 알라릭Alaric의 침공이 초래한 파장은 더 컸다.

이제 로마인들은 한 번도 생각해보지 못한 현실에 직면했다. 도시를 둘러싸고 있는 두텁고 견고한 성곽도, 그 위에 열 지어 선 군대도, 그 배후에 있는 하나님도 로마의 평화를 영원히 지켜줄 수 없다는 사실을 말이다. 제국은 이미 팽창을 멈췄고, 무용을 자랑하던 로마의 군대도 적들에게 등을 보이기 시작한 지 이미 오래였다. 하지만 로마인들은 자

역사 문해력 수업

신의 무력함을 인정하기보다는, 이미 국교로 받아들인 이방 종교의 신인 하나님의 무능을 탓했다.

로마인들의 탄식은 그러나 절반이 오해였다. 나머지 절반은 부적절한 변명이었다. 약탈의 주인공 알라릭은 출신만 이방인이었을 뿐, 엄연한 기독교인이었다. 게다가 로마군의 일원으로서 로마식 훈련을 받은 지휘관이었다. 그의 요구는 그동안 정규군의 선봉에서 희생양 역할을 담당해온 대가로 로마가 약속했던 시민권을 달라는 것뿐이었다. 황제는 오히려 로마군 휘하에 있던 또 다른 고트족에 대한 학살로 대응했다. 격분한 알라릭은 수도로 향하는 13개의 성문을 외부에서 봉쇄했다. 황제는 강화조약을 제시했으나 그 약속을 다시 어겼다. 그때 싸움을 원치 않는 누군가가 성문을 열어주었다. 고트족 군대는 성안으로 쇄도해 들어가서 부유층의 집을 약탈하고 이교도 사원에 불을 질렀다. 그렇지만 성 베드로 교회와 성 바울 교회에는 손끝 하나 대지 않았다.

기독교를 믿지 않는 로마인들은 이 충격적인 사건의 원인을 제국의 기독교화에서 찾았다. 존재하지도 않는 이방의 신을 받아들인 결과라는 주장이었다. 기독교도들은 어떻게든 이 도전에 대응해야 했다. 다양한 응전 가운데 하나가 아우구스티누스의 저작 《하나님의 나라》였다. 이렇게 탄생한 《하나님의 나라》는 이후 천 년이 훨씬 넘도록 기독교인들에게 인류사를 해석하는 유일한 '정답'이 되었다.

역사는 의미로 이어지는 시간

아우구스티누스는 역사가 끝없는 반복이 아니라 시작과 끝이 있는 유한한 과정이라고 생각했다. 그 과정은 하나의 의미로 이어지는 시간이라고 믿었다. 역사의 과정에서 모든 의미를 결정하는 것은 창조주이자 심판자인 하나님이었다. 세상을 창조한 하나님은 역사의 커튼 뒤에서 창조의 목적에 맞게 인간의 역사를 이끌어가는 섭리의 주인이기도 했다. 인간 창조의 목적이 하나님을 경외하고 찬송하는 데 있다면, 인간이 이러한 목적에 충실한 삶을 살았는지 여부를 확인하는 심판의 순간이 반드시 있어야 했다. 그렇기에 인간의 역사를 섭리하는 하나님은 심판의 주였다. 심판의 잣대는 오직 하나였다. 하나님의 뜻에 합당하게 산 사람은 영원한 생명을 얻고, 그렇지 못한 사람은 영원한 형벌을 받게 된다는 것이다.

심판에는 두 종류가 있다. 개개인이 죽어서 세상을 떠날 때 맞이하는 심판이 그 첫째다. 두 번째 심판에는 죽음이 필요 없다. 인간 역사의 마지막 순간에 온 인류가 함께 살아서 경험할 것이기 때문이다. 이것이 바로 역사적 심판이다. 신학자들은 앞의 것을 어떤 개인이든 겪어야 할 운명이라는 점에서 실존적 종말로 부른다. 이와 구별하여 후자는 역사적 종말로 일컫는다.

창조에서 시작해서 심판으로 치닫는 과정은 엄청난 우여곡절을 포함한다. 그럼에도 개념적으로 보면, 이 과정은 직선적이다. 정해진 목적을 향해 달려가는 과정이기 때문이다. 이 직선적 시간의 전개과정은 그 끝에서 영원한 하나님 나라로 이어진다. 그러나 이 나라는 지상의 나라

역사 문해력 수업

의 단순한 연속이 아니다. 오히려 인류의 역사와 완전히 구별되는 새로운 출발을 위한 시작점일 뿐이다. 고대 그리스인과 로마인은 이 지상의 역사 외의 것을 생각해본 적이 없었다. 그들은 역사를 금-은-동-철의 시대 주기에 따라 반복되는 순환과정이라고 믿었다. 그들에게 역사란 어떤 목적이 실현되어가는 과정이 아니었다. 이와 달리 기독교인은 역사를 목적의 실현과정으로 이해했다. 그 목적은 곧 인간의 구원이었다. 이 사유체계를 가장 잘 대변한 인물이 아우구스티누스였다.

아우구스티누스의 《하나님의 나라》는 이 세상에 두 부류의 사람들이 살고 있다는 전제에서 출발한다. 그 첫째가 하나님 나라civitas dei에 속한 사람들이라면, 둘째는 지상 나라civitas terrena에 속한 사람들이다. 그리하여 인류 역사는 이 두 나라에 속한 백성들 간의 대립과 투쟁의 과정이 된다. 아우구스티누스의 비유에 따르면, 하나님 나라의 백성은 아벨의 후손이고, 지상 나라의 백성은 카인의 후손이다.

아벨은 누구고, 카인은 누구일까? 천지창조의 결정체인 최초의 인간, 즉 아담의 작은아들과 큰아들이다. 아벨은 하나님이 지시한 방식에 따라 정성을 다해 제사를 지냈다. 그래서 칭찬받았다. 그에 반해 자기 방식대로 제사를 지낸 장자 카인은 하나님의 인정을 받지 못했다. 이에 격분한 카인은 화를 참지 못하고 동생 아벨을 돌로 쳐 죽였다. 인류 최초의 살인자가 된 것이다. 아우구스티누스는 바로 이 점에 주목했다. 세상을 살아가면서 준수해야 할 가장 중요한 원칙은 하나님이 명한 바를, 하나님이 지시한 방식에 따라 수행해야 한다는 것이다.

아벨의 후손과 카인의 후손은 지향하는 가치에 따라 구별된다. 인생의 매 순간 우리는 찰나의 이 세상과 영원한 저 나라 가운데 하나를 선택하도록 요구받는다. 명예와 권세와 돈이 이 세상의 가치라면, 저세상의 가치는 영원한 생명이다. 근시안적 선택과 영원을 위한 선택 가운데 어느 하나를 취해야 하기에, 우리 인생은 늘 긴장의 연속일 수밖에 없다. 저 멀리 피안의 세계를 도모하는 이에게 지상에서 살아가는 삶은 순례자의 여정일 뿐이다. 이 천로역정의 끝에 영원한 생명이 있다. 그 영원한 생명의 동산에 들어가면 그동안 살아온 이력에 따라 면류관이 주어진다. 그래서 아우구스티누스의 대선배였던 사도 바울은 인생을 육상 경기에 비유했다. 그는 로마 시내의 육상 경기장 방문 경험을 떠올리며, 자신의 서신 가운데 하나인 〈빌립보서〉에서, 목표를 향해 달려가는 선수가 어찌 다른 곳을 바라볼 수 있겠냐고 물었다.

아우구스티누스는 역사란 단 하나의 의미가 추구되고 실현되는 과정이라고 말했다. 역사의 의미에 부합되는 삶을 살면 그 인생은 성공한 것이요, 그렇지 못한 인생은 실패한 것이다. 아우구스티누스가 알려주는 역사의 의미란 단 하나, 생명의 구원뿐이다. 역사의 전개과정에서 문득문득 나타나는 하나님의 족적은 너무도 어렴풋해서 그 의미를 단언하기 어렵다. 그러나 광활한 사막에서 실종된 사람이 모래 더미 위에 희미하게 남아 있는 대상隊商들의 발자국을 통해 살길을 찾을 수 있는 것처럼, 하나님의 족적을 찾아가다 보면 인류 구원을 위한 섭리의 길을 예감할 수 있게 된다.

역사 진행의 담지자인 교회와 국가

인류의 역사에서 아우구스티누스가 각별하게 주목했던 기관은 교회와 국가다. 구원을 향하는 하나님의 섭리가 이 두 개의 기관을 통해 표현되기 때문이다. 기독교권에서 교회와 국가는 역사를 이끌어가는 쌍둥이 힘이었다. 1,400년 후에 등장하게 될 독일의 철학자 헤겔도 이 두 기관을 역사 진행의 담지자로 여겼다. 그러나 두 사람의 강조점은 달랐다. 종교의 시대를 살았던 아우구스티누스가 교회의 역할을 더 중시한 데 반해, 세속화된 시대를 살았던 헤겔은 국가의 힘을 더 강조했다. 좀 더 자세히 보자면, 헤겔이 루터교를 주축으로 삼는 국가교회에 주목했던 데 반해, 아우구스티누스는 하나님의 뜻을 구현해가는 교회국가를 역사의 구심점으로 간주했던 것이다. 아우구스티누스에게 교회는 장차 실현될 하나님 나라의 예표였다. 그 전통을 이어받아 기독교인들은 교회를 '주님의 몸'이라고 부른다. 이 교회는 어떤 유형의 조직체를 의미하기보다는, 그리스도의 가치관을 따르는 이들의 네트워크를 뜻한다. 그러므로 교회는 시공간의 구애를 받지 않는 신념의 공동체였다.

아우구스티누스의 사상 속에서 교회가 목적의 반영인 데 반해, 국가는 도구적 성격을 지녔다. 그렇다면 로마제국의 몰락에 관해 아우구스티누스가 제시했던 메시지도 명백하다. 섭리의 관점에서 보면, 로마제국은 하찮은 존재에 지나지 않는다. 그 옛날 아시리아와 바벨론제국이 역사의 주재자인 하나님의 뜻을 실현해가기 위해 필요한 도구였다면, 자기 시대의 로마제국도 그 이상이 될 수 없다는 것이다. 물론, 가톨릭을 국교로 받아들인 점에서 로마제국의 성격은 그 이전의 제국들과 성격이 다소 달랐다고 할 수 있다. 그러나 로마제국이 영원할 것이라는 사람들의 기대는 주재자의 섭리와는 무관하다는 것이 아우구스티누스의 생각이었다. 그러므로 알라릭에 의한 로마 멸망은 하나님의 실재를 부정하는 근거가 될 수 없고, 하나님의 무능을 탓하는 이유도 될 수 없었다. 오히려 알라릭의 침공에서 얻을 수 있는 역사의 교훈은 로마제국의 세속적 성격과 로마 시민들의 경건성 결핍을 좌시하지 말아야 한다는 경각심이 된다. 이것이 아우구스티누스의 변신론辯神論이었다.

역사과정의 의미를 하나님의 섭리에서 찾았다는 점에서, 역사를 해석하는 아우구스티누스의 눈은 역사신학적 역사관의 전형으로 불린다. 역사신학은 지상에서 겪는 인간의 고통을 이유로 하나님의 존재나 공의에 의문을 제기하는 것을 허용치 않는다. 20세기 역사의 비극인 홀로코스트를 생각해보자. 신실한 랍비들은 아우슈비츠-비르케나우 수용소의 가스실에 들어서는 순간에도 야훼의 자비와 은총을 믿어 의심치 않았다. 그래서 주변에 있던 유대인들에게 하나님의 기적적인 개입을 기다려보자고 설득했다. 그러나 하나님은 끝까지 침묵했다. 아우슈비츠의 가스실은 고장 나지 않았다. 그렇게 나치에 의한 죽음의 제사가 반복되었어도, 하나님은 역사에 개입하지 않았다.

유대인들은 이 홀로코스트 경험의 충격을 기원후 70년 로마의 장군 티투스가 예루살렘에 있던 야훼의 성전을 훼파했던 사건보다 훨씬 더 충격적으로 받아들였다. 그 결과 '홀로코스트 신학'이라는 새로운 장르까지 만들어졌다. 이 충격을 극복하고자 애썼던 수많은 시도 가운데 하나가 유대인 출신의 신학자 마르틴 부버Martin Buber의 《신의 일식日蝕》이었다. 하나님이 없는 것이 아니라 잠시 가려져 있을 뿐이라는 것,

그가 자신을 나타내지 않는 것은 그의 무능 탓이 아니라 우리가 그를 인격신으로 정당하게 대하지 않았기 때문이라는 것이다. 아우구스티누스와 부버는 각자가 목격한 충격에서 비롯된 시대의 항의에 맞서, 각자의 방식으로 역사를 주재하는 하나님의 공의를 변호했다.

아우구스티누스의 역사관은 철저하게 이원적으로 구성되어 있다. 선과 악, 하나님 나라와 지상의 나라, 아벨과 카인, 낮과 밤, 의와 죄, 상과 벌, 구원과 심판 사이의 긴장이 그것이다. 인간은 이 두 개의 세계 사이에 살면서, 매 순간 둘 중 하나를 선택하고 그 결과에 대해 책임져야 한다. 그러나 그 선택이 결코 어려운 것만은 아니다. 인간은 세상에 내던져진 외로운 존재가 아니라, 언제나 섭리자의 은혜와 은총 가운데 살고 있기 때문이다. 생애 처음 타보는 두발자전거 안장 위에 앉아 서툴게 걸음을 내젓는 어린아이의 뒤를 노심초사하며 쫓아가는 보호자가 있는 것처럼, 힘겨운 선택을 이어가는 인간의 배후에는 모든 힘의 근원인 하나님이 있기 때문이다. 예수의 탄생은 그의 섭리를 가장 잘 보여주는 사건이다. 그것은 다름 아닌 사랑의 개입이다. 무궁한 하나님이 구원을 위해 인간의 몸을 입은 성육聖肉 사건이야말로 섭리의 궁극을 단적으로 보여준다. 이것이 역사를 대하는 아우구스티누스의 태도다.

창조에서 시작된 섭리는 심판으로 완성된다. 기독교의 역사신학은 역사의 끝을 대망하는 종말론이다. 심판 이후에 도래하는 하나님의 나라, 곧 새 예루살렘성으로 비유되는 하나님의 나라는 전쟁과 가난과 슬픔과 죽음으로 점철된 인간의 역사가 완전히 지양된 모습이다. 고통으로 가득한 인간 역사의 끝이 천국인 것이다. 이렇게 아우구스티누스의 역사신학적 역사관은 철두철미하게 목적론적이다. 이런 이유에서 아우구스티누스는 철저하게 목적이 이끄는 삶을 살아갈 것을 요구했다. 이것이 그가 역사를 공부했던 궁극적 이유다.

역사 문해력 수업

22
관념론: 세계사는 자유를 의식하는 과정

1806년 10월 고풍 가득한 독일의 도시 예나 외곽에서 큰 전투가 벌어졌다. 이 전투에서 프로이센 군대를 완파한 프랑스 군대가 시내에 입성하자 훗날 독일 관념론 철학을 대표하게 될 청년 헤겔은 선두에 들어오는 정복자 나폴레옹 보나파르트를 보고 자리에서 벌떡 일어섰다. 그 순간의 감동을 헤겔은 친구에게 쓴 편지에서 이렇게 밝혔다.

나는…… 말을 타고 시내를 가로지르는 세계정신Weltgeist을 보았다.

당시 헤겔은 예나대학의 강사였다. 나폴레옹이 침공해올 당시에 독일이란 나라는 존재하지 않았다. 헤겔은 자기 시대의 피 끓는 청년들처럼 통일 독일의 탄생을 염원하고 있었다. 그런데 그 청년은 자국 군대를 패퇴시킨 적장을 '말 위의 세계정신'으로 표현했다. 그의 속내는 도대체 어떤 것이었을까?

나폴레옹을 숭배하는 마음을 품은 건 헤겔만이 아니었다. 당시만 해도 후진국이었던 독일 지역의 수많은 지식인은 선진국인 프랑스를 선망했고, 프랑스대혁명에 환호했다. 토지 귀족Junker의 지배와 관헌국가의 감시체제 아래서 숨 막혔던 그들에게 프랑스의 삼색기와 자유·평등·형제애로 대표되는 대혁명의 기치는 중유럽의 암울한 현실을 돌파할 수 있는 희망 그 자체였다.

독일 지역의 영방국가 중 하나인 프로이센을 대표한 귀족 청년 훔볼트Wilhelm von Humboldt가 그랬고, 독일 관념론 철학을 대표하는 쾨니히스베르크의 철학자 칸트Immanuel Kant가 그랬다. 하루 한 끼 정오의 식사와 규칙적인 마을 산책으로 유명했던 칸트가 전 생애에서 오후 산책을 유일하게 거른 때가 프랑스대혁명 발발 소식을 전해 들은 날이라고 하지 않던가? 프로이센을 비롯한 독일 영방국가들의 열혈 청년들에게 프랑스는 자기 조국의 미래였다. 또 혁명 프랑스가 걸어온 역사는 자신들이 앞으로 걸어가야 할 미래의 로드맵이었다.

오늘날의 잣대로 보면, 적장을 반기던 헤겔은 민족 반역자였다. 그러나 그때는 오늘날과 같은 민족주의가 없었다. 조국에 대한 무조건적 충성을 지고지선으로 삼는 민족국가도 세상에 존재하지 않을 때였다. 헤겔이 아직 청년이었던 그때는 유럽의 많은 지식인이 국적과 관계없이 보편적 가치를 존중하고, 이상을 꿈꾸던 시대였다. 척박한 현실 속에서 이상을 염원하는 19세기 초반의 중유럽 시민들에게 조국은 무의미했다. 이처럼 더 나은 세상의 도래를 한없이 꿈꾸던 그들을 우리는 관념론자라고 부른다. 헤겔은 이 관념론을 대표하는 인물이었다.

관념론자들이 선호하는 용어들이 몇 개 있다. 정신과 이성, 이념과 관념이 바로 그것이다. 헤겔에게 역사란 시간의 전개 속에서 정신이 스스로를 의식해가는 과정이다. 시간의 매 순간 속에서 정신은 자신을 의식하기 위해 외화外化Äußerung를 도모한다. 자기 생각을 바깥으로 표현한다는 말이다. 이렇게 자기의식을 표현하는 과정을 헤겔은 소외 Entfremdung라고 불렀다. 소외는 자기의식을 표출하기는 했으나, 그 결과에 만족하지 못한 상태를 일컫는다. 불만족 상태의 정신은 자기 자신을 좀 더 잘 의식하기 위해 숙고의 과정을 거쳐 자기를 다시 표현한다. 그럼에도 자기 자신과 이미 표현된 자기 모습 사이에는 여전히 간극이 존재한다. 이 때문에 정신은 온전한 자기의식에 도달하기 위해 스스로를 끝없이 객관화한다. 주관과 객관 사이의 모순을 지양하기 위해 인간은 이처럼 끝없이 분투해야 한다. 이것이 바로 헤겔이 말하는 정신의 변증법이다.

헤겔에 따르면, 역사는 이념과 물질의 상호작용 속에서 전개된다. 이 둘 가운데 더 중요한 것은 이념이다. 왜냐하면 이념이 본질이고, 물질은 가상假像에 지나지 않기 때문이다. 한 가지 예를 들어보자. 오늘날 우리 삶의 일부가 된 스마트폰은 한 세대 전만 해도 존재하지 않는 물건이었다. 1990년대 초에 고가의 286PC는 두꺼운 책 몇 권만 타이핑하면 과부하 때문에 작동을 멈췄다. 그로부터 한 세대 전에는 개인용 컴퓨터란 것이 아예 없었다. 지금은 널리 보급되어 있는 것들이 예전에는 없었고, 이와 반대로 예전에 쉽게 볼 수 있던 것들이 지금은 자취를 감췄다. 그동안 무슨 일이 있었던 것일까? 세상이 변했고, 수요가 바뀌었으며, 기술혁신이 일어났다. 이 모든 혁신을 가능케 한 것은 무엇일까? 바로 인간의 정신이다. 없던 것을 있게 하는 것이 정신이다. 관념론에서 중시하는 것이 바로 이 점이다. 관념론자들의 모든 논의는 인간정신의 역할을 강조하는 데서 출발한다.

정신의 능력에 힘입어 인간의 역사는 부단히 발전해왔다. 고대 이집트인들의 미적 감각이 피라미드 벽화에 무표정한 사람들을 새겨넣었다면, 그로부터 수천 년 후에 레오나르도 다 빈치가 그린 그림은 달랐다. 밀라노의 산타마리아 델레 그라치에 교회에 남아있는 그의 걸작 〈최후의 만찬〉은 원근법이 극명하게 표현된 명화로 평가받는다. 고대 이집트에서 이탈리아 르네상스에 이르는 사이에 어떤 일이 벌어진 것일까? 그동안에 사람들은 생각에 생각을 거듭했다. 한 거장의 작업을 어깨 너머로 지켜보던 제자가 스승을 뛰어넘는 양식과 기법을 개발했고, 그런 일들이 계속해서 일어났다. 생각의 진화가 세상의 진보를 가져온 것이다. 그러니 정신이 일차적이요, 물질과 제도는 이차적이라는 관념론자들의 말도 일리가 있다. 그림과 학술과 법과 제도와 건축은 앞 세대가 남긴 이념의 결정체요, 후세대의 이념이 전개되기 위해 꼭 필요한 플랫폼이다.

역사를 만들어가는 힘은 정신

관념론의 입장에서 보면, 역사를 만들어가는 힘은 정신에 있다. 인간의 정신에서 핵심을 차지하는 소질은 자유에 대한 염원이다. 정신은 자유를 갈구한다. 헤겔은 우리 인간이 두 개의 세계에 동시에 속해 있다고 말했다. 그 하나가 자연의 세계라면, 다른 하나는 역사 세계이다. 자연의 세계는 인과율이 지배한다. 그래서 자연과학은 원인과 결과의 틀 속에서 세상의 작동원리를 규명하고자 한다. 자연을 움직이는 법칙은 규칙적이며 반복적이다. 그렇기에 우리는 한겨울에 봄 농사를 준비하고, 뜨거운 여름에는 가을의 추수를 생각하며 무더위를 견딜 수 있다.

그러나 역사 세계가 작동하는 패턴은 자연과 다르다. 역사 세계를 지배하는 궁극적 힘은 자유다. 예를 들어보자. 자연의 일부로서 인간은 물 없이는 며칠도 살 수 없다. 식량 없는 생존이 가능할 수 없는 것처럼, 물이 결핍된 삶도 불가능하다. 그러므로 정상적인 경우라면, 물이 부족한 곳에서 인간들은 생존의 다툼을 벌이게 마련이다. 그게 자연의 법칙이다. 그러나 이 법칙이 작동하지 않은 경우도 있다. 베트남전쟁이 한창일 때 미군 병사 세 명이 낙오했고, 그중 한 명은 부상까지 입었다. 이들에게 남아있는 물은 수통의 3분의 2밖에 없었다. 하지만 일 주일 후 미군 수색대가 발견했을 때, 이들은 모두 살아남았다. 수통의 물도 아직 바닥나지 않은 상태였다. 왜 그랬을까? 두 명의 병사는 부상한 동료를 위해 마시는 시늉만 했고, 부상병도 동료들을 생각하며 최소한의 물만 마셨기 때문이다. 낙오병들 사이에는 끈끈한 전우애가 있었다. 이 전우애가 모두를 살렸다. 이 세 병사는 자기 생명의 유지라는 자연의 이기적 법칙을 위반했다. 개체의 연속성이라는 관점에서 보면, 양보는 어리석은 행위였다. 그러나 그 셋은 모두 자기의지에 따라 어리석은 선택을 거듭했다. 그들의 행위를 결정한 것은 자유의지였다.

자유는 정신의 본질이지만, 처음부터 완성된 형태로 주어져 있지 않다. 자유는 정신의 끝없는 활동 속에서 의식되고, 이 활동 속에서 의식된 만큼만 실현된다. 이 점에 착안하여 헤겔은 "세계사란 자유가 의식 속에서 진보해가는 과정"이라고 밝혔다. 살아있는 동안 정신은 끝없이 활동하면서 자기 자신과 세계를 의식해간다. 개인의 정신은 죽음과 더불어 소멸하지만, 정신은 가족을 통해, 세대 속에서 살아남아 영존을 도모한다. 훈육과 유언, 제사와 온갖 기념물이 그 증거가 될 것이다.

우리에게 잘 알려진 헤겔의 레퍼토리 중에 민족정신Volksgeist, 시대정신Zeitgeist, 세계정신Weltgeist이 있다. 헤겔은 하나의 민족을 구성하는 사람들 배후에 민족정신이 실체처럼 도사리고 있다고 생각했을까? 아니다. 민족정신이란 한 시대를 살아가는 사람들이 민족의 틀 속에서 공유하는 문제의식과 염원을 한데 묶어 지칭한 것일 뿐이다. 그러므로 민족정신은 구성원들 배후에 별도로 존재하지 않는다. 다만 민족 구성원들 사이에 존재할 뿐이다.

시대정신도 이와 유사하게 이해할 수 있다. 한때 우리나라 민족주의 역사학을 대변했던 강만길 교수는 우리 현대사를 식민시대와 분단시대로 구분했다. 식민시대의 시대정신이 외세로부터의 해방이라면, 분단시대의 시대정신은 자주통일이라고 그는 역설했다. 이때 시대정신이란 한 시대의 구성원들이 역사의식 속에서 함께 염원했던 미래에 다름 아니다. 그러므로 역사가는 시대정신을 어느 한 시대의 문제의식과 미래 지향을 파악하게 해주는 해석의 핵심 코드로 간주한다.

세계정신은 어떤가? 헤겔의 사유 속에서 세계정신은 결코 인류의 역사 바깥에 존재하는 초월적 힘이 아니다. 아우구스티누스가 말했던 인격적 존재는 더욱더 아니다. 세계정신은 인류의 역사를 일관되게 해석할 수 있게 해주는 메타포에 지나지 않는다. 헤겔이 보기에 인류는 '왕과도 같이 충만한 자유'의 실현을 위해 분투해왔다. 세계사란 세계정신이 자기를 의식하는 가운데 자유를 실현해온 과정이라는 헤겔의 명제를 있는 그대로 받아들인다면, 어처구니없는 축자적 해석일 뿐이다. 세계정신은 인간의 역사를 쥐락펴락하는 거대한 몬스터가 아니다.

"이성적인 것이 현실적이고, 현실적인 것이 이성적"이라는 헤겔의 명구도 해석적으로 이해해야 한다. 역사 위의 높은 곳에 서서 역사를 조망하며 역사 속에서 자기 의지를 실천해가는 초월적 절대이성이 따로 있는 것이 아니다. 이성적이지 않다고 생각되는 현실을 비판적으로 바라보면서 앞으로 실현될 바람직한 미래를 위해 분투해온 인간의 역사를 사유적 언어로 표현한 것일 뿐이다. 세계정신이나 이성이라는 표상은 합리적 세계를 만들고자 하는 사람들의 염원이 표현된 메타포다.

세계사가 이성의 자기의식과 실현과정이라는 명제를 헤겔은 '세계사적 개인'과 '이성의 간지List der Vernunft'를 통해서 설명했다. 세계사적 개인이란 카이사르나 나폴레옹처럼 분수령 같은 국면에서 과감한 돌파 행동을 통해 인류 역사의 발전에 획기적으로 기여한 사람들을 뜻한다. 이들은 강력한 권력의지를 가지고 시대의 난제를 타개했다. 그런데 회고적 관점에서 보면, 이들의 삶은 대부분 불행했다. 카이사르는 측근 브루투스에게 살해되었고, 로베스피에르는 단두대에서 죽었으며, 나폴레옹은 유배지에서 화병으로 죽었다. 한때 제왕처럼 시대를 호령했지만, 최후의 순간은 모두 비참했다. 자기 역할을 다 한 후 화목 난로 속의 땔감으로 버려지는 꼭두각시처럼 말이다.

역사적 개인은 시대의 문제를 자기 문제로 여기는 사람들이다. 이 초중량급 명사들 가운데 대표적인 인물이 나폴레옹이다. 나폴레옹은 프랑스대혁명 때 자코뱅파의 일원으로서 로베스피에르의 총애를 입었다. 로베스피에르 사후에 나폴레옹은 정복전쟁을 통해 자유·평등·형제애로 압축되는 혁명의 정신을 유럽 대륙 곳곳에 확산시켰다. 베토벤이 〈에로이카〉를 작곡한 것도 나폴레옹을 위해서였다. 동시대인들이 보기에 나폴레옹은 틀림없이 유럽을 뒤흔든 세계사적 개인이었다. 하지만 그의 말로는 비참했다. 모스크바 전투에서 크게 패하고, 워털루 전투에서 다시 패해 결국은 세인트헬레나섬에서 쓸쓸하게 생애를 마감하고 말았다.

나폴레옹은 수많은 세계사적 개인의 숙명을 대표한다. 시대의 관점에서 효용을 다한 바로 그 순간에 수많은 역사적 인물들이 역사의 뒤안길로 속절없이 사라졌다. 우리 삶 속에서 보더라도 돌파 국면에 능한 사람은 바로 그 저돌적 성격 때문에 안정 국면에서는 어울리지 않는다. 시대가 더이상 원치 않으면, 그는 곧바로 무대 뒤로 퇴장해야 하는 배우가 될 수밖에 없다. 그래서 많은 역사가가 역사상의 위인들을 역사 무대 위의 배우들로 비유한 것 아닌가? 운명은 조연보다 주연들에게 훨씬 더 가혹했다. 이런 세상의 이치를 헤겔은 '이성의 간교한 지혜'로 개념화했던 것이다.

세계사의 이성적 전개를 설명할 때 헤겔이 사용하는 또 다른 개념이 있다. 인륜적 기관으로서 국가가 바로 그것이다. 칸트와 훔볼트 이래 독일 관념론의 전통에서 역사를 움직여가는 동력의 담지자들은 '인륜적 힘들sittliche Mächte'로 표상되었다. 동아시아에서 인륜이라는 말은 '삼강오륜' 같은 윤리적 규약을 뜻하지만, 19세기 독일 관념론의 용법에서는 '자유에 대한 의지와 염원'을 뜻했다. 그러므로 인륜적 힘이란 이 세상을 이성의 지향에 따라 자유가 만개한 곳으로 만들어가는 힘이다. 이를 위해 개인의 타고난 소질을 육성하고 세계사의 수레를 좀 더 이성적인 방향으로 밀고 나가는 추진력이 필요하다. 이러한 인륜적 힘을 보전하고 발휘하는 핵심 제도들을 헤겔은 인륜적 기관들이라고 불렀다. 그 가운데 헤겔이 가장 중시한 것은 국가였다.

헤겔이 이성과 자유를 강조한 것은 저 멀리 라인강 건너편 프랑스에서 발발한 1789년 대혁명의 영향 때문이었다. 청년 헤겔이 살던 곳은 라인강 동편 독일 지역의 프로이센이었다. 동프로이센 출신의 토지 귀족들이 정치와 행정의 요직을 독점한 채, 군주를 중심으로 백성을 강압적 방식으로 통치하는 관헌국가체제를 유지하던 독일에서 이성과 자유를 실현하는 것은 허황된 꿈처럼 보였다. 프로이센 땅에는 혁명 프랑스처럼 부르주아도 없었고, 혁명의 원칙을 담은 '인간과 시민의 권리 선언'도 없었으며, 혁명의 행동대 역할을 할 수 있는 생-퀼로트Sans-culotte도 없었다. 이념만 존재하고, 그것을 실현할 수 있는 사람과 인프라는 없었던 셈이다. 그러니 헤겔 같은 독일 지식인들은 국가를 개혁할 힘을 시민사회에서 찾지 못하고, 역으로 전체 사회를 바꿀 힘을 국가에서 찾았던 것이다. 그렇다면 안정 지향적이다 못해 복고 지향적이기까지 한 프로이센을 무슨 수로 바꾼다는 것인가? 결론은 군색할 수밖에 없다. 이성적 국가와 사회를 지향하는 초당파적 국왕만이 유일한 답이었다. 바로 아버지 같은 마음을 품은 계몽된 군주라는 것이다. 이처럼 헤겔은 정치적으로 보수적이었다.

헤겔의 관념론적 역사관은 아우구스티누스가 제시한 신학적 역사관의 세속판으로 불린다. 역사의 시작과 끝, 목적을 향해 달려가는 직선적 전개, 거기에 내재된 의미 등 기본적 양식 면에서는 고대 말기의 아우구스티누스와 19세기의 헤겔 사이에 큰 차이가 없었다. 아우구스티누스가 마련한 역사관의 플랫폼을 헤겔이 약간 수정한 채 사용했다고 볼 수 있다. 결정적인 변화는 아우구스티누스가 역사를 이끌어가는 힘으로 강조했던 하나님의 섭리 자리에 세계정신이 들어온 것이다. 목적론적인 역사 이해 면에서도 헤겔은 아우구스티누스를 계승했다.

물론 헤겔이 과거 유산의 상속자였던 것만은 아니다. 물려받은 유산을 바탕으로 그는 큰 걸음을 내디뎠다. 변증법적 발전 개념을 통해 그는 역사 전개과정의 연속적 계기를 논리적으로 해명함으로써 일관성을 갖춘 거시적 역사 해석을 가능하게 해주었다. 그는 변증법을 급진적으로 발전시켜 끝없는 과거 변화를 해석하는 데 초점을 맞추었다. 그러나 그를 계승한 마르크스는 변증법 속에서 현실 변화의 가능성에 주목하고, 여기서 다시 미래 변화에 대한 요청을 이끌어냈다. 그 점에서 마르크스는 헤겔보다 훨씬 더 혁명적이었다.

23

유물론: 모든 역사는 계급투쟁의 역사

20세기 마지막 90년대에 현실 사회주의가 몰락하면서 마르크스의 이름을 들을 기회가 크게 줄어들었다. 동유럽 각 도시에 있던 마르크스와 레닌 동상이 철거되면서, 역사적 유물론의 가치도 순식간에 헐값이 되어버렸다. 1950년대를 대표했던 영화 〈벤허〉의 빛바랜 포스터처럼, 역사적 유물론은 어느덧 혁명을 꿈꾸었던 장년과 노년 세대의 향수 속에 남아 있을 뿐이라고 해도 과언이 아니다.

그러나 추억 속의 역사유물론이 우리의 현실 속에 소환되는 경우도 있다. 경제위기와 공황의 징후가 세계적으로 강하게 나타날 때가 바로 그 순간이다. 과거에도 그랬듯이, 마르크스와 공산주의에 대한 관심은 자본주의가 정상적으로 작동하지 않을 때 나타나고, 자본주의가 인간에게 바람직하지 않은 방향으로 치닫고 있다고 느낄 때 더 커진다. 그래서 어떤 사람들은 역사유물론을 자본주의의 위기 징후를 알려주는 경비견이라고 이야기한다.

자본주의를 역사발전의 끝이라고 생각하는 사람들은 이미 역사의 종언을 선포했다. 프랜시스 후쿠야마도 그런 사람들 가운데 하나다. 그러나 후쿠야마와 달리 인류의 삶이 지속되는 한 역사발전이 끝날 수 없다고 믿는 사람들도 있다. 현재의 문제적 자본주의가 더 나은 인류 사회로 가는 중간 단계에 불과하다고 믿는 사람들은 여전히 자본주의 사회의 문제점을 비판적으로 분석하는 데 초점을 맞춘다. 역사적 유물론은 바로 이때 진가를 발휘한다.

유물론에 대한 오해와 진실

'오직唯' 물질物質에 초점을 맞춘 이론理論이라는 배타적 방식의 작명 때문에 유물론에 대해서 많은 오해가 있다. 그러나 그 오해들 가운데 많은 부분은 피상적 이해의 산물일 뿐이다. 마르크스에게 물질은 물성을 지닌 그 무엇이라기보다는, 사회적 존재를 의미했다. 이 말은 우리 인간의 삶을 구성하고 있는 것들 가운데 사회경제적 토대가 무엇보다 중요하다는 것을 뜻한다. 청년 시절 마르크스는 당대의 거장이었던 헤겔의 《법철학》과 씨름한 끝에, 독일 관념론의 정점에 선 헤겔이 그토록 강조했던 '의식das Bewusstsein'이 결국에는 '의식된 존재das bewusste Sein'에 다름 아니라는 결론에 이르렀다. 헤겔과는 정반대로 마르크스는 의식이 존재에 선행하는 것이 아니라, 존재가 의식에 앞선다고 주

역사 문해력 수업

장했다. 유물론자들의 옛 표현을 빌리면, 푸른 산 아래 호수 면의 소나무 형상은 저 푸른 산 위에 우뚝 서 있는 소나무의 반영에 불과하다. 수면 상태에 따라, 날씨에 따라, 계절에 따라, 태양의 위치에 따라, 사람의 마음에 따라 소나무는 다르게 보이지만, 다양한 방식으로 지각되는 소나무의 원형은 단지 하나일 뿐이다. 그래서 우리는 눈에 보이는 것을 지각하는 데서 그치지 말고, 지각의 결과를 지각의 원천에 비추어 대조해야 한다는 것이다.

이러한 생각은 역사에도 그대로 적용된다. 우리의 지각과 의식과 해석의 타당성을 그 원천이라고 할 수 있는 본질과의 대조 속에서 부단하게 확인하고 교정해야 한다는 것이다. 이때 본질은 곧 물질이다. 여기서 물질이란 주로 경제적 생산력과 사회적 관계를 의미한다.

역사적 유물론으로 가는 길

마르크스는 분명 천재였다. 그러나 한 사람의 천재가 자기 시대의 모든 것을 홀로 만들어내지는 못한다. 무에서 유를 창조하는 천재는 없다. 천재에게도 질료가 필요하다. 자기 시대에 대한 문제의식 속에서 앞선 시대의 유산과 씨름하는 가운데 앞으로 나아갈 미래의 지평을 제시하는 자, 그리고 그 지평으로 나아가는 로드맵을 제시하는 사람이 시대를 대표하는 천재다. 적어도 역사에서는 그렇다.

총명했던 청년 마르크스가 유물론적 역사관에 도달하기까지는 네 개의 강을 건너야 했다. 헤겔의 역사변증법, 포이어바흐Ludwig Feuerbach

의 유물론, 생시몽Henri de Saint-Simon과 푸리에Charles Fourier로 대표되는 초기 사회주의 사상, 리카도David Ricardo와 스미스Adam Smith가 제시한 고전경제학의 노동가치설이 바로 그것이다.

마르크스가 인생의 지적 오디세이에서 첫 번째로 씨름해야 했던 외눈박이 거인은 헤겔이다. 노장 헤겔은 청년 마르크스에게 여러모로 스승이었다. 근대 서구의 특징인 국가와 시민사회 사이의 분열과 대립에 눈뜨게 해주고, 역사를 해방과 자유의 과정으로 파악할 수 있게 해준 것도 헤겔이었다. 이보다 더 중요한 것이 변증법이었다. "인간은 같은 강물에 두 번 발을 담글 수 없다"는 고대 그리스의 현인 헤라클레이토스의 발견 이래, 인간의 역사도 변-전-생-성의 부단한 과정을 겪으며 전개된다는 역사변증법의 논리적 발전은 헤겔에 와서 정점에 이르렀다. 정-반-합으로 구성된 트리아드의 연속은 세상의 변화 원리를 설명하는 데 최상의 도구였다.

그럼에도 마르크스에게는 여전히 마음에 걸리는 문제가 있었다. 이 변증법적 발전을 꼭 정신의 현상에 한정해야 하는가? 정신이나 이념이 꼭 모든 변화와 발전을 선도하는가? 헤겔이 쌓아올린 개념의 탑 안에서는 모든 것이 순조롭게 설명되었지만, 막상 그 개념의 창을 통해 현실을 바라볼 때는 매끄럽게 논증할 수 없는 부분이 적지 않게 나타났다. 분열된 독일 지역에서는 대표적 지역 국가였지만 역사적 후진성을 면치 못했던 프로이센의 현실을 바라볼 때 특히 그랬다. 그즈음에 마르크스는 '헤겔 좌파'로 불리는 선배들의 기독교 비판 저작을 탐독하기 시작했다. 그 과정에서 만나게 된 책이 사회적 금서임에도 베스트셀러가 된 포이어바흐의 책 《기독교의 본질》이었다. 포이어바흐는 사람들이 조심스러워하던 기독교의 '비밀'을 이렇게 정리했다.

　신이 있어 인간을 창조한 것이 아니라, 인간이 신 관념을 만들어냈다. 인간은 자신에게 결핍되어 있기 때문에 그만큼 더 간절히 바라는 불사와 전지와 전능의 이미지를 창공에 투사했다. 그러한 집단적 염원과 관념의 복합을 통해서 마침내 신이 창조되었다. 그러나 중요한 것은 이러한 신이 인간과 어떤 관계에 있는가에 대한 설명이었다. 신과 인간을 이어주는 구원의 섭리를 모색하다 보니 성자의 관념이 등장하지 않을 수 없었다. 신이 성육聖肉을 통해 인간에 대한 자기의 사랑을 확증했다는 설명은 부자관계의 유추를 통해 사람들에게 쉽게 받아들여졌다. 그러나 여기서 다시 문제가 생겨났다. 인간의 모습으로 이 땅에 온 예수는 부활 후에 이 땅을 떠나야 했고, 그렇게 해서 설명의 공백이 발생한 것이다. 이 빈칸을 메우기 위해 궁여지책으로 성령 개념이 도입되었다. 이것이 포이어바흐가 말하는 성 삼위일체의 신화다. 포이어바흐는 그 시대에 유행했던 탈신화화의 방식으로 오랫동안 공공연한 비밀로 간주되어온 '기독교의 본질'을 폭로했던 것이다. 이로써 포이어바흐는 시대를 대표하는 유물론자가 되었다.

　청년 마르크스는 포이어바흐를 통해 유물론을 받아들이는 방식으로 헤겔과 관념론에서 벗어날 수 있었다. 마르크스는 관념론의 거대한 그림자에서 벗어나 그동안 자기가 서있던 대지를 돌아봤다. 그 결과 그는 자기 스승 헤겔이 세상을 거꾸로 바라보고, 거꾸로 해석했음을 알게 되었다고 고백했다. 정신이 있어 세상이 만들어지고, 정신이 세상을 변화시킨 것이 아니라, 세상의 변화가 정신의 변화를 추동했다는 것이다. 이제 중요한 것은 의식을 통해 세상을 해석하는 것이 아니게 되었다.

철학의 핵심 과제가 존재를 통해 세상을 의식하고, 의식된 존재를 통해 존재의 의식을 분석하는 방향으로 바뀌었다. 이제 마르크스는 유물론자가 되어버린 것이다.

그러나 천지개벽을 목격한 사람처럼 느끼던 만족감도 찰나의 기쁨에 불과했다. 설명할 수 없는 불편함이 청년 마르크스를 다시 짓눌렀다. 그 이유를 찾기 위해 애쓰던 마르크스는 마침내 길을 찾았다. 〈포이어바흐에 관한 테제〉 마지막 항목이 바로 그 깨달음의 증거였다. 〈테제〉에 기록된 청년 마르크스의 감동을 우리는 오늘날 독일 베를린 훔볼트 대학의 본관 로비 대리석 벽에서 확인할 수 있다. 그곳에는 금박의 글씨가 이렇게 새겨져 있다.

이제까지 철학자들은 세상을 다양한 방식으로 해석해왔을 뿐이다.
그러나 철학에서 중요한 것은 세상을 바꾸는 것이다.

이제는 변혁이 문제였다. 세상을 바꿀 길을 모색하던 마르크스는 집필활동에 전념했다. 그러나 프로이센의 엄혹한 현실은 변혁은커녕, 변화의 가능성을 타진하는 집필활동조차 허락하지 않았다. 정부에 의해 위험 인물로 낙인찍힌 마르크스는 변혁을 꿈꾸는 온갖 주의자들이 모여 있는 파리로 향했다. 그곳에서 그는 다양한 사상과 여러 부류의 사람을 만났다. 그를 가장 매료시킨 것은 초기 사회주의자들이었다. 생시몽, 푸리에, 오언Robert Owen의 저작을 읽으며, 마르크스는 자본주의의 핵심 열쇠인 자본의 '비밀'을 학습하기 시작했다.

도덕적 열정을 품은 초기 사회주의자들은 사람들이 신성하게 여기는 자본이란 도둑질의 결과일 뿐이라고 선언했다. "아담이 땅을 갈고 하와가 길쌈을 맬 때, 어디 자본이 있었는가?" 역사가 시작되던 순간에 자본이 존재하지 않았다면, 자본은 자연의 산물도 아니고, 하나님이 허락한 것도 아니라는 말이 된다. 결국 자본은 부자연적인 것일 수밖에 없다. 자본은 자연의 소산이 아니라, 갈등과 투쟁으로 점철된 인간 사회의 인위적 산물에 지나지 않게 되는 것이다. 청년 마르크스는 이제 파리의 지붕 밑에서 또 하나의 깨달음에 도달했다. 자본은 돈이 아니라 과거 노동의 집적물이라는 것이다.

파리에 머물던 시절, 마르크스는 아직 온전한 공산주의자가 되지 못했다. 그래서 사람들은 이 시기의 마르크스를 '인간학적 유물론자'라고 평한다. 당시에 마르크스는 불과 20대 중반의 청년이었다. 청년 마르크스는 아직 헤겔의 관성에서 완전히 벗어나지 못했다. 파리에 와서도 세상을 해석하는 마르크스의 글 속에 여전히 남아있던 개념들 중 하나가 소외Entfremdung였다. 마르크스는 소외의 창을 통해 자본주의 사회의 문제점을 응시했다. 그리고 사유의 결과를 '파리 수고手稿'라고 불리는 〈경제학 철학 수고〉에서 네 개의 항으로 짤막하게 정리했다.

상품으로부터의 소외
노동으로부터의 소외
인간으로부터의 소외
자연으로부터의 소외

네 종류의 소외에 관한 마르크스의 글은 머리보다는 가슴으로 읽을 때 더 잘 읽힌다. 그러나 정작 마르크스의 갈증은 파리에서도 해소되지 않았다. 그는 완전한 해갈을 위해 이제까지 이어온 오디세이의 배에 다시 한번 몸을 싣고 도버해협을 건넜다.

런던에서 마르크스는 독서광이었다. 그는 많은 시간을 대영도서관에서 보냈다. 훗날 '마르크스의 자리'라는 별칭이 붙게 될 좌석에 앉아 온종일 닥치는 대로 책을 읽었다. 그중 하나가 애덤 스미스의《국부론》이었다. 《국부론》에서 마르크스를 가장 사로잡았던 부분은 노동의 가치에 관한 서술이다. 인간의 본질은 노동이라는 것, 인간은 노동을 통해 자기를 발견하고 실현해간다는 것이 핵심이었다. 그러니 마르크스에게 노동은 한갓 밥벌이가 아니었다. 농부의 노동이 자기 한 입을 채우는 데서 끝나는 것이 아니듯, 광부의 노동은 이름도 얼굴도 모르는 수많은 사람의 몸을 데워줄 석탄을 캐내어 세상의 일상을 유지해준다. 또 누군가는 그 석탄에 자기 손과 땀을 보태 연탄을 만들어 한겨울 노점을 지키는 누군가의 손을 녹이고, 그로 하여금 다시 다른 사람에게 필요한 무언가를 제공해준다. 노동은 이처럼 사람과 사람이 이어져 있는 모든 곳에서, 사람과 사람을 이어주는 억세게 질긴 생명의 끈이다.

그럼에도 불구하고 우리는 노동의 목적을 돈이라고 생각한다. 돈을 벌기 위해 일하고, 돈을 모으기 위해 사람들과 부딪힌다고 생각하기 쉽다. 현상만 보면 틀린 말은 아니다. 그렇지만 애덤 스미스의 안경을 통해 들여다보면 의미가 크게 달라진다. 화폐는 그 자체가 가치를 생산하는 것이 아니다. 단순히 가치를 저장하는 수단도 아니다. 내가 살아가는 데 많은 것이 필요하지만, 나 혼자서는 그 모든 것을 다 생산할 수 없다. 그래서 내가 살기 위해서는 다른 사람의 노동이 필요하다. 마찬

역사 문해력 수업

가지로 내가 노동을 통해 만들어낸 가치 있는 결과가 다른 이의 삶을 지탱해준다. 이처럼 모든 가치는 노동에서 비롯된다. 여기서 한걸음 더 나가면, 노동하는 자가 가치 있는 자이다. 아마 가장 가치 없는 사람은 살면서 땀 흘려 일해본 적이 없는 불한당일 것이다. 이것이 유물론자인 마르크스의 생각이었다.

애덤 스미스를 통해 마르크스는 임금과 화폐에 앞서 노동이 있고, 노동과 함께 노동하는 사람이 있다는 사실을 발견했다. 설마 그 똑똑한 청년 마르크스가 그전에는 이런 점을 몰랐을까? 그건 아닐 테다. 다만 흩어져 있던 지식들, 확신할 수 없었던 이론들이 이제《국부론》을 통해 인간사를 이해하고 자본주의의 작동원리를 파악하는 데 필요한 지식 체계로 재탄생한 것일 뿐이다. 이 점이 핵심이다. 세상의 운동 메커니즘을 파악게 해주는 논리, 확신이 더해진 논리가 세상을 바꾸고자 하는 사람에게 중요했던 것이다.

애덤 스미스는 '여러 국민의 부the Wealth of Nations'의 축적과정과 성격을 설명하기 위해, 또 자유주의와 자유무역을 옹호하기 위해《국부론》을 썼지만, 마르크스는 스미스의 이 책을 자기 방식으로 전유 appropriate하면서 읽었다. 그리고 마침내 확신을 갖게 되었다. 인간의 본질이 노동이기에, 인류 역사에서 가장 중요한 측면도 노동의 역사다. 인류사의 시작이 모두가 예외 없이 노동하는 사회였다면, 노동하지 않는 자가 노동하는 자를 착취하는 지금의 자본주의는 대단히 잘못된 체제가 될 수밖에 없다. 그러므로 자본주의 체제는 모두가 일하되, 모두가 넉넉히 사는 사회로 바뀌어야 한다. 그렇게 되기 위해서는 무엇보다 그런 모순을 지속시키고 심화시켜온 자본의 억압적 성격을 폭로하고,

사적 소유제도를 철폐하며, 부조리한 착취체제를 배후에서 지탱해온 국가를 붕괴시켜야 한다.

이로써 마르크스는 자본주의에서 공산주의로의 이행을 요구하고 준비하는 혁명가로 거듭날 수 있게 되었다. '모든 자본은 도둑질'이라는 의분의 감정이 이제 자본주의 발전과 몰락의 메커니즘에 대한 지적 확신과 결부된 것이다. 이러한 확신을 통해 혁명가로서 마르크스의 보폭도 이제까지와는 비교할 수 없을 정도로 커졌다. 이즈음에 영글었던 마르크스의 생각을 보여주는 작은 책자가 1848년 2월 혁명 전야에 런던에서 엥겔스와 함께 쓴 〈공산당선언〉이다.

유물론의 역사 해석

유물론적 역사 해석을 쉽게 설명하기 위해 마르크스는 지질학이나 건축 용어를 자주 사용했다. 그중 하나가 토대와 상부구조의 메타포다. 이 비유는 개인 차원에서부터 시작된다. "의식이 인간의 존재를 결정하는 것이 아니라, 사회적 존재가 의식을 규정한다"는 것이 마르크스 유물론의 출발점이다. 이것이 전체 사회에 투영되면서, '토대가 상부구조를 규정한다'는 명제가 등장한다.

이 명제에 따르면, 인간의 생활은 생산력 발전에 조응해서 형성되는 생산관계 속에서 이뤄진다. 토대란 인간의 삶을 가능케 해주는 생산관계의 총체를 일컫는다. 이 토대 위에 세워지는 것이 상부구조이며, 여기서 핵심을 차지하는 것은 법률과 정치다. 마르크스는 물질적 생활의 생산양식이 정치·사회·문화를 포함해 우리 삶의 구체적 영역들을 규정한다고 말한다. 마르크스의 어법에서 '규정'이란 말은 '결정'보다 융통성 있는 표현이다. 대부분의 경우 토대가 상부구조를 좌우하지만, 어떤 상황에서는 상부구조가 역으로 토대에 영향을 주기도 한다는 것이다. 그러므로 마르크스를 경제결정론자로 간주하는 것은 부당하다. 그는 경제적 구조를 인간에 의해 맺어진 생산관계의 총체로 폭넓게 이해했다. 여기서 중요한 결론이 도출된다. 경제적 생산관계가 곧 사회적 계급관계라는 것이다. 이렇게 해서 사회경제사 해석의 물꼬가 트였다.

계급관계를 결정짓는 것은 생산수단의 소유 여부다. 생산수단을 소유한 계급은 그렇지 못한 사람들의 노동을 통제하면서, 노동이 산출한 가치를 전유하기 때문이다. 이렇게 본다면, 마르크스의 해석체계 속에서 국가가 차지하는 의미는 헤겔의 사상에서보다 크게 축소된다. 마르크스가 한때 자본주의 시대의 국가를 한갓 '부르주아 위원회'로 폄하했던 것도 같은 맥락이다.

토대–상부구조 식의 설명은 단면을 통해 인간 사회의 작동 방식을 명쾌하게 보여주는 장점이 있지만, 역사의 진행을 설명하기에는 충분하지 않다. 그러므로 역사발전에 관한 마르크스의 생각을 이해하기 위해서는 다섯 개의 사회구성체와 계급투쟁에 관한 그의 설명을 따라가야 한다. 마르크스는 인류의 역사가 계급투쟁의 역사라고 천명했다. 계급투쟁은 착취–피착취 관계에서 비롯된다. 그러므로 인간의 역사를 이해할 때 중요한 점은 이러한 착취–피착취 관계가 언제, 어떻게 시작되었는지 파악하는 것이다. 마르크스에 따르면, 역사는 아래와 같이 다섯 개의 연속적 단계를 밟으며 전개된다.

원시 공산사회
고대 노예제 사회
중세 봉건사회
근대 자본주의 사회
미래 공산사회

각 단계는 하나의 사회구성체로서 유지된다. 사회구성체란 '생산양식과 생산관계'의 총체로 지칭된다. 하나의 사회구성체는 앞서 존재했던 사회구성체의 모순이 지양된 결과지만, 또 다른 사회구성체의 도래를 요구하는 점에서 모순투성이다. 다섯 개의 사회구성체 가운데 단 하나, 미래의 공산사회만 예외다. 과거에 출현했던 모든 사회구성체의 모순이 지양된 최종 결과가 공산사회이기 때문이다. 이제 이 역사적 발전의 패턴을 파악해보자.

지구상에 처음 출현한 것은 공산사회였다. 이 사회구성체는 사유재산이 없었던 점에서 얼핏 보면 바람직해 보이지만, 구성원들 거의 모두가 굶주리는 빈곤의 공동체였다. 원시사회의 인간은 절대적 빈곤에서 탈피하기 위해 발버둥쳤다. 그 결과 노예제 사회가 출현했다. 이 단계에서는 생산이 어느 정도 증가했지만, 여전히 한계가 뚜렷했다. 노예에게는 생산력 증대를 위해 힘써 일하고 새로운 기술을 개발해야 할 동기가 전혀 없었다. 왜냐하면 아무리 생산이 늘어나도 '말할 줄 아는 짐승'에 불과한 노예에게 추가로 돌아오는 것은 없었기 때문이다. 고대로마 시기에 생산의 비약적 증대가 없었던 것은 아니지만, 질적 비약이라기보다는 노예의 수 증가에 따른 양적 증대에 지나지 않았다. 그러므

역사 문해력 수업

로 정복이 한계에 달해 새로운 노예의 유입이 중단되자 노예제에 뿌리 내린 고대사회는 붕괴할 수밖에 없었다.

중세 봉건사회는 노예제 사회에 대한 대안이었다. 이 시기에 생산을 담당했던 농노는 노예와 달리 가정을 꾸릴 수 있었고, 재산을 모을 수도 있었다. 그 점에서 농노의 출현은 일종의 진보였다. 그러나 과거의 문제가 완전히 해결된 것은 아니었다. 이유는 두 가지였다. 첫째, 농노는 자기 땅을 갖고 있지 못했기에 지주인 영주로부터 땅을 빌려 농사짓고, 그 대가로 수확량의 절반을 바쳐야 했다. 게다가 일주일에 2~3일은 아무런 보상도 없이 영주 직영지로 불려가 농사를 짓거나 성 쌓기, 다리 놓기 같은 잡역에 동원되었다. 직접적인 대가 없이 이루어졌다는 점에서 이러한 노동을 부역이라고 부른다. 둘째, 농노는 영주의 허락 없이는 장원 밖으로 한 발자국도 나갈 수 없었던 점에서, 철저하게 영주에게 예속된 존재였다. 영주가 보유하고 있던 재판권은 이러한 인신 지배를 강화했다. 영주와 농노관계를 축으로 삼는 봉건사회는 귀족이 지배하는 신분사회였다. 허리춤에 칼을 찬 사람이 세상을 지배했고, 상인과 수공업자들도 혁신을 도모하기보다는 대검 귀족의 우산 아래서 '절제된 방종'을 누렸다. 조합guild이 생산량을 정하고 가격까지 결정하는 상태에서, 경쟁은 생각할 필요가 없었다. 그러므로 농촌이건 도시건 봉건사회에서 생산력의 가속적 증대는 기대하기 어려웠다.

이러한 한계의 돌파는 자본주의 사회에 와서야 가능했다. 봉건 영주의 과도한 인신 지배와 착취는 농노들의 반란과 도주를 불러왔고, 특권에 안주하는 상인과 수공업자 길드의 적폐 행위는 신흥 상공업자들의 반발을 초래했다. 부르주아로 불리는 새 시대의 주역들은 신분제적 질서를 거부하고, 능력에 따른 보상을 요구하며, 특히 경제 영역에서 혁신을 거듭했다. 그렇게 축적된 자본은 더 큰 자본의 축적을 가능케 했고, 자본주의 사회의 지배층으로 부상한 부르주아는 이윤 추구를 위해 사적 소유를 가속화했다. 농촌에서 농노가 사라지고, 도시에서 길드가 소멸한 점에서, 자본주의는 확실히 봉건제의 모순을 지양한 진일보된 사회였다. 과거 농노의 자리를 자유 소작농이 메웠고, 폐쇄적 조합 대신에 자유 상공업자들이 출현해 경쟁하는 가운데 자기 능력을 펼쳐갈 수 있었다. 그 결과 자본주의 사회에 와서 생산력은 최고조에 이르게 되었다.

그러나 계급 갈등의 문제는 아직도 온전하게 지양되지 못했다. 거의 모든 사회 구성원이 프롤레타리아로 전락하고 소수의 부르주아가 경제를 비롯한 모든 영역을 장악하는 상황이 벌어졌기 때문이다. 생산은 넘쳐나는데 그 결과는 고르게 향유되지 못하는 자본주의 사회 특유의 모순이 심화되었다. 생산력이 최고점에 도달했고 생산도 사회화되었지만, 마지막 남은 문제가 해결되기 전에는 인류가 탄 마차는 결코 역사 발전의 마지막 단계에 진입할 수 없다는 것이 마르크스의 주장이었다. 사적 소유라는 제도와 이 제도를 당연하게 받아들이는 사람들의 의식이 해결해야 할 문제의 핵심으로 남았다. 이제 인류의 마지막 과제는 소유의 사유화와 생산의 사회화 사이에 존재하는 모순을 어떻게 해결하는가에 달리게 되었다.

마르크스의 답은 단 하나, 소유의 사회화뿐이었다. 이미 이윤 추구를 위해 주요 부문에서 생산의 사회화가 상당히 진행되었기 때문에, 사유 재산제와 이 제도를 뒷받침하는 자본주의 국가, 그리고 다시 그 배후에 있는 자유주의 이데올로기가 사라진다면 인류사의 오랜 모순이 제거될 수 있다는 생각이었다. 사유재산제가 철폐된 사회, 모든 개인이 할 수 있는 만큼 일하고 필요한 만큼 가져가는 정의로운 사회의 건설이 유일한 답이었다. 마르크스는 그런 사회를 공산사회로 지칭했다. 사회주의 사회는 바로 그 역사발전의 종착역으로 가기 위한 과도기였다.

모두가 가난했던 원시 공산사회에서 모두가 풍요를 누릴 수 있는 미래의 공산사회로 나아가는 도정은 발전의 과정으로 묘사되었다. 마르크스는 이 발전의 동력을 상황에 따라 다르게 언급했다. 어떤 때는 생산력과 생산관계 사이의 모순을 발전의 원동력이라고 밝혔다. 이 경우에 역사는 일종의 자연사적 진화과정이 되어버린다. 이런 경향은 추상화 수준이 높은 이론 저작에서 강하게 나타났다. 이에 반해 어떤 때는 지배계급과 피지배계급 간의 갈등, 곧 계급투쟁이 강조되었다. 이 경우 역사는 진보적 지식 엘리트와 혁명의 전위대가 목적의식적으로 미래사회를 설계하고 개척하는 과정으로 간주된다. 여기서는 당연히 혁명이 강조된다.

그러나 마르크스의 생각 속에서 역사에 대한 단계론적 접근과 혁명운동을 강조하는 주의주의主意主義적 접근은 서로 분리되어 있지 않았다. 마르크스는 두 사람이 아니었다. 앞의 측면은 해석가로서 글을 쓸 때, 뒤의 측면은 혁명가로서 활동할 때 강조했던 것으로 이해하면 좋을 일이다.

마르크스는 인류사의 발전을 혁명의 과정으로 보았다. 역사 해석은 하나의 원대한 목적을 성취하기 위한 도구였다. 그 목적이란 청년 시절부터 꿈꿔온 풍요롭고 정의로운 인류 공동체 건설이었다. 이렇게 강력한 목적의식이 그의 역사관을 철두철미하게 지배했다. 이로써 마르크스에 와서 인간의 역사 속에서 단일한 의미를 찾는 역사신학의 장구한 세속화 과정이 완결되었다. 아우구스티누스에서 시작된 역사신학은 앞에서 본 것처럼 헤겔에 와서 크게 세속화되었다. 마르크스는 이 세속화 과정을 가속함으로써 역사 속에서 인간의 역할을 극대화했던 것이다.

참고문헌

강선주, 《세계사를 보는 눈—헤로도토스에서 호지슨까지의 역사관》(살림 2018).

마르크스, 카를, 이진우 옮김, 《공산당선언》(책세상 2018).

마르크스, 카를, 김문현 엮음, 《경제학철학초고·자본론·공산당선언·철학의 빈곤》(동서문화사 2008).

아우구스티누스, 조호연·김종흡 옮김, 《하나님의 도성—신국론》(CH북스 2016).

아우구스티누스, 김희보·강경애 옮김, 《고백록》(동서문화사 2008).

안건훈, 《역사와 역사관》(서광사 2007).

이석우, 《기독교사관과 역사이해》(경희대학교출판문화원 2004).

헤겔, 게오르그 빌헬름 프리드리히, 권기철 옮김, 《역사철학강의》(동서문화사 2016).

차하순 엮음, 《사관이란 무엇인가》(청람문화사 2001).

비코, 잠바티스타, 조한욱 옮김, 《새로운 학문》(아카넷 2019).

객관적 역사서술의 꿈

객관적 서술은 역사가들의 오랜 이상이었다. 고대 그리스의 학자 루키아누스는 역사가의 역할을 공의로운 판사에 비유하면서 이렇게 정리했다. "훌륭한 역사가는 ……두려움이 없고, 부패하지 않으며, 어디에도 얽매이지 말고, 진리와 자유의 벗이어야 한다. 훌륭한 역사가는 ……어떤 호의나 앙심도 품지 않고, 동정이나 수치심이나 회한 때문에 좌우되지 않으며, 무화과는 무화과라고 부르고, 작은 배는 작은 배라고 부를 줄 알아야 한다."

헤로도토스와 투키디데스, 공자와 사마천 이후 동서양의 학자들은 역사가가 준수해야 할 제1의 원칙을 공평무사한 역사 연구와 서술에서 찾았다. 19세기에 활동했던 서구 근대 역사학의 아버지 랑케는 과거를 준엄하게 판단하거나 미래에 유익한 교훈을 역사에서 이끌어내야 한다는 동시대인들의 요구를 단호하게 거부했다. 역사가의 역할을 '실제로 존재했던 그대로' 과거를 재현하는 데서 찾았던 랑케는 이를 위해서라면 역사가 자신의 자아마저도 완전히 없애야 한다고 역설했다.

후대의 역사가들은 이런 요구를 랑케의 '고상한 꿈'이라고 불렀다. 오늘날에도 이 꿈이 여전히 실현될 수 있을까? 또 이 꿈을 실현하기 위해서는 어떤 것이 필요할까? 여기서는 레오폴트 폰 랑케, 막스 베버, 칼 베커의 사례를 바탕으로 이 두 개의 질문에 대한 답을 찾는다.

24

랑케: 역사가가 죽어야 역사가 산다

죽기 전에 이미 전설이었다가 죽어서는 신화가 된 사람들이 있다. 19세기 독일의 역사가 랑케가 바로 그 경우다. 랑케를 지나치게 숭배한 나머지 사람들은 그가 하지 않은 일까지도 그의 공적으로 돌렸다. 그러나 바로 그 때문에 후세에 와서 랑케는 오해 섞인 비판도 많이 받았다. 한 것과 하지 않은 것 사이의 경계가 불분명해지면서, 그 자신이 행하지 않은 것까지 모두 다 그의 잘못처럼 되어버렸기 때문이다. 양립하기 어려울 정도의 상반된 평가는 모두 랑케에게 부여된 위상이 너무 높은 데서 비롯되었다.

역사학의 역사에서 랑케는 지금도 '근대 서구 역사학의 아버지'로 불린다. 문제는 이런 영광스러운 호칭에 따라와야 할 근거가 너무 빈약하다는 데 있다. '아버지'의 명칭이 그에게 과하다는 뜻이 아니다. 다만, 사람들이 그에게 돌리는 명예의 이유를 엉뚱한 곳에서 찾고, 내용도 궁색하다는 것을 말하고 싶을 뿐이다.

우리나라에서는 많은 사람이 랑케를 '실증적 역사학의 아버지'로 부른다. 사관史觀이라는 말을 선호하는 사람들은 랑케의 역사 연구 방식을 '실증사관'으로 약칭한다. 실증사관이라는 간판에는 상반된 평가가 따른다. 무엇보다 부정적인 평가가 압도적이다. 그것은 한국 역사학이 지난 한 세기 동안 경험한 특이한 지형과 관계가 깊다.

특수한 사정의 시작은 일제강점기다. 이 시기에 단재 신채호나 백암 박은식과 같은 민족주의 역사가들에게 가장 시급한 과제는 식민지 지배의 정당성을 우리 역사 속에서 찾고자 하는 일본 관변 학자들의 주장을 반박하는 것이었다. 일본의 역사가들은 조선의 역사가 외세 의존적이었던 동시에 정체된 역사였다고 선전했다. 그러므로 민족주의 역사가들에게 초미의 과제는 우리 역사 속에서 연속성과 발전적 성격을 부각하는 데 있었다. 그런데 이 과정에서 부담스러운 장애물이 있었다. 일본의 역사가들이 도입했다고 자랑하는 서구의 최신 역사학 방법론의 후광, 곧 랑케의 '실증사관'에 어떻게 대응해야 하는가 하는 문제가 바로 그것이었다. 랑케의 권위, 그리고 랑케에 대한 이해와 오해는 이처럼 서구를 넘어온 세계의 문제였던 것이다.

랑케에 관한 오해가 빚은 결과를 일본과 한국의 사례를 통해 잠시 생각해보자. 시라토리 구라키치白鳥庫吉와 쓰다 소우키치津田左右吉처럼 식민지시대에 우리 학계에 큰 영향을 끼친 일본의 역사가들은 랑케를 '실증'의 화신처럼 받아들였다. 이때 실증이란 정교한 문헌비판의 방법을 뜻한다. 랑케의 풍부한 역사사상이 일본에 수입되는 과정에서 왜,

그리고 어떻게 고작 엄밀한 사료비판으로 축소되어버린 것일까?

메이지유신 직후 일본은 서구 역사학의 신속한 수용을 위해 랑케의 제자로 알려진 청년 역사가 리스Ludwig Riess를 신설된 도쿄제국대학 사학과에 교수로 초빙했다. 리스는 랑케의 세계사 이념과 서술을 소개하고, 역사과학론 수업을 통해 독일 역사학의 이론과 방법론을 일본 학계에 이식하고자 나름대로 애썼다. 그러나 가르치는 자의 의도와 달리 배우는 자들은 랑케 역사학 내에 존재하는 다양한 측면들 가운데 유독 초보적인 사료비판에만 주목했다. 사료비판보다 랑케가 훨씬 더 강조했던 해석의 문제나 세계사의 발전을 이끌어가는 이념적 추세에 대해 그들은 충분히 주의를 기울일 준비가 되어 있지 않았고, 그럴 여력도 없었다.

동아시아 역사서술의 오랜 전통에 서 있던 일본 학자들의 눈에 들어온 것은 그들에게 친숙했던 훈고 및 고증과 유사한 사료비판의 방법이었다. 말하자면, 19세기 말 20세기 초 일본의 학자들은 랑케의 역사학을 전폭적으로 수용한 것이 아니라, 랑케 역사학 속에서 자신들이 추구해온 훈고와 고증방법의 정당성을 재발견했던 것이다. 이렇게 랑케는 세기말 일본에서 한갓 '실증'의 아이콘으로 전락해버렸다. 그리고 그렇게 박제된 랑케의 역사학이 일제강점기에 한국에 유입된 것이다. 랑케를 실증사학의 아버지로 화석화하는 현상은 중국에서도 일어났다. 축약을 반복하는 이러한 문화적 번역을 통해 동아시아에서 랑케는 마침내 '서술하되 지어내지 않는다'는 술이부작述而不作의 지침을 강조했던 공자의 서구적 현현이 되어버린 것이다.

이 그릇된 '랑케 신화'에 개념의 오해와 오용이 더해졌다. 신뢰할 수 있는 자료에 비추어 오로지 사실만을 추구한다는 의미의 실증이 서양 근대 학술 문화를 번역하는 과정에서 '실증주의Positivism'와 혼용되는 경우가 빈번해진 것이다. 프랑스의 사회학자 콩트Auguste Comte와 영국의 역사가 버클Henry Thomas Buckle로 대표되는 서구 실증주의는 두 개의 요청에 기초했다. 광범위한 자료 수집이 첫째라면, 둘째는 이 자료들에 근거하여 인류 역사발전의 법칙을 발견함으로써 궁극적으로는 인류 사회를 합리적으로 재조직해야 한다는 것이다. 이 야심찬 시도는 인류가 신학적 단계와 형이상학적 단계를 지나 마지막 실증과학적 단계에 도달해야 실현될 수 있다는 것이 콩트의 믿음이었다. 실증주의자들의 목표는 뉴턴이 자연의 세계에서 발견한 만유인력의 법칙에 상응하는 법칙을 역사 연구를 통해 인간 사회에서 이끌어내는 것이었다.

이와 같은 실증주의자들의 주장은 19세기 유럽 역사학에 큰 영향을 주었다. 예를 들어 영국의 역사가 버클은 콩트의 틀을 차용해서 인류 문명을 기후, 토양, 흙과 같은 경험적 자료로 구분했다. 더 나아가 그는 서유럽 문화의 발전이 좋은 여건에서 비롯되었으며, 아프리카의 낙후된 문화는 나쁜 자연환경 때문이라는 주장까지 전개했다.

랑케는 이 과도한 주장에 대해 비판적 태도를 취했다. 그의 애제자 드로이젠Droysen은 자연과학과 인간에 관한 학문을 혼동하는 실증주의가 역사학에 미치는 악영향을 막기 위해 버클의 《영국 문명사》를 신랄하게 비판하는 글까지 썼다. 랑케와 제자들은 법칙 정립을 추구하는 자연과학을 연상케 하는 실증주의라는 말을 자기 입장을 지칭하는 용어로 사용하지 않았다. 실증이나 실증주의는 랑케 역사학에 대한 오해를 초래해온 대표적 표현이다.

축약과 오해로 점철된 랑케 신화의 형성은 탁월했던 한 역사가의 공적에 대한 망각에서 출발했다. 고대 로마사 연구의 지평을 개척한 독일의 역사가 니부어Barthold Georg Niebuhr(1776~1831)가 바로 그 잊힌 사람이다. 랑케보다 19년 먼저 태어난 니부어는 고전 문헌학의 대가인 뵈크August Böckh와 볼프Friedrich August Wolf를 통해 정교한 문헌비판의 방법과 절차를 몸에 익혔다. 물론 뵈크와 볼프의 업적은 이미 한 세기 전에 발전을 거듭한 성서 문헌학의 성과를 적극 수용했던 데서 비롯되었다. 성서 문헌학의 진보는 다시 르네상스 시기의 문헌학 연구에까지 소급된다.

이 계보의 소급을 통해 우리는 한 가지 사실을 명확하게 파악할 수 있다. 사료비판은 어느 한 시기나 특정 분과학문, 또는 어떤 한 학자의 공적이 아니라는 점이다. 그럼에도 사료비판의 역사에서 한 개인에게 결정적 공헌을 귀속시켜야 한다면, 그것은 문학이나 신화로 치부되어온 문헌자료들을 세밀하게 검토하여 고대 로마 공화정 초기를 역사의 시대에 편입시킨 니부어가 되어야 한다. 이 점은 랑케도 분명하게 인정했다. 적어도 랑케 시대에는 사료비판을 랑케의 공적으로 여기지 않았다.

이 집단지성의 산물인 사료비판이 불행하게도 어느 순간부터 한 사람의 공적으로 간주되기 시작했다. 이 과정은 수 세기에 걸쳐 수많은 음유시인에 의해 정제된 《일리아드》와 《오디세이아》가 점차 호머라는 천재 시인 한 명의 작품으로 받아들여지게 되었던 것과 흡사하다. 《새로운 학문Nuovo Scienza》의 저자 비코Giambattista Vico는 '시적 상징 인격' 개념을 통해 호머가 특정 인물이 아니라 천재를 대망하는 보통사람들의 기대에 따라 창조된 이미지라고 강조했다. 이와 같은 호머의 탄생 신화가 랑케의 경우에도 비슷하게 적용될 수 있다. 사료비판은 결코 '탄생'되지 않았다. 사료비판의 방법은 오랜 시기에 걸쳐 여러 사람의 수고를 통해 '형성'되었을 뿐이다.

역사학의 역사를 전공하는 전문가들이 이미 밝혀놓은 것처럼, 랑케의 주요 업적은 사료비판이라는 연구방법의 창안에 있지 않다. 랑케가 근대 서구 역사학의 아버지로 평가받게 된 이유는 무엇보다 세미나 방식의 수업을 통해 사료비판의 방법을 학생들에게 체득시킨 데 있었다. 랑케의 수업은 철저하게 원자료 강독으로 진행되었다. 교수가 학생들 앞에 서서 연구한 결과를 낭독하는 강의와 달리, 강독은 교수가 아닌 학생들의 발제를 통해 진행되었다. 랑케는 세미나를 진행하는 동안 거의 발언하지 않았다. 그렇지만 학생들은 엄숙한 분위기 속에서 랑케에게 많은 것을 훈련받았다고 느꼈다. 랑케는 또한 이렇게 훈련된 직업적 역사가들을 위해 학회지를 창간했다. 이 학술지에는 원전 인용과 각주에 충실한 원고만 게재할 수 있었다. 이처럼 랑케는 근대적 역사학의 방법을 창안한 인물이 아니라 제도화한 인물이었던 것이다.

과거의 느슨한 역사서술이 엄밀한 역사 연구에 바탕을 둔 근대 역사학으로 올라서기 위해서는 객관성의 확보가 가장 중요했다. 이것은 19세기 모든 분과학문의 숙제이기도 했다. 이 시대의 요구에 직면해서 랑케는《영국사》에서 이렇게 파격적인 명제를 제안했다.

나는 나 자신을 해소하고, 오직 사건들이 말하도록, 강력한 힘들이 나타나도록 원했을 뿐이다.

랑케에 따르면, 역사가의 역할은 사료를 통해 과거가 스스로 말하게 하는 데 있다. 그렇게 되려면, 무엇보다 역사가 자신이 완전히 사라져 버려야 한다auslöschen는 것이다. 자기 해소에 대한 랑케의 요청은 과거를 "그것이 실제로 존재했던 대로Wie es eigentlich gewesen" 재구성해야 한다는 또 다른 요구와 맞물릴 때 의미가 더 선명하게 드러난다. 사람들이 자주 인용하는 이 문구는 앞뒤의 문맥 속에서 해석할 때 이해하기가 쉽다. 랑케는 여기서 역사가는 세계법정Weltgerichte에서 과거의 잘잘못을 판단하는 판사도 아니고, 과거 연구를 통해 미래를 위해 필요한 교훈을 제공해주는 실용주의적 지식인도 아니라고 천명했다. 역사가는 탐구를 통해 발견될 지식이 어디에 어떻게 쓰일지와는 무관하게 오직 진실만을 추구해야 한다는 것이다. 그것이 역사가에게 부여된 직업적 소명이라고 랑케는 생각했다.

직업적 역사가의 태도와 자세: 자기 해소

이 점에서 볼 때, 과거를 객관적으로 연구하고 서술하며 가르치기 위해 랑케가 방법과 절차보다 더 중시한 것은 역사가의 태도와 자세였다. 그 요체는 자기 해소에 있었다. 그렇다면, 역사가의 자기 해소는 어떻게 해야 이루어질 수 있을까? 여기에 관해 랑케는 일목요연하게 정리해놓지 않았다. 하지만 그가 남긴 단편적 언급들을 통해 이렇게 정리할 수 있을 것이다.

가장 먼저 할 일은 일체의 편견과 선입견을 배제하는 것이다. 선악의 판단과 호오의 감정은 진실에 접근하는 것을 막는 첫 번째 장애물이다. 과거라는 낯선 세계로 들어가고자 할 때, 자기 집단과 이해관계를 달리하는 집단의 과거를 살펴볼 때, 우리는 우리 내면에 어떤 편견이나 선입견이 자리 잡고 있지는 않은지 조심스럽게 들여다보아야 한다. 이런 내성內省의 태도는 다른 인종과 문화를 공부할 때 특히 중요하다.

다음으로, 그 어떤 이론도 배제해야 한다는 것이 랑케의 생각이었다. 이론은 어떤 것을 잘 보게 해주지만, 그 대가로 다른 것들은 잘 안 보이게 하거나 못 보게 만드는 부작용을 갖고 있다. 예를 들어, 성장의 관점에서 20세기 경제사를 공부하는 학자는 분배와 관련된 복잡한 현실을 도외시하거나 부정적으로 언급할 확률이 높다. 그래서 이론은 선글라스나 기능성 안경에 비유된다. 애초의 취지와 다르게 현실을 왜곡할 수밖에 없다는 말이다. 그런 염려에서 랑케는 역사가가 이론에 의지해서 고공비행을 통해 광대한 삼림지대를 조망하기보다는, 엄청난 수고를 감수하고 도보 탐험을 통해 숲속의 나무들을 맨눈으로 세밀하게 살펴봐야 한다고 권고한 것이다.

랑케가 중시한 그다음 요소는 연관관계Zusammenhang에 대한 탐색이다. 연관관계는 19세기 독일의 인문학자들이 즐겨 사용했던 용어다. 오늘날에도 생활연관이나 가치연관 등 다양한 복합어로 사용되고 있기는 하다. 랑케의 경우 연관관계 탐색은 개체에 대한 탐색에서 시작한다. 그의 모든 사고는 개체에 대한 존중에서 시작되었다. 일찍이 괴테도 "개체는 파악 불가능할 정도로 신성하다Individuum est ineffabile"고 강조했다. 이후 개체에 대한 경외감은 랑케를 포함해 경험적 탐구를 중시하는 독일 인문과학자들의 공통 자산이 되었다.

19세기 역사 연구에서 개체의 가장 작은 단위는 개인이었다. 개인들이 모여 가족을, 가족들이 모여 지역을, 지역들이 모여 하나의 민족을 구성한다는 것이 19세기 유럽 학자들의 일반적인 믿음이었다. 그들은 개인의 총합이 가족이지만, 하나의 개체로서 가족의 특성은 단순히 가족 구성원들의 특성을 합산한다고 해서 모두 파악되지는 않는다고 생각했다. 민족도 마찬가지다. 개인들과 가족들과 지역들이 모여 하나의 민족국가가 형성되지만, 민족국가 고유의 성격은 모든 구성 요소들의 개별적 특징으로 환원되지 않는다. 하나의 민족국가는 그것을 구성하는 요소들의 총합과 다르고, 다른 민족국가들과도 구별되는 무언가를 지닌다. 그것이 바로 민족국가마다 지닌 개체성이다. 동시에 유럽의 개별 민족국가는 유럽이라는 더 상위의 개체를 구성하는 하나의 단위 요소다. 랑케는 개인에서 가족으로, 가족에서 지역으로, 지역에서 민족국가로, 민족국가에서 유럽 전체로 확장되어가는 연관관계의 연쇄를 주목했다.

　연관관계는 이처럼 단위 간의 관계에 국한되지 않는다. 어떤 개인이 처했던 환경, 그 개인의 생각과 행동에 직접 영향을 주는 사회관계나 지배적 가치도 중요하다. 그러므로 역사가는 과거를 연구할 때, 특정인이 어떤 중요한 역사적 행동을 했다면, 그 행위에 영향을 준 다양한 연관관계들을 확인하면서 해석의 범위를 확대해간다. 이를 통해 한편에서는 행위의 동기를 이해하고, 다른 한편에서는 행위의 의미를 해명한다. 이렇게 역사가의 연구는 개체에서 출발하여 부분을 거쳐 전체로 상승하고, 이렇게 해서 얻은 폭넓은 조망 속에서 다시 부분을 거쳐 개체로 하강한다. 중요한 대상일수록 이 상승과 하강의 과정은 더 반복된다. 사료비판에서 출발한 이 탐색과정은 해석으로 진전되고, 역사가의 최종적 의미부여를 통해 끝난다. 이 모든 설명에도 불구하고 아직 해결되지 못한 근본적인 문제가 있다. 이러한 절차를 충실하게 밟는다고 해서 역사가의 자기 해소가 완전하게 이루어질 수 있을까? 자기 해소의 궁극을 더이상 아무 개인적인 생각도 없고 아집도 없는 무념무아의 상태라고 한다면, 이런 종교적 경지에 도달하는 것이 과연 역사가에게 가능할까?

랑케는 제도적 훈련과정을 통해 체득할 수 있는 직업적 역사가의 소양과 선천적인 역사가의 능력을 구별했다. 이 둘 가운데 어떤 것을 통해서도 온전한 의미의 자기 해소는 가능할 것 같지 않다. 그럼에도 랑케는 자기 해소가 아예 불가능하다고 생각하지 않았다. 기독교도로서 독실한 경건주의 교파 신자였던 랑케에게, 자아를 포기하라는 요구는 반드시 준수해야 할 삶의 원칙이었기 때문이다. '세상과 나는 간 곳 없고 대속한 주님만 보이는' 상태는 경건한 기독교인이 일상에서 항상 추구해야 할 목표다. 그렇다면, 종교가 없는 역사가에게는 랑케의 이런 요청이 아무런 의미가 없다고 말할 수 있을까? 그렇지는 않을 것이라고 생각한다. 이 원칙은 역사를 연구하고 가르치는 모든 전문 역사가에게 경고성 화두로 기억될 수 있을 것이다. 자기 해소의 계율은 역사가들이 매 순간 의식해야 할 직업윤리 중 가장 중요한 출발점이라고 생각하면 되겠다.

'실제로 존재했던 그대로' 과거를 탐색하라는 요구는 90년 가까운 생애 동안 랑케가 유념했던 제1의 원칙이었다. 자기 해소에 대한 강박적 의무감은 랑케가 제기한 객관성 요구에 대한 자신의 응답이었다. 랑케는 온전한 직업적 역사가가 되기 위해 부단히 자기 자신의 소거를 연습했다. 랑케의 이러한 내적 열정과 그가 남긴 100권 이상의 역사서술에 주목한다면, 실증이라는 딱지가 붙어버린 역사가, 일개미처럼 사료 비판에만 매진하는 역사가로서 랑케의 이미지는 랑케 본연의 모습이 아니라는 것을 알 수 있다. 독일 인문학의 전통 속에서 랑케는 사실관계 해명에 천착하는 '맨발의 역사가'와 역사의 흐름 전체를 관조할 줄 아는 심미적 역사가를 구별했다. 그러므로 랑케를 단순히 '실증사학의 아버지'라고 부르는 것은 부당한 일이다. 랑케를 '실제 있었던 그대로' 이해하려면, 무엇보다 너무 신화화된 랑케의 이미지를 파괴해야 한다. 그리하여 후대에 의해 축소 왜곡된 랑케의 상에서 탈피해야 한다.

만일 우리가 랑케를 직접 대면해서 있었던 그대로 과거를 연구할 방법을 묻는다면, 어떤 말을 듣게 될까? 객관성에 이르는 길을 묻는 우리에게 랑케는 아마 이렇게 말해줄 것이다. 역사가 온전히 되살아나게 하려면 무엇보다 후대 학자들에 의해 신화적 역사가 되어버린 자기를 죽이라고 말이다.

25
막스 베버: 이념형 외에는 길이 없다

모든 지성은 시대의 산물이다. 현대 인문사회과학에서 고전이 된 막스 베버의 논문 〈사회정책과 사회과학의 객관성에 관하여〉도 마찬가지다. 시대의 환경과 그 속에서 형성된 저자의 문제의식을 알지 못하면, 베버의 논문 〈객관성〉도 까다롭기 그지없는 텍스트에 불과하다. 텍스트에 대한 이해는 그 텍스트를 잉태한 콘텍스트에 대한 이해를 전제한다. 베버의 생애뿐 아니라 베버가 처했던 시대상황에 대한 이해가 객관성에 관한 그의 주장을 온전히 이해할 수 있게 해주는 지름길이다.

시대가 변하면 문제의 지형이 바뀌고, 그에 따라 문제를 바라보는 시각과 연구이론과 방법이 차례로 바뀌게 된다. 이렇게 한 사이클이 바뀌고 나면, 우리는 패러다임 변동이 일어났다고 말한다. 베버는 근대 인문사회과학의 패러다임 변동기에 성장했고, 현대적 패러다임의 탄생에 기여했다. 베버는 프로이센 주도의 독일 통일을 청소년기에 목격했고, 제1차 세계대전 발발과 독일의 패망을 장년기에 겪었으며, 바이마르 공화국의 탄생을 위해 말년의 삶을 헌신했다. 베버의 생애에서 중요한 또 하나의 요소는 프로테스탄티즘이다. 베버의 나라 프로이센은 개신교 국가였고, 1871년 프로이센에 의해 통일된 독일은 개신교도들이 주도하는 국가였다. 베버 스스로는 종교를 믿지 않았지만, 개신교도가 지도층을 형성한 조국의 상황을 이해하는 그의 방식은 그의 학문 세계를 파악하는 데 매우 중요하다. 그의 대표작 《프로테스탄트 윤리와 자본주의 정신》과 〈객관성〉 논문도 근대 유럽사와 개신교 간의 관계에 대한 깊은 이해를 바탕으로 삼고 있기 때문이다.

베버의 객관성 논의에서 출발점은 한 시대의 가치관에 대한 이해다. 종교의 힘이 약화되기 전까지 유럽 역사에서 가톨릭과 프로테스탄티즘은 지배적 가치관이었다. 가치관은 의미의 기준을 제시함으로써 개인들의 삶의 방식을 결정한다. 우리는 '중요하다', '의미 있다', '가치 있다'고 판단하는 일에 우리 시간과 돈을 쏟아붓는다. 인생은 내게 가치 있는 일과 무가치한 일을 끝없이 구분하면서, 내가 소중하게 여기는 가치를 실현하기 위해 살아가는 과정이다.

우리 시대에 적지 않은 젊은이들이 의대 진학과 개업을 목표로 청춘을 투자한다. 의대를 졸업하고 개업하면 많은 이들의 부러움을 한몸에 산다. 그런데 모든 청춘이 그 길을 답습하지는 않는다. 많은 사람을 펑펑 울게 만든 영화 〈울지 마 톤즈Don't Cry for Me Sudan〉(2010)의 주인공 이태석 신부가 바로 그 경우다. 의대를 졸업하고 인턴 생활까지 마친 청년 이태석은 자기가 추구하는 가치에 따라 사제 서품을 받고 수단

남부 지역에 가서 선교 생활을 하다 암에 걸려 목숨을 잃었다. 그가 걸은 길은 예외적인 길이라서 더 큰 감동을 주었다. 어디 그뿐인가? 수많은 청년이 법학전문대학원 입학을 위해 노심초사하는 이 시대에, 탁월한 성적으로 사법시험에 합격한 후 약자와 빈자를 위해 헌신한 사람도 있다. 조영래 변호사가 바로 그다. 그 역시 과로로 세상을 일찍 떠났다. 이태석과 조영래의 가치 기준은 우리 시대의 평균과 달랐다. 우리 시대의 지배적 가치관은 자본주의다. 종교나 이데올로기의 힘이 약화된 자본주의 시대에는 돈이 미덕이고, 성공과 출세가 찬사의 대상이 된다. 심지어 돈이 종교고 출세가 강력한 이데올로기가 되기도 한다.

프로테스탄트 윤리와 자본주의 정신

자본주의 사회에서 중시되는 것은 개인의 능력이다. 이 능력이 경쟁력이 되고, 각 개인은 그에 따라 지위나 연봉으로 보상받는다. 능력이 인격으로 평가받는 사회에서 개인들은 능력을 갖추기 위해 과거 그 어느 때보다 시간 관리에 힘쓴다. 자본주의 세상의 이치를 "시간이 금"이라는 간명한 말로 갈파한 사람이 있다. 그가 바로 100달러 지폐에 주인공으로 등장하는 벤저민 프랭클린이다.

이 화폐 속의 주인공을 유명하게 만든 사람이 베버다. 베버는 "시간이 금"이라고 강조한 프랭클린이야말로 자본주의 정신의 화신이라고 밝혔다. "시간이 금"이라는 경구는 단순히 '돈이 최고'라는 속물정신의 표현이 아니었다. 그래서 베버는 《프로테스탄트 윤리와 자본주의 정신》에서 프랭클린의 말을 이렇게 인용한다.

시간이 돈임을 잊지 말라. 매일 노동을 통해 10실링을 벌 수 있는 자가 반나절을 산책하거나 자기 방에서 빈둥거렸다면, 그는 오락을 위해 6펜스만 지출했다 해도 그것만 계산해서는 안 된다. 그는 그 외에도 5실링을 지출한 것이다. 아니 갖다 버린 것이다.

프랭클린은 여기서 기회비용까지 계산에 넣고 있다. 이 시간 계산이 중요한 이유는 상인들에게는 영리를 추구하며 지상에서 살아가는 치열한 삶이 곧 구원의 징표라고 보는 근대 프로테스탄트적 생활 방식과 직결되어 있기 때문이다. 베버는 바로 이 '생활 영위 양식Lebensführungs-weise'의 교체 속에서 시대의 변화를 가장 잘 파악할 수 있다고 믿었다.

19세기 말 20세기 초에 파멸의 경쟁으로 치닫는 자본주의, 화석화되어가는 관료주의, 급증하는 정치적 무관심에 진저리쳤던 베버는 시민계급의 각성 외에는 깊어가는 시대의 질병을 치유할 방법이 없다고 생각했다. 그래서 그는 절박한 마음으로 천 년의 세월 동안 유럽을 지배했던 가톨릭의 가치관과 생활양식이 새로운 가치관과 생활양식의 도전에 무너졌던 역사의 한 시대에 주목했다. 상업자본주의가 싹트고, 시민계급이 성장하며, 금욕과 절제를 요구하는 프로테스탄티즘이 확산되고, 합리적 생활양식을 동경하던 근대 초기가 바로 그것이다. 시민계급의 도전 속에 중세 가톨릭의 전통주의적 생활양식도 빠르게 침식되어갔다. 혁신을 꺼리던 수공업자와 상인 길드, 그들의 배후에 있던 문벌귀족들, 문벌귀족들의 전횡적 지배를 가능케 했던 봉건제의 아성은 속

수무책으로 무너졌다. 시민계급이 표방한 합리적 생활양식은 자본주의였고, 이 상업자본주의의 발전에 정신적 토대를 제공한 것이 프로테스탄티즘이었다는 것이 베버의 해석이다. 프로테스탄티즘은 어떻게 자본주의와 시민계급의 정신적 보루가 되었다는 것일까?

　가톨릭의 전통적 경제관은 "내일 일을 염려하지 말라"는 신약성서의 문구로 대표된다. 프로테스탄티즘의 대두와 더불어 한갓 참새조차도 하나님이 돌본다는 가톨릭의 비유는 이제 주인이 맡긴 달란트를 전력을 다해 증식시키는 '선한 청지기' 비유로 대체되었다. 예전에 가톨릭이 차지했던 자리를 프로테스탄티즘이, 과거에 칼 찬 귀족이 지켰던 자리를 펜을 든 부르주아가, '게으른 방종'과 '공정 가격'을 강조하던 중세 생활양식에 할애되었던 자리를 끝없는 경쟁과 혁신을 요구하는 근대적 생활양식이 대체하게 된 것이다. 파장도 엄청났다. 대식gourmand의 문화가 미식gourmet의 문화로 바뀌었고, 두주불사의 마초 문화가 각성을 지향하는 커피 문화, 차 문화로 대체되었다. 피와 출생이 모든 것을 결정짓던 신분사회가 후천적 노력과 성과를 중시하는 능력사회로 바뀌게 된 것이다.

가치관의 지배와 이념형적 개념 구성

이 문제를 세밀한 필치로 다룬 작품이 바로 《프로테스탄트 윤리와 자본주의 정신The Protestant Ethic and the Spirit of Capitalism》이다. 이 글이 역사의 한 국면에 대한 분석이라면, 〈객관성〉은 이 분석에 기초하여 객관적인 역사 연구의 방법을 제시한 것이다. 베버의 방법은 이렇게 요약할 수 있다.

- 모든 인간은 의미 있는 삶을 살고 싶어한다.
- 의미는 주관적이다. 의미 있는 것과 의미 없는 것을 가르는 기준은 사람에 따라 다르다.
- 의미부여의 궁극적 기준이 가치다.
- 지극히 주관적인 것처럼 보이는 가치도 사실은 시대를 지배하는 가치관에 의해 규율된다. 한 시대의 지배적 가치관은 지배적 생활양식을 통해 표현된다.
- 가치관에 입각한 가치판단은 종교와 정치 영역에서 강하게 작용한다.
- 객관성을 추구하는 학문에서는 가치판단 대신에 가치연관을 도모해야 한다.
- 가치연관이란 누군가의 가치기준에 의해 이뤄지는 가치판단과 다르다. 가치연관이란 어떤 사람이 어떤 행동을 했을 때, 그 행동을 촉발한 궁극적 가치가 무엇이었는지를 차분히 해명하는 작업이다.
- 가치연관 작업은 막연한 추측이나 직관적 판단과는 다르다. 가치연관은 인과귀속kausale Zurechnung을 통해 이루어지는 논리적 작업이다.
- 인과귀속이란 행위의 결과에서 출발하여 그 행위를 초래한 동기를 밝혀가는 과정이다. 이 과정에서 관건은 행위 주체가 처했던 구조적 조건과 상황적 여건을 그 행위 주체가 어떻게 해석했는지를 파악해가는 작업이다.
- 논리적 인과귀속 작업이 인문사회과학에서도 가능한 이유는 인간이

합리적으로 사유하고 선택하며 행동하는 존재이기 때문이다. 이때 '합리적'이라는 말은, 어떤 목표를 성취하고자 할 때 최적의 수단이 무엇인지를 강구한다는 뜻이다. 이것을 절차적 합리성, 수단적 합리성 또는 방법적 합리성이라고 부른다. 이와 대비되는 내용적 합리성, 목적적 합리성, 실질적 합리성을 베버는 가치연관 작업에서 강조하지 않았다. 이러한 종류의 합리성은 가치판단에서 주로 다뤄지기 때문이다.

이 10개의 명제를 베버가 제시한 이념형적 개념 구성idealtypische Begriffsbildung의 방법을 통해 살펴보자. 이념형적 개념 구성은 두 개의 전제에서 출발한다.

첫째, 모든 인간은 합리적으로 행동할 것이라는 가정이다. 이 가정은 모든 인간이 어떤 경우에도 합리적으로 행동한다는 단순한 믿음과는 다르다. 베버도 인간이 지적 존재라고만은 생각지 않았다. 그에게도 인간은 지·정·의의 복합체였다. 그럼에도 많은 사람은 중요한 선택을 할 때마다, 가장 적은 대가를 치르고 가장 좋은 결과를 얻기 위해 애쓴다. 베버는 이러한 특성이 자본주의 시대의 경제활동에서 가장 잘 나타난다고 보았다. 최소 비용으로 최대 효과를 도모하는 합리적 선택의 전형은 기업가에게서 발견할 수 있다. 물론 어떤 기업가도 실제로는 삶의 모든 영역에서 합리적 선택과 결정으로 일관하지는 않는다. 그래서 베버도 강조한다. 합리적 생활양식을 대표하는 부르주아적 삶의 전형을 보여주는 기업가는 이 세상 어디에도 없다고 말이다.

여기서 두 번째 전제가 등장한다. 이념형적 개념 구성 작업의 결과 만들어진 그 어떤 이념형Idealtypus도 현실을 있는 그대로 반영하지는 못한다는 점이다. 그래서 베버는 이념형이 유토피아적 성격을 띤다고 말했다. 그럼에도 이념형은 우리가 할 수 있는 한도 안에서 그 현실을 가장 낫게 보여준다는 점에서 이상적 성격을 띤다고 베버는 부연했다.

아무리 정교한 이념형이라도 현실을 있는 그대로 반영하지는 못한다. 베버는 이 점을 중세 도시경제 개념을 통해 설명한다. 베버 시대에 독일을 대표하던 국민경제학자 뷔허Karl Bücher는 고대 가내경제Oikoswirtschaft-중세 도시경제Stadtwirtschaft-근대 국민경제Nationalwirtschaft의 3단계를 통해 유럽 경제의 역사적 발전을 설명했다. 뷔허가 기준 삼은 것은 생산과 유통의 범위였다. 베버는 이 도식을 수긍하면서도, 이것을 예외 없는 역사발전 법칙으로 받아들여서는 안 된다고 강조했다. 이유는 두 가지였다. 첫째, 이 발전과정을 설명하기 위해 학자들이 살펴본 자료는 전체 가운데 극히 일부에 불과하다. 둘째, 고대 가내경제나 중세 도시경제는 유럽의 일부 지역에서만 나타났다. 그러므로 뷔허의 경제발전 단계설은 발전의 경향을 대략적으로 보여주는 이론적 구성물에 지나지 않는다는 것이다. 이론적 구성에서 중요한 점은 얼마나 많은 현상을 적절하게 설명해줄 수 있는가이다. 이념형적 개념 구성 작업의 성패는 그 결과 만들어진 이념형의 현실 적합성에 달려 있다는 것이다.

말장난처럼 보일 수도 있는 '현실 적합성'의 유무와 정도를 베버가 객관성의 잣대로 강조한 이유는 무엇일까? 베버는 국가 간의 제로섬 경쟁과 계급 간의 극심한 갈등 속에서 학문이 민족과 계급의 이해관계에 종속되는 상황을 염려했다. 그리하여 일체의 이견을 부정하면서 진실을 독점한 것처럼 행세하는 학계의 풍토를 '신들의 전쟁'에 비유했다. 베버가 보기에 가장 시급한 과제는 학자들이 동의할 수 있는 게임 규칙을 마련하는 일이었다.

이 규칙은 경험 자료와의 대조를 통해 누구의 주장이 진실인지 가릴 수 있다는 통념을 포기하는 데서 출발한다. 역사가는 자기 시대를 벗어나면 현장조사와 관련자 대면을 통해 과거의 진실에 도달할 수 없다. 고대 로마사의 경우를 생각해보자. 카이사르를 비롯한 문제의 인물들이 이미 죽었고, 이탈리아반도의 생활환경도 크게 변해 버렸기 때문에, 로마 공화정에서 황제정치로 이행했던 시기의 현실을 있었던 그대로 규명할 방법은 없다. 그저 사료 속에 남아있는 흔적들을 검토함으로써 과거의 윤곽을 그려볼 수 있을 뿐이다. 그러나 전승된 사료들은 단편적이거나 우연적이기 때문에, 우리를 과거 세계로 안내해주는 온전한 징검다리가 될 수 없다. 사료가 대략적인 단서 이상의 역할을 할 수 없다면, 어떤 역사가의 주장이 진실 혹은 오류라고 확증할 수 있는 수단이 존재하지 않게 된다. 그래서 베버는 '대조'를 통한 입증 가능성을 포기하고, 그 대신에 설명의 '적합성'만 이야기하자고 제안했다.

이념형의 세 차원

이로써 베버에게 영원한 진실의 발견이나 실체적 진실의 재현은 불가능해졌다. 가능한 것은 오로지 이념형 구성을 통해 상대적이고 잠정적인 진실을 제시하는 것뿐이었다. 역사가의 시각에서 보면, 베버가 말한 이념형적 개념 구성 작업은 세 개의 차원에서 진행된다.

첫째, 거시적 역사 수준에서 베버는 합리화 테제를 제시했다. 서구 사회가 과거의 주술적 지배에서 벗어나 합리적 지배를 향해 꾸준히 발전해왔다는 것이다. 가장 대표적인 증거가 자본주의와 관료제의 발전이다. 이것은 경제와 행정의 효율성 향상을 의미한다. 합리화 과정은 지배층의 마음에 따라 모든 것이 좌우되는 전근대의 인치人治국가에서 근대 법치국가로 향하는 발전이기도 했다. 물론, 서구 사회는 모든 영역에서 합리화되지 않았고, 모든 지역이 같은 수준의 합리화를 경험하지도 않았다. 그렇기 때문에 합리화 테제의 목표는 서구 사회가 경험한 모든 변화를 총체적으로 설명하는 것이 아니라, 전체적 변화의 방향성과 추세를 대략적으로 파악할 수 있게 해주는 데 있다. 이것이 바로 베버가 강조한 거시적 수준의 이념형의 역할이다.

둘째, 이념형적 개념 구성은 중간 수준의 역사mezo-history 연구에서 특히 강점을 드러낸다. 베버의 대표작 《프로테스탄트 윤리와 자본주의 정신》의 취지는 근대 서구 자본주의의 발전과정을 총체적으로 복원하는 데 있지 않았다. 한 해 전에 출판된 좀바르트Werner Sombart의 대작 《근대 자본주의》에 대한 서평이었던 이 글에서 베버는 단 하나에 초점을 맞췄다. 그것은 곧 자본주의 정신의 출현은 자본주의 발전의 결과라는 좀바르트의 주장에 대한 반박이었다. 이를 위해 베버는 12~13세기 유럽의 일부 지역에서 자본 축적에 힘쓰는 '신흥 부유층nouveau riché'이 등장했음에도 본격적인 상업자본주의의 발전은 15세기 이후에야 이뤄졌다는 좀바르트의 설명을 환기시켰다.

베버에 따르면, 그 이유는 자본주의 정신의 부재에서 찾을 수 있다.

일체의 축재 행위를 죄악시하면서 필수적인 생산과 소비에 머물 것을 요구하는 가톨릭이 지배하는 상태에서 신흥 상인들은 이윤 추구의 동기를 찾기 어려웠다. 사회적 인정이 부재한 곳에서 자본주의의 본격적 발전을 기대하기는 어려웠다. 베버는 신흥 부유층에게 과거의 '전갈'이나 '수전노' 대신 '기업가entrepreneur'라는 표현이 사용된 시점이 15세기였다는 사실에 주목했다. '신흥 부유층'이 등장했던 시점과 그들에 대한 사회적 존중을 담은 표현인 '기업가'라는 용어가 출현했던 시점 사이의 200년 동안 세상은 크게 바뀌었다. 과거에는 적절한 이름조차 얻지 못하던 자본주의 '정신'이 이제는 대세가 되었다는 것이다.

자본주의 정신의 출현을 가능케 해준 것은 바로 종교개혁이었다. 캘빈주의는 하나님이 허락한 천직에는 귀천이 없다고 함으로써, 중세 내내 천대받았던 상인과 금융업자들이 어깨를 펴고 살아갈 수 있게 만들어주었다. 또한 구원 예정설을 통해 구원의 내적 확신을 가진 성도는 이 땅에서 사는 동안 자신의 직업활동을 성실하게 수행함으로써 구세주인 하나님의 인정을 받아야 한다고 강조했다.

여기서 신약성서의 달란트 비유와 '청지기설'이 소환된다. 외국으로 멀리 떠나기 전 세 명의 종을 불러 각각 1, 2, 5달란트를 맡긴 주인이 몇 년 후에 돌아와 자산 운용결과를 확인한다. 주인은 원금 보전을 보고한 1달란트 수임자에게는 악한 종이라는 저주를, 100퍼센트의 수익률을 달성한 2달란트 수임자에게는 칭찬을, 똑같이 100퍼센트의 수익을 올린 5달란트 수임자에게는 엄청난 치하와 함께 앞의 두 종에게서 돌려받은 모든 자산 운용의 책임을 추가적으로 맡겼다는 것이다(예수 당시에 1달란트는 현재 가치로 10억 원에 해당한다!).

이 예화는 캘빈 시대에 와서 갑자기 바람직한 삶의 원리로 격상되었다. 이로써 상업과 금융업은 하나님 앞에서 똑같이 인정받는 직업이 되었을 뿐 아니라, 내면의 구원을 외적으로 확증하는 미래지향적 소명으로 완전히 탈바꿈하게 되었다. 상인과 금융업자들이 주의할 것은 단 하나, 청지기의 사명을 망각하지 않는 것이었다. 그 사명은 금욕과 절제를 통한 재투자의 직업윤리로 표출되었다. 이렇게 해서 중세 말 신흥 상인의 출현 이후 좀처럼 비상하지 못했던 근대 자본주의가 두 세기 만에 본격적인 궤도에 오를 수 있었다는 것이다.

이를 통해 베버는 무슨 말을 하려고 했던 것일까? 마르틴 루터 이후 종교개혁과 개신교의 출현, 그 적통자로서 캘빈주의 종파의 등장이 아니었다면, 근대 자본주의는 본격화될 수 없었다는 것이다. 종교적 세계관의 혁신과 경제적 가치관의 변화 없이는 근대 자본주의가 탄생하지 못했을 것이라는 결론이다.

《프로테스탄트 윤리와 자본주의 정신》이 선풍적 관심을 끌자, 가톨릭교도로서 뮌헨대학에 재직하고 있던 명망 높은 경제학자 브렌타노 Lujo Brentano가 반박의 글을 썼다. 자료를 조사해보면, 가톨릭 인구가 압도적으로 많았던 곳에서도 근대 자본주의가 싹텄다는 것이다. 베버는 대선배의 공격에 느긋하게 대응했다. 자신은 근대 자본주의 탄생과 관련하여 모든 자료를 보겠다고 한 적도 없고, 캘빈주의가 자본주의 발전의 유일한 원인이라고 한 적도 없다고 말이다. 베버는 근대 초기 유럽에서 캘빈주의의 분포도가 상업자본주의 발전의 지도와 상당 부분 겹쳐지는 현상이 궁금했고, 그 이유가 어디에 있는지를 지성사적 방식으로 탐색하고자 했을 뿐이라고 답변했다. 자신에게 중요한 것은 문제의식과 문제 제기였고, 자신의 호기심을 촉발시킨 문제에 답하기 위해 제한된 자료를 토대로 필요한 방식으로 연구를 진행했을 뿐이라는 것이다. 이게 무슨 뜻일까?

베버는 근대 초기 유럽이라는 거대한 시공간에서 발생한 일체의 경제 현상을 탐구하고자 하지 않았다는 얘기다. 그러므로 자신은 이 시기 이 지역에서 일어난 모든 변화를 설명해야 하는 부담을 질 수 없었고, 져야 할 필요도 없었다는 것이다. 현대 과학철학자 헴펠Carl Hempel이 과학의 준거로 강조했던 이른바 '포괄법칙covering-law'의 발견은 베버의 관심사가 아니었다고 이해하면 되겠다. 베버의 학문 세계를 하나의 명제로 정리한다면, 그것은 바로 "모든 것의 시작에는 문제의식이 있었다"가 될 것이다. 문제의식에 따라 자료를 탐색하고, 그중에서 문제 제기에 답변하는 데 직접 소용되는 것만 선별해서, 논리적 일관성을 견지하면서 현상에 대한 설명을 시도한다는 것이 베버의 취지였다.

《프로테스탄트 윤리와 자본주의 정신》과 같은 시기에 쓰인 베버의 방법론 저작 〈객관성〉은 이 점을 좀 더 명료하게 말해준다. 과학자는 혼돈 속에 있는 다양한 현상에 질서를 부여한다. 이 질서는 복잡한 현실을 관통하고 있는 실재적 성격의 인과적 질서가 아니라, 복잡한 현실의 한 자락이라도 이해하기 위해 인위적으로 부과된 사유적 질서 denkende Ordnung에 지나지 않는다는 것이다. 이렇게 되면 역사가는 감당 불가능한 중무장의 중압감에서 벗어날 수 있다. 소총으로 무장한 경보병처럼 지도에 그려지지 않은 지역을 자신의 문제의식과 시대의 요구에 따라 빠른 걸음으로 탐색할 수 있게 된다. 바로 이 점에서 베버의 《프로테스탄트 윤리와 자본주의 정신》은 오늘날 사회과학에서 유행하는 중간 범위 연구의 모범답안으로 받아들여지고 있다.

　마지막으로 이념형적 개념 구성은 미시적 역사 수준에서도 이뤄진다. 많은 사람은 베버라는 이름을 들으면, 으레 지배의 사회학이나 계층론을 먼저 떠올린다. 카리스마적 지배–전통적 지배–합법적 지배 유형으로 이어지는 서구 정치발전에 대한 베버의 설명은 고전이 된 지 오래다. 베버의 이념형을 이해하는 데도 지배사회학에 대한 그의 언급은 매우 중요하다. 그러나 이로 인해 《경제와 사회Wirtschaft und Gesellschaft》에서 베버가 강조했던 이해의 사회학verstehende Soziologie이 가려진다면, 큰 문제가 아닐 수 없다. 베버는 자신의 연구 목표가 '행위 주체의 구체적 의도'를 파악하는 데 있다고 강조했다. 그에게 모든 비교와 유형은 살아 숨 쉬고 의지하며 행위하는 개인들의 구체적 삶을 이해하기 위한 방편일 뿐이었다. 베버에게 인과적 설명은 행위자의 의도를 해명하기 위한 것이었다. 이런 생각에서 베버는 자신의 연구방법을 '설명적 이해erklärendes Verstehen' 또는 '이해적 설명verstehende Erklärung'이라고 밝혔다.

　인간과 역사에 대한 탐구는 운명적으로 두 마리 토끼를 쫓는다. 그 하나가 인과적 법칙에 대한 파악이라면, 다른 하나는 구체적 행위 동기의 포착이다. 수많은 관계 중에서 인과관계에 초점을 맞춰 현상을 재현하는 것이 설명의 방법이라면, 행동을 유발한 내면적 동기를 파악해서 재현하는 것이 이해의 방법이다. 사람들은 흔히 설명을 자연과학의 방법이라 하고, 이해를 인문학의 방법이라고 생각한다. 심지어 사회과학은 자연과학에 가깝다고도 믿는다. 크게 보면 틀린 말이 아니지만, 자세히 보면 맞는 말도 아니다.

사회학과 사회과학의 창시자 중 한 사람으로 불리는 베버 자신은 인간에 관한 모든 학문의 최종 목표가 개인의 구체적 행위 의도를 파악하는 데 있다고 강조했다. 이것이 바로 이해의 방법이다. 이해가 꼭 정서적 공감이나 행위 자체에 대한 수용과 지지를 뜻하지는 않는다. 극단적인 예를 들어보자. 우리는 히틀러에 정서적으로 공감하거나, 그의 정책을 지지하지 않아도 그의 행위 의도를 이해할 수 있다. 히틀러는 제2차 대전이 한창이던 중에 유럽 유대인에 대한 절멸정책을 결정했다. 이러한 결정을 내릴 때 그가 의도했던 바는 무엇일까? 무엇이 그로 하여금 이 같은 반인도적 결정을 내리게 만들었을까? 인간에 관한 학문적 연구의 핵심은 의도, 동기, 목표에 대한 해명에 있다. 이것을 포착하는 것이 바로 이해의 방법이다.

히틀러가 유대인 절멸을 도모했던 것은 과연 성격 이상이나 성장과정에서 경험한 유대인에 대한 적대감 때문일까? 역사가들은 그렇게만 생각하지는 않는다. 중대한 결정일수록 그 결정이 내려지기 전까지 행위 주체는 많은 요인을 고려한다. 절멸이 기술적으로나 사회적으로 가능할지, 절멸 외에 더 나은 대안은 없는지, 절멸의 방법을 택했을 때 감당치 못할 부작용이 발생하지는 않을지 등, 국민을 상대로 하는 정책 결정권자들은 수많은 경우와 예상되는 결과를 미리 그려본다. 그리고는 가장 적은 비용으로 최소의 부작용과 최상의 결과를 가져올 수 있는 방안을 실행에 옮긴다. 그렇기 때문에 어떤 중대한 결정에 관해서는 언제나 인과적 관계에 대한 설명이 필요하다. 베버가 즐겨 썼던 표현을 사용하자면, 인과귀속의 절차가 반드시 필요한 것이다. 유대인을 절멸하고자 했던 히틀러의 인종주의적 동기는 내면의 세계 은밀한 곳에 간혀 있는 사안이지만, 독일 국민의 반발 가능성, 제2차 세계대전 상황에 대한 판단, 가용한 운송수단의 총량, 연합국의 대응 방식, 절멸로 인해 얻게 될 정치적 이익과 손실에 관한 히틀러의 계산과 고뇌는 입증과 반박이 모두 가능한 외적 세계에 놓여 있는 사안들이다.

그러므로 우리는 600만 유대인과 500만 슬라브인의 희생이라는 결과에서 출발하여, 그 희생을 초래한 나치 독일의 정치적 결정까지 거슬러 올라간다. 이 가운데 주목할 만한 사건이나 인물, 통계나 증언이 있으면 꼼꼼하게 챙긴다. 그리고 그 결정의 순간에 누가 최종적으로 결심했으며, 그 결심의 순간에 이르기까지 최종 결정권자에게 영향을 주었던 요소들을 밝히기 위해 총통의 일기, 히틀러와 친위대 대장 힘러 간에 오간 서신, 유대인 절멸을 주도한 제국보안국에서 작성한 공문서들을 검토한다. 역사가는 권력 장악 전에 히틀러의 속내를 파악하기 위해 그가 란츠베르크 요새에 수감되어 있을 때 구술, 출판한 《나의 투쟁》도 정독하고, 필요하면 정신분석학자들의 텍스트 연구까지 참조한다. 이 기나긴 연구과정에 소용된 자료들은 일목요연하게 정리되어 역사가의 논문이나 단행본에 포함된다. 역사가가 히틀러의 행위 의도를 이해하기 위해 밟아야 했던 인과귀속의 과정을 비평가나 독자도 그의 글을 읽으며, 추체험적인 사고 속에서 재연한다. 그 절차와 방식에 만족한다면, 그 역사가의 저작은 탁월성을 인정받는다. 그리고 히틀러의 유대인 절멸 동기에 대한 그 역사가의 이해는 학계의 정설이 된다. 그의 해석을 전면적으로 대체할 수 있는 작품이 나오기 전까지는 말이다.

이처럼 베버는 이념형을 사회과학의 전유물로 여기지 않았다. 역사가를 비롯한 인문학자들도 실제 작업에서는 이념형적 개념 구성을 끝없이 시도하고, 그 결과로 이념형을 만들어낸다. 이념형은 거대한 합리적 소비성향/충동적 소비성향 같은 행위 모델이나, 서구적 근대화/주변부 근대화 같은 발전유형 구성에서 그치지 않는다. 행위 주체로서 개인이 어떤 결정을 내릴 때 어느 동기가 가장 크게 작용했는지 해명하는 작업 역시 이념형적 개념 구성에 속한다.

베버가 들었던 사례 가운데, 1871년 독일 통일의 주역 비스마르크 Otto von Bismarck가 내린 일련의 중대 결정을 생각해볼 수 있다. 비스마르크는 평생의 숙원이었던 통일을 위해 7년도 안 되는 기간에 세 차례의 전쟁을 치렀다. 1864년 슐레스비히-홀스타인 지방의 영유권을 놓고 치른 덴마크와의 전쟁, 1866년 대독일 통일을 도모했던 가톨릭 국가들의 장형長兄 오스트리아와의 전쟁, 1870년 나폴레옹 3세가 이끄는 프랑스와의 전쟁이 그것이다. 승리하면 모든 것을 얻을 수 있지만, 패배할 경우에는 모든 것을 잃게 될 수도 있는 전쟁의 방식을 비스마르크가 굳이 선택한 이유는 무엇이었을까? 이 문제는 역사가들이 오랫동안 매달려온 까다롭고 흥미로운 주제이다.

많은 역사가는 이 문제를 해명하는 방식이 비스마르크의 의도를 파악하는 이해의 방법이며, 이해의 방법은 사회과학자나 자연과학자들의 방법과는 완전히 다른 길이라고 믿어왔다. 베버가 말한 이념형적 개념 구성에도 해당하지 않는다고 생각했다. 베버는 이런 식의 생각을 매우 답답하게 여겼다. 미시적 수준에서도 얼마든지 이념형적 개념 구성 작업이 수행되고 있다는 것을 역사가들 본인들만 모른다고 생각했기 때문이다.

26

칼 베커: 역사가에게 객관성은 없다

역사서술이 시작된 순간부터 역사가들은 과거를 객관적으로 재현하 겠다는 의지를 거듭 밝혀왔다. 고대 로마의 역사가 타키투스는 일체의 '분노와 열정을 배제한sine ira et studio' 서술을 통해 이 목표에 도달하 고자 했고, 근대 역사학을 대표하는 랑케는 사료로 하여금 과거에 관해 직접 말하게 함으로써 이 경지에 이르고자 했다. 역사가의 자기 해소를 통해 일체의 주관이 배제된, 깨끗한 파이프라인이 되겠다는 의지의 표 명이었다.

그러나 19세기 말에 와서 상황이 크게 달라졌다. 이 오랜 목표가 숭 고하기는 하지만 도달할 수는 없는 이상에 불과하다고 고백하는 역사 가들이 급증했다. 이때부터 역사가들은 '가능한 한'이라는 단서를 달 기 시작했다. 베버가 제안한 이념형적 개념 구성의 방법도 그중 하나였다. 엄청난 희생자를 수반한 제1차 세계대전은 보편적 인류사 서술의 오랜 꿈을 산산조각 내버렸다. 이때를 기점으로 실제 존재했던 대로 과거를 재현하겠다는 의지는 '저 고상한 꿈'이 되어버렸다. 가치상대주의가 온 세상을 지배했기 때문이다. 칼 베커Carl Lotus Becker(1873~1945)는 1931년 미국 역사학회 회장 취임 강연에서 객관성에 대한 동료 역사가들의 자신감 상실을 이렇게 밝혔다.

모든 사람이 각자의 역사가다!Everyman His Own Historian!

제목부터 인상적인 베커의 연설은 직업적 역사가의 작업과 일반인의 생활 사이에 본질적인 차이가 없다는 점을 강조하면서 시작한다. 베커가 말하는 모든 사람Mr. Everyman은 많은 지식을 갖고 있지 않은 평범한 시민이다. 그에 따르면, 모든 사람은 다음과 같은 점에서 역사가들과 비슷하다.

- 무언가를 하기 위해 과거에 일어난 일을 회상한다.
- 필요하기는 하지만 아직은 알려지지 않은 사실들을 발견하기 위해 특정 자료들을 검토한다.
- 불행히도 그 속에서 상충하는 문서들이 발견되면, 오류를 제거하기 위해 비판적 시각에서 상반된 텍스트들을 대조한다.
- 이 모든 일이 끝나면, 기억이 확장되어 과거에 일어난 일에 관해 명료한 이미지를 갖게 된다.

이 모든 일은 현재의 순간에 이루어진다. 과거나 미래와 구별하여 현재를 따로 이야기하기는 하지만, 현재는 사실 과거와 미래 사이에 끼어 있는 찰나의 순간에 불과하다. 그러나 이러한 형식논리에 얽매이지 않는다면, 현재는 과거의 연속이요, 미래로 향하는 계기다. 어떤 현재가 매우 짧은 반면에, 어떤 현재는 무척 길다. 일상 경험에서 보면, 특히 중요한 일을 경험할 때 우리의 현재는 길어진다. 현재의 판단과 결정에 과거의 일들이 지대한 영향을 주기 때문이다. 하고자 하는 일이 중요할수록, 우리는 이와 관련된 과거의 모든 것을 곱씹게 된다. 이를 통해 죽어있던 과거가 현재화된다. 이미 지나가버린 과거가 지금 여기에서 되살아난다는 의미다.

역사가에게도 마찬가지다. 과거를 연구하는 역사가의 활동은 현재의 문제의식은 물론, 미래에 대한 기대와도 밀접하게 연결되어 있다. 그리하여 미래에 대한 기대감이 녹아 있는 역사가의 현재 의식 속에서 과거가 되살아나는 것이다. 과거는 이렇게 현재에 통합되어 현재의 생생한 부분이 된다. 따라서 모든 역사는 현재적이라고 말할 수 있다.

바로 이 점 때문에, 살아있는 역사, 곧 각각의 필요에 따라 서술된 역사는 시대에 따라, 세대에 따라 달라질 수밖에 없다. 물론 개인에 따라서도 서술 방식과 내용이 달라진다. 역사는 보편타당한 수학 공식과 다르기 때문이다. 오히려 역사는 상상력에 기초한 창조 행위에 가깝다. 이 점에서 각자가 만들어낸 역사는 사람에 따라 차이가 날 수밖에 없다. 여기까지만 보면, 베커는 극단적인 상대주의자처럼 보인다. 그러므로 일상생활과 마찬가지로 역사서술에서도 객관성을 전혀 기대할 수 없다고 말하는 것처럼 비칠 수 있다.

그러나 베커는 객관성을 그렇게 빨리 포기하지는 않았다. 역사라는 이름 아래 각자가 하고 싶은 대로 말할 수 없게 해주는 약간의 제한 요인이 있다고 믿었기 때문이다. 이때 그가 염두에 두고 있는 것은 함께 살아가는 동료들의 존재다. 어떤 경험을 공유한 사람들 사이에는 공통의 기억이 존재한다. 기억의 강조점과 색채가 다를 수도 있지만, 그럼에도 우리에게는 공유기억이 있다. 이런 틀을 무시하고 과거에 대한 기억을 자의적으로 말할 때, 친구, 가족, 동료들이 우리를 제지한다. 역사서술도 이와 마찬가지다. 학자공동체가 개별 역사가의 자의적 역사서술을 막아준다. 내가 인용한 사료가 적절한지, 그 사료를 정확하게 읽었는지, 방법적 문제는 없는지, 혹시라도 논리의 비약이 나타나지는 않는지를 다른 전문가들이 세밀하게 살펴보기 때문이다. 책을 쓰거나 논문을 쓸 때 학자라면 누구나 이와 같은 동료 평가peer review를 염두에 둔다. 혹시라도 사료의 오독, 견강부회, 침소봉대, 중대 사실의 누락 같은 치명적 결함에 대한 지적이 나올까 봐서다.

그렇다고 해서 이러한 상호 견제 장치가 객관적 역사서술을 보장해줄 것이라고 믿는다면, 지나친 속단이다. 베커는 그 이유를 우리 감성에서 찾는다. 그에 따르면, 우리가 과거를 기억하고 서술할 때 차갑고 딱딱한 사실에만 의존하지는 않는다. 감정적 판단이나 정서적 만족감도 과거를 되살릴 때 중요하게 작용하기 때문이다. 이것은 일반인만이 아니라 직업적 역사가들 사이에서도 얼마든지 일어날 수 있는 일이다. 양자 사이에는 정도의 차이가 있을 뿐이다.

베커는 이처럼 객관성에 대해 크게 기대하지 않았다. 역사란 그저 이야기일 뿐이라고, 다만 진짜 이야기를 목표로 삼아 만들어진 이야기일 뿐이라고 그는 말했다. 역사 이야기는 기본적으로 사건의 연쇄를 재현하기 위해 모든 문학적 기법을 활용한다는 점에서 일반적인 이야기와 차이가 없다. 진술과 일반화, 말하기와 묘사적 서술, 대조와 촌평과 유추 등의 다양한 기법이 역사서술에서 좀 더 의식적으로 사용될 뿐이다. 이렇게 구성된 사건의 연쇄 속에서 드러내고자 하는 의미가 표현된다. 그러므로 역사가가 서술한 역사도 궁극적으로는 진실과 상상의 임의적 조합에 지나지 않게 된다.

바로 여기서 베커는 베버와 멀어지기 시작한다. 베버는 역사가의 가치관에 따라 부여되는 의미가 다를지라도, 역사가들이 약속된 수단에 의거해서 약속된 절차를 밟아 사료를 가공하면 어느 정도 수준의 객관성에 도달할 수 있다고 믿었기 때문이다. 이와 함께 역사가가 작업하는 방식과 내용이 경험의 법칙에 위배되지만 않는다면, 잠정적으로 합의 가능한 객관성에 도달할 수 있다고 베버는 믿었다. 이 점에서 보면, 베커는 베버보다 객관성에 대해 훨씬 더 깊은 회의감을 표명했다고 하겠다.

19세기 서구의 역사가들은 대부분 엄정한 사료비판에 근거한 학문적 해석을 신뢰할 수 있다고 믿었다. 그들은 학문 공동체 내에서 통용되는 경험의 법칙과 전문성을 신뢰했기 때문이다. 하지만 미증유의 제1차 세계대전을 경험한 베커는 이러한 과거의 소박한 믿음에서 크게 멀어졌다. 이것은 19세기 역사학과 20세기 역사학의 결정적 차이였다. 이제 베커에게는 해석의 객관성을 보장할 수 있는 궁극적 방책이 없었다. 19세기 후반 유럽 국가들 간의 치열한 경쟁이 제국주의의 수렁으로 치닫고, 이 속에서 발발한 제1차 세계대전에 참전한 각국의 역사가들이 동일 사건에 대해 양립 불가능한 '해석'을 남발한 것이 결정적인 계기였다.

　제1차 세계대전은 국민들 간의 전쟁이었을 뿐 아니라 역사가들 간의 이전투구였다. 미국과 영국 그리고 독일의 많은 역사가가 총 대신 펜을 들고 조국을 위해 치열한 선전전에 참가했다. 그 결과 전쟁이 끝났을 때, 역사가들이 합의할 수 있는 객관적 역사는 찾아볼 수 없게 되었다. 독일의 황제를 현대판 '아틸라Attila'로 폄하한 영미권 역사가들과, 영국의 공리주의를 '장사치의 철학'이라고 비난한 독일 역사가들 사이에 신뢰의 가교는 사라지고 말았다. 전후 벨기에서 개최된 세계역사학대회는 독일 역사가들의 참가 자체를 허락하지 않았다. 객관적 역사의 가능성에 대한 베커의 비관적 전망은 20세기 초로 향하는 세기 전환기에 일어난 현실 변화와 깊은 연관이 있었다.

무질서한 사실의 더미에 의미를 부여할 뿐

랑케 이후 19세기 서구의 역사가들은 사실 정립이 첫 번째 과제라고 믿었다. 그러나 20세기 역사가들은 사실이 충분하게 확보되기만 하면 사실 그 자체가 말할 것이라는 앞 세기의 믿음을 환상일 뿐이라고 생각했다. 과학에 대한 굳건한 믿음에서 출발한 19세기 역사가들이 사실관계 속에서 '역사 속에 존재하는 의미the meaning in history'를 발견한다고 믿었던 데 반해, 베커를 위시한 20세기 역사가들은 무질서한 사실들의 더미에 의미를 부여하는 것일 뿐이라고 주장했다. "지금 말하는 것은 내가 아니오, 나를 통해 말하는 역사다"라는 퓌스텔Numa Denis Fustel de Coulanges 식의 발언을 용감하게 표명할 수 있는 역사가는 이제 찾아보기 어려워졌다.

베커는 퓌스텔의 자신감 넘치는 선언 후 채 반세기가 지나기 전에 역사가 역사가를 통해 스스로에 관해 말하는 것이 아니라, 역사가가 역사를 통해 자기 말을 하는 것일 뿐이라는 점을 사람들이 명확하게 알게 될 것이라고 전망했다. 이 불길한 예측은 적중했을까?

불행하게도 그렇다. 포스트모더니즘의 거센 바람이 불면서, 역사에 관해 질문하는 방식부터 아예 바뀌었다. 답변 내용도 크게 달라져버렸다. 포스트모더니즘을 지지하는 사람은 더이상 '역사란 무엇인가?'라고 묻지 않는다. 질문 자체가 잘못되었기 때문이란다. 그 대신 '누구를 위한 역사인가'라고 묻는 것이 옳다고 한다. 모든 역사가가 당파적이기 때문이란다. 국적, 종교, 인종, 젠더의 차이 때문에 역사가는 동일한 사안에 대해서도 서로 다르게 말할 수밖에 없다고 한다. 이렇게 믿는 사람들에게 '역사서술이 객관적일 수 있는가?' 하는 물음은 가치 없는 질문일 뿐이다.

'누구를 위한 역사인가?'는 명백하게 의심의 화두다. 의구심에서 비롯된 문제의식이 학문의 원동력인 것은 맞다. 이 질문은 직업적 역사가들의 관행이 여전히 타당한지 숙고하게 해준다는 점에서 의미가 있다. 서구중심의 역사서술에 대한 의심 없이는 서구중심주의에서 자유로운 역사를 쓸 수 없기 때문이다. 학문의 가속적 발전을 위해서는 권위의 파괴와 중심의 해체가 불가피하다.

그러나 세속의 역사가에게 '이 뭐꼬?' 같은 화두가 매 순간 필요한 것은 아니다. 화두는 깨달음을 얻고자 하는 단계의 선승에게 필요할 뿐이다. 파괴와 해체가 역사 이론가나 비평가의 작업이라면, 직업적 역사가의 할 일은 사실 수집과 가공을 통한 과거의 재구성이다. 파괴와 해체는 건설의 시작일 뿐이다.

객관성에 대한 회의와 불신을 일방적으로 강조하는 (극단적) 상대주의 이후에 우리에게 남게 되는 것은 무엇일까? 인간 삶의 다양성, 다면성, 다층성, 다성성에 대한 예민한 감각이 아마도 긍정적 유산일 것이다. 이 감각을 통해 길러진 다원주의적 시각은 우리로 하여금 다시 권력의 중심성과 중심부의 폭력성에 대해 예민한 감각을 벼릴 수 있게 해준다.

그러나 그 대가로 잃는 것은 없을까? 그렇게 해서 잃어버린 것 가운데 소중한 것이 섞여 있지는 않을까?

있다! 예를 들어 어떤 기록이 누군가를 편파적으로 옹호하고 누군가의 삶을 왜곡하는 경우를 생각해보자. 권력자를 위한 기록은 넘쳐나는데 반해, 약자의 기록은 찾아보기 힘들다. 이것을 기록의 비대칭성이라고 한다. 사료의 절대적 비대칭성이 문제가 될 때, 포스트모더니즘 입장에서 역사 비평가가 할 수 있는 일은 무엇일까? 한 시대의 권력이 엄청난 분량의 공식 기록을 생산해서 거대한 아카이브의 서가들을 가득 채운 반면에 도전적인 목소리가 담긴 기록들이 말살되었을 경우를 생각해보자. 이런 경우에 의혹 제기와 정당성 부인이 후대 역사가가 해야 할 일의 전부일까? 국공립 아카이브에 보존된 1차 사료와 시중에서 쉽게 구할 수 있는 2차 사료의 증거적 가치를 인정하지 않거나 박탈하는 것이 역사가가 할 수 있는 최선인가? 행간의 의미 읽기나 텍스트의 결을 거슬러 읽는 것만으로 이미 굴절된 과거를 바로 펼 수 있을까?

아니다! 문제 제기는 이미 왜곡되어 기록된 과거를 교정하는 데 필요한 출발점을 제공해줄 뿐이다. 그것이 바로 '반反Anti'의 가치다. Anti의 가치는 제한적이다. 누군가가 모든 기록은 진실이 아니라고 주장할 때, 과거에 관한 기록과 기억은 주장일 뿐이므로 증거로서 가치를 요구할 수 없다고 역설할 때, 아예 기록으로 남지 못한 과거의 목소리, 흐릿한 기억에 기초한 증언의 가치를 되살릴 수 있는 방법은 무엇인가?

일본군'위안부'의 경우를 생각해보자. 이 반인도적 성격의 국가범죄를 여실히 드러내 줄 수 있는 일본 측의 공문서는 거의 존재하지 않는다. 피해자 측의 사문서도 거의 없다. 남아있는 것은 몇몇 생존자들의 증언뿐이다. 과거에 관한 기록은 '진실 효과'만 표방할 뿐이며, 그 속에는 증거적 가치가 없다는 과격한 주장이 이 경우에 어떤 도움이 될 수 있을까? 기록된 기억인 문서의 증거적 성격을 부정하는 이 주장이 기록보다 모호한 기억에 의존한 증언에 대해 제기될 때, 그 논리적 결과는 무엇인가? 이것도 믿을 수 없지만, 저것도 믿기 어렵다는 식의 양비론 아닐까? 이렇게 제작된 양비론은 일본군 성노예 문제 자체에 대한 무관심이나 냉소로 이어지기 십상이다. 이런 경우라면, 포스트모더니즘에서 말하는 파괴는 누구를 위한 파괴며, 그들이 말하는 해체는 누구를 위한 해체가 될 것인가? 이쯤 되면, 객관성에 관한 상대주의적 주장들의 가치 그 자체도 상대화되어야 하는 것 아닐까? 직업적 역사가로서 베커가 우려했던 것도 이런 극단적 결과였다. 극단적 상대주의의 대가는 우리가 짐작할 수 있는 것보다 훨씬 더 크다. 그리고 그 피해는 약자들에게 집중되기 십상이다.

역사 문해력 수업

참고문헌

랑케, 레오폴트 폰, 이상신 옮김, 《강대세력들·정치대담·자서전》(신서원 2014).

랑케, 레오폴트 폰, 이상신 옮김, 《근세사의 여러 시기들에 관하여》(신서원 2011).

베버, 막스, 김덕영 옮김, 《문화과학 및 사회과학의 논리와 방법론》(길 2021).

베버, 막스, 박문재 옮김, 《프로테스탄트 윤리와 자본주의 정신》(현대지성 2018).

이상신, 《레오폴트 폰 랑케와 근대 역사학의 형성—역사연구방법론과 역사사상》(고려대학교출판문화원 2021)

조지형, 《랑케 & 카—역사의 진실을 찾아서》(김영사 2006)

최호근, 〈한국에서 랑케 역사학의 수용—일제 강점기에서 현재까지〉, 《한국사학사학보》, 44권(2021), 241~278쪽.

Becker, Carl, "Everyman His Own Historian", *The American Historical Review*, Vol. 37, No. 2(1932), pp.221~236.

Iggers, George G., "The Image of Ranke in American and German Historical Thought", *History and Theory*, Vol. 2, No. 1(1962), pp.17~40.

Iggers, George G. (ed.), Leopold Von Ranke and the Shaping of the Historical Discipline (Syracuse University Press 1990).

Novick, Peter, That Noble Dream: *The 'Objectivity Question' and the American Historical Profession* (Cambridge University Press 1988).

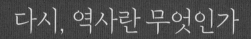

8

다시, 역사란 무엇인가

"역사란 무엇인가?"

이 물음에 답할 때, 우리는 영국 역사가 에드워드 핼릿 카의 책 《역사란 무엇인가*What is History*》에 너무 오랫동안 의존해왔다. 1960년대에 출판된 이 책에서 카는 "역사란 현재와 과거 사이의 끝없는 대화"라고 밝혀 독자들 사이에서 큰 파장을 불러일으켰다.

하지만 한때 시대의 첨단이었던 그의 역사 정의는 어느덧 상투적 어구가 되어버렸다. "누구를 위한 역사인가?"라는 도발적 질문이 대세가 된 이 시대에 단순히 역사서술의 객관성에 의문을 제기하는 답변은 너무 진부해 보인다. 포스트모더니즘과 주관주의가 지배하는 우리 시대에는 같은 질문에 대해서도 예전과는 다른 방식의 답변이 필요하지 않을까?

이 책에서는 "역사란 무엇인가?"라는 물음에 대해 카가 보여준 것과 같은 비유적 방식 대신에 좀 더 명시적인 방식으로 답을 찾아갈 것이다. 역사란 인간의 삶과 관련된 과거의 무수한 사건들 가운데 기억된 것, 그 가운데서도 반복적인 선별과정을 거치며 거듭 기록된 것을 뜻한다. 하지만 공식 기록의 여과과정을 통과했다고 해서 그 결과가 영원히 역사의 지위를 보장받지는 못한다. 역사서술은 끝없이 반복되는 과거 기억들의 패자부활전이기 때문이다.

27
역사란 기억된 과거

역사는 흔히 인간의 삶으로 점철된 과거에 관한 기록이라고 말한다. 인류 역사가 시작된 이래 지구에서 살다가 죽은 사람은 모두 몇 명이나 될까? 미국 연방 센서스국Population Reference Bureau의 최근 통계에 따르면, 그 수는 1,080억 명으로 추산된다. 여기에는 현존하는 인류 77억 명이 포함되었으니, 과거에 살았던 사람의 수만 따져보면 1,000억 명 남짓한 셈이다.

　이 가운데 우리가 기억하는 사람은 몇이나 될까? 개인에 따른 차이가 있겠지만, 그 차이도 통계학 수준에서 보면 무의미할 것이다. 그렇다. 인류의 어머니인 이 지구에서 벌어진 일 전체와 비교하면, 아무리 기억의 천재라고 해도 개인이 기억할 수 있는 분량은 극히 미미하다.

　사람들은 두 개의 방향으로 이 망각의 관성에서 벗어나고자 애써왔다. 첫 번째 방향이 기억 장치와 도구의 개발이다. 멀고 먼 옛날, 우리 조상들은 가족과 함께 생활하던 동굴 벽에 그림을 그렸고, 물가 큰 바위에 무언가를 새겼다. 알타미라 동굴벽화와 울주 암각화가 대표적이다. 우리 시대에 와서는 스마트폰이 대세다. 이것으로 강의를 녹음하고, PPT 가운데 중요 장면을 사진 찍는다. 망각의 물결을 거스르는 또 하나의 방식은 교육이다. 때로는 암기 위주의 반복 학습을 통해, 때로는 기억술의 전수를 통해 인류는 부족한 기억력을 향상하기 위해 힘써 왔다.

반복 교육의 힘은 유대인들의 《모세오경》 암기에서 빛을 발한다. 히브리어로 '토라Torah'로 불리는 《모세오경》은 〈창세기〉, 〈출애굽기〉, 〈레위기〉, 〈민수기〉, 〈신명기〉를 포함한다. 유대인들의 시원에서부터 젖과 꿀이 흐르는 가나안 땅에 진입하기까지 역정이 담긴 기록이다. 이 토라에는 글자 수대로 하면 30만 4,800개 이상이, 실제 발음에 필요한 모음까지 포함하면 60만 개 이상의 철자가 담겨 있다. 현대인의 눈으로 보면, 이 모든 내용을 암기하는 것은 불가능에 가깝다. 동아시아의 사정도 크게 다르지 않다. 한·중·일 지혜의 원천으로 불리는 사서삼경의 글자 수는 20만 개를 넘는다. 이 가운데 《논어》, 《맹자》, 《시경》만 해도 8만 8,509자란다. 이처럼 전통사회로 갈수록, 암기 행위와 암기 능력이 중요했다. 이 점에서는 문화권의 차이도 없다.

왜 그랬을까? 구전이 지배하는 전통사회에서는 기억이 곧 권력이었기 때문이다. 과거에 일어난 중요 현상들을 기억할 수 있는 자가 과거의 지혜에 힘입어 현재를 지배했다. 이 엄연한 현실을 조지 오웰은 《동물농장》에서 이렇게 갈파했다. "과거를 지배하는 자가 미래를 지배하고, 현재를 지배하는 자가 과거를 지배한다.”

이 지적은 우리 시대보다 고대 세계에 더 적합할지 모르겠다. 고대인들은 과거에 일어난 현상이 오늘과 내일에도 다시 일어난다고 믿었기 때문이다. 대부분의 경우, 실제로도 그랬다. 천체의 운동, 기후의 변화, 조류의 움직임 같은 반복적 현상을 관찰하고 그 패턴을 기억하는 자가 세상을 이끌어갈 수 있었기 때문이다. 그 시절에 권력은 지혜에서 왔고, 그 지혜는 과거에 대한 기억에서 왔다.

이러한 믿음이 고대 로마에서 ‘기억술ars memoriae’을 발전시켰다. 로마의 지성 키케로는 《수사학De Oratore》에서 특히 장소와 연결 짓는 기억의 방법을 정교하게 제시했다. 우리는 로마인들의 지혜를 ‘기억의 궁전mind palace’과 ‘기억의 방’이라는 이름으로 잘 알고 있다.

현자는 예전의 것을 많이 기억하는 자였다. 그리고 옛것을 많이 기억하는 것이 곧 권력이었다. 힘의 원천이 어디에 있는지 잘 알고 있던 권력자들은 수단과 방법을 가리지 않고 원치 않는 기억을 억압했다. 그리고 자기에게 유리한 기억만을 자기에게 유리한 방식으로 이야기했다.

이야기는 기억을 실어 나르는 마차였다. 수많은 이야기 가운데 무엇보다 중요한 것은 신화였다. 신화는 사실상 신(들)에 관한 이야기가 아니라, 그 신(들)과 원초적 신화를 만들어낸 사람들 간의 관계를 설명해주는 이야기였다. 창조 신화든 탄생 신화든, 천상과 지상, 절대자와 선택받은 사람들 간의 관계를 해명해주는 이야기일 뿐이었다. 시간이 흐르며 신화는 점차 정제되었고, 다른 신화들을 수렴하면서 더욱더 풍부해졌다. 그렇게 해서 신화는 과거와 현재만이 아니라, 현재와 과거를 이어주는 거대한 내러티브의 사슬이 되었다. 긴 세월에 걸쳐 분화와 통합, 가공과 재가공의 과정을 거치며, 신화는 수많은 문화의 플랫폼이 되었다. 수많은 인간의 이야기들이 거대한 우주정거장과 같은 이 기저 플랫폼에서 가지 치기하면서 생겨났다. 이렇게 신화는 각 문화권 속에서 사람들이 생각하고 느끼고 소통하며 창조하는 삶의 매트릭스matrix가 되어버린 것이다.

오랜 시간 동안 신화는 '우리는 누구인가?'라는 물음에 답할 때 중요한 단서를 제공해주는 원형 기억prototype memory으로 기능해왔다. '우리는 누구인가?' 집단 정체성에 관한 이 물음은 결국 '우리는 어디서 유래했나?'라는 기원의 문제와 맞닿아 있기 때문이다. 우리가 기억하는 것은 지겹도록 반복되는 것, 엄청나게 중요한 것, 잊지 못할 경험과 관계된 것이다. 신화는 반복된 이야기와 교육을 통해 우리 내면에 깊이 자리 잡았다. 이렇게 해서 신화는 집단 구성원들이 공유하는 상징적 문화자산이 되었다.

집단 구성원들이 공유한 강렬한 체험도 기억의 전승에서 핵심을 차지한다. 지진과 기근, 해일과 가뭄 같은 자연적 현상, 전염병과 집단 아사, 치열했던 전투와 승전의 영웅 이야기가 그런 경우다. 이런 경험들은 집단의 생존과 지속, 번영과 발전에 관한 기억의 서사 속에서 꾸준히 각색되었다. 기억의 서사들 사이에 경쟁과 흡수도 빈번하게 일어났다. 이 치열한 과정을 거치며 마침내 통합적인 집단기억collective memory의 내러티브가 발전되어온 것이다.

역사시대 이후에는 기억의 전승에서 기록과 교육의 의미가 더 커졌다. 권력은 기록의 독점과 교육의 통제를 통해 자기에게 유리한 과거 기억의 확산에 힘썼다. 갖은 방법을 동원해서 경쟁 기억을 배제하고 끝내 소멸시키고자 했다. 도전적인 기억이나 경쟁 기억을 축출하는 가장 직접적인 방법은 사건 자체를 생생하게 목격한 사람과 그 기억을 전수하는 사람을 없애버리는 것이었다. 이 과정에서 그들이 생산하거나 보존하고 있던 기록들까지 말살했다. 기억의 그릇들이 파괴되고 나면, 권력이 원치 않는 과거는 아예 존재하지 않았던 것이 되기 때문이다.

옛사람과 이어주는 기억의 사슬

이런 이유에서 권력이 위험하게 여긴 기억은 통제와 억압이 가중될수록 구석으로 숨어들지 않을 수 없었다. 그리하여 사적인 세계에서 비문자적 매체들을 통해 은밀하게 세대에서 세대로 전승되었다. 비밀스러운 의례와 모호한 상징, 다의적인 조형적 표현을 통해 과거의 기억이 전승되는 사례는 무궁무진하다. 댄 브라운의 원작을 바탕으로 한 영화 〈다빈치 코드〉(2006)가 세계적으로 선풍적인 인기를 끌었던 것도 이런 배경 때문이었다. 프리메이슨Freemason이나 일루미나티Illuminati를 소재로 한 영화는 이외에도 수없이 많다.

과거와 현재를 이어주는 것은 기억의 사슬이다. 이 일방향의 사슬이 옛사람들과 우리를 이어준다. 자세히 보면, 이 사슬은 일방향이 아니다. 얼핏 보면 후대인이 조상의 행적을 기억하는 것 같지만, 사실은 적지 않은 사람들이 후손의 기억과 평가를 염두에 두고 언행을 삼가기 때문이다. 적어도 역사의식이 있는 사람들은 후손에게 기억될 자기 모습을 그려가면서 온갖 유혹을 견디며, 두려움을 극복하고, 심기일전하여 자기의지를 펼쳐나간다.

기억된 과거는 현재가 되지만, 기억되지 못한 과거는 현재 속에서 임시 비자도 얻기 어렵다. 그럼에도 과거의 편린들 중에는 의례를 통해, 춤을 통해, 노래를 통해, 민담을 통해, 민화를 통해 흐릿하게 전승되는 것들이 있다. 문제는 비문자 매체 특유의 모호성을 어떻게 극복하고, 과거의 다의적 이미지를 당시의 콘텍스트 속에서 어떻게 해독할 수 있는지에 있다. 그렇게 밝혀진 의미를 적절하게 재현하는 일은 또 하나의 과제다.

이렇게 기억의 '연옥'에 머물러 있던 과거를 이해하는 데는 엄청난 노력이 필요하다. 과학자들이 사용하는 인과성의 잣대만 가지고는 이렇게 억압된 과거를 포착하기 어렵다. 역사가들이 요구하는 엄격한 증거 요건 충족에 급급하면, 억압되거나 은폐되거나 추방된 과거를 되살리지 못하는 경우가 허다하다.

이런 이유에서 역사가에게는 특단의 감각이 필요하다. 기록과 교육을 통해 지나치게 증강된 과거 기억을 그대로 수용하는 것이 부당한 경우도 있다. 경험과학의 형식과 절차 요건에 비추어 핸디캡을 안고 있는 과거 기억을 배제하는 것이 합당치 않은 상황도 있다. 이 두 기억 간의 경쟁을 경기장 바깥의 관객처럼 그냥 지켜보는 일이 언제나 정당한 것은 아니다. 어떤 때는 기계적이고 산술적인 균형 감각이 과거를 온전하게 재현하는 데 심각한 장애를 유발할 수도 있다. 지나치게 증폭된 특정 기억의 톤을 낮추고 소멸 직전의 기억을 조심스럽게 배양하는 작업이 때로는 과거의 사건들을 재현하는 과정에서 필수적이다. 약육강식이나 적자생존, 자연도태의 진화론적 믿음에 반하여 우리가 멸종위기에 빠진 동식물 개체를 정성껏 보살피는 것도 비슷한 이유에서다. 합리적 의구심을 가지고 이미 기억된 과거를 재삼 살펴보는 것은 역사가의 책무다. 과거에 발행된 인증서가 그 기억의 진실성을 보장하지는 않으니까 말이다. 공인 인증서에도 엄연히 유효 기간이 있지 않은가?

28

역사란 기록된 기억

기억에는 상충하는 두 개의 속성이 있다. 체험이나 목격에서 비롯된 기억은 생생하고 역동적이다. 이 점에서 기억은 역사가에게 소중한 자산이다. 동시에 기억은 바로 그 때문에 주관적이다. 이 점에서 기억은 역사가에게 부담이다. 직업적 역사가들이 기억을 의심하는 이유는 파편성과 부정형성 때문이다. 이로 인해 사람의 기억은 시간이 지날수록 착색되거나 변형되기 쉽다. 그러나 이것이 문제의 전부는 아니다. 더 큰 문제는 기억이 언제나 소멸 위험에 노출되어 있다는 점이다. 체험의 당사자나 목격자가 사라지면, 기억도 증발한다. 증인이 죽기 전에, 체험 세대가 생물학적으로 소멸하기 전에 자기 기억을 글이나 녹음이나 영상으로 남기는 기록화 작업을 추진하는 것도 바로 이 때문이다.

선사시대에서 역사시대로 넘어온 후, 인류는 본격적인 기억의 채록 작업에 돌입했다. 고대 국가의 성립과 더불어 동서양의 국가들이 '국사'를 편찬한 것도 간직할 가치가 높은 기억의 소실을 막기 위해서였다. 우리가 이름을 들어본 고구려의 《유기》, 백제의 《서기》, 신라의 《국사》도 마찬가지다. 헤겔이 《역사철학 강의》에서 역사 기록을 갖지 못한 나라를 국가로 인정하지 않은 이유도 바로 여기에 있다.

기록화 작업은 온갖 형태의 자료 수집과 함께 진행되었다. 여기에는 여러 가지 의도가 작용했다. 권력의 정통성을 확고하게 만들거나, 통치 방법과 수단을 전승하거나, 세수와 군역 자원을 철저하게 관리하거나, 지역상황을 속속들이 파악하겠다는 것이 일차적인 이유였다. 2년이 넘게 걸린 사마천의 중국 남부 여행과 방대한 분량의 《사기》 집필도 그 이유에서였다.

과거 사건의 망각과 기억의 유실 방지는 동서양 역사가들 모두가 내세운 역사서술의 첫 번째 명분이었다. 서양 역사학의 아버지로 불리는 고대 그리스의 역사가 헤로도토스는 흔히 《페르시아 전쟁사》로 불리는 그의 책 《역사 Ιστορίαι》의 집필 목적을 이렇게 밝혔다. "내가 이 탐사 보고서를 쓰는 목적은 인간들의 행적들이 시간이 지나면서 망각되고, 그리스인들과 비그리스인들의 위대하고도 놀라운 업적들이 사라지는 것을 막는 데 있다." 헤로도토스에게 역사책은 곧 망각의 강으로 흘러가는 인간 기억의 물방울들을 움켜쥐기 위한 필사의 노력이었다.

근대 국가에 오면서 기록의 역사화 프로젝트는 아카이브 설립으로 이어졌다. 국공립 박물관의 탄생이 국민국가의 위용을 과시하기 위해서였던 것과 마찬가지로, 아카이브도 경쟁 국가들보다 더 높은 위상을 입증하는 데 필요한 값비싼 자격증처럼 받아들여졌다. 독일을 통일한 프로이센도 변방국가의 처지에서 탈피하기 위해 《프로이센 사료 집성 *Acta Borussica*》을 편찬하고, 자국 역사를 중심으로 유럽 각 지역의 자료를 한자리에서 볼 수 있도록 수집하기 위해 힘썼다. 이러한 아카이브 설립은 근대 역사학의 발전을 촉진했다. 왜냐하면 경험과학을 표방하던 19세기 역사가들은 아카이브에 소장된 원原자료들을 자연과학자들이 말하는 경험적 데이터로 받아들였기 때문이다. 이 점에서 기록학의 발전은 곧 역사학의 발전이었다.

근대 서구 역사학의 아버지로 불리는 랑케는 누구보다 원자료의 중요성을 잘 알고 있었다. 베를린대학으로 초빙받기 전, 청년 시절의 랑케는 과거의 직접적 증거물을 확보하기 위해 오스트리아의 빈과 이탈리아의 베네치아, 로마에 있는 아카이브들을 방문할 계획을 세웠다. 오늘날과 달리 19세기 초반의 아카이브는 항상 개방되어 있지 않았다. 열람 시간이 매우 제한되었고, 원하는 자료를 발견하면 필사해야 했다. 복사기나 스캐너나 핸드폰이 없던 그 시절에는 보고 베끼는 것 외에 아무 방법이 없었다. 시간이 부족한 경우에는 여러 명의 필경사를 고용해야 했다. 2년 이상의 아카이브 조사를 계획한 청년 랑케에게는 그럴 돈이 없었다. 그래서 그는 고대 로마사 분야의 거목이었던 니부어Barthold Georg Niebuhr에게 연구비 지원에 필요한 추천서를 부탁했다.

랑케의 첫 작품 《1494년부터 1514년까지 라틴과 게르만 민족들의 역사》(1824)에 강한 인상을 받았던 니부어는 아무 학연도 없는 이 젊은 이를 위해 기꺼이 추천서를 써주었다. 그 덕분에 랑케는 유럽의 여러 아카이브에서 곰팡이 냄새를 맡아가며 원자료를 마음껏 섭렵할 수 있었다. 이렇게 확보한 공문서를 바탕으로 랑케는 《최근 4세기의 로마 교황들》을 비롯한 그의 기념비적 작품들을 연이어 집필했다.

후대의 학자들은 한결같이 랑케의 문장이 조용하면서도 묵직한 힘이 있다고 평가한다. 랑케 자신도 자기 서술에 대한 확신을 감추지 않았다. 저작 곳곳에서 그는 "나는 보았다", "직접 읽었다"는 표현을 사용하며, 자신의 해석이 경험적 관찰에 입각해 있음을 강조했다. 아카이브에서 오랫동안 작업한 역사가들은 랑케와 같은 생각을 종종 밝힌다. 기록의 더미 속에서 과거의 목소리를 직접 듣는 것보다 흥분되는 일은 없다고 말이다.

기록은 엄청난 수고와 비용을 수반하는 작업이다. 기록을 생산하는 일, 생산된 문서들을 수집하는 일, 그것을 체계적으로 관리하는 일, 항온항습 시설에 보존하며 때로는 손상된 부분을 복원하는 일은 공적 자원의 투입 없이는 불가능하다. 그러므로 기억의 기록화, 과거의 역사화 작업 중심에 국가가 있는 것은 전혀 이상한 일이 아니다.

아카이브 사용자인 역사가는 물론 그에 대한 대가를 치러야 했다. 가장 큰 문제는 아카이브에 소장된 공문서가 국가의 목소리를 일방적으로 발신하기 쉽다는 점이다. 통치자의 입장, 지배의 관점, 중앙의 시각, 남성의 기호가 강하게 담겨있는 이 아카이브 자료들을 어떻게 해석할 것인가는 비판적 역사가들에게 항상 중요한 사안이었다. 정치, 외교, 군사 분야에 자료가 거의 한정된 것도 국공립 아카이브의 고질적 문제였다.

이런 편향은 18세기 후반 계몽시대에 각종 신문과 팸플릿이 출현하면서 약간의 견제를 받게 되었다. 국가의 입장에 도전하거나 비판적인 사람들의 문필활동에 힘입어, 역사가들은 국가가 생산해내는 단일 음조의 영향권에서 벗어나기 위해 노력했다. 그러나 전체적으로 보면, 19세기에도 신문과 책의 값이 비쌌기 때문에, 비판적 지식인들의 성과는 여전히 제한적일 수밖에 없었다. 이외에도 역사가들은 다양한 방식으로 과거의 다양한 목소리를 되살려내고자 한다. 공문서의 행간에 담긴 의미를 더듬고, 기록의 여백에서 다양한 의미를 찾아내기 위해 노력한다. 더 나아가 역사가들은 문서에 담긴 내러티브를 거슬러 해석하는 방식으로 과거의 목소리를 복원하기 위해 애써왔다.

사료 없이 역사 없다

기록된 기억을 역사가들은 사료라고 부른다. 랑케 이후에는 이 사료의 형태와 내용을 적절하게 이해하는 능력이 직업적 역사가들에게 필수적이었다. 그리하여 대학원 과정을 통해 훈련받은 전문적 역사가들은 오늘날에도 사료비판 훈련을 체계적으로 받지 못한 역사가들을 아마추어 역사가로 폄하한다. 경험과학의 한 분야로서 역사학은 철저한 인용에 기초해야 하는데, 그 끝에 바로 원자료를 의미하는 일차 사료들이 있기 때문이다. 원자료에 근거하여 비판의 절차와 해석의 방법을 체득한 직업적 역사가들이 등장하고 이들의 활동 무대인 전문 학술지들이 연이어 출간되면서, 아마추어 역사가들은 점차 예전의 영향력을 잃기 시작했다. 이 과정에서 문학의 일종으로 간주되었던 역사서술이 역사학의 영역에 자기 자리를 잡았다.

"사료 없이 역사 없다!"

프랑스의 역사가 랑글루아Charles-Victor Langlois와 세뇨보Charles Seignobos가 남긴 경구다. 역사서술의 전문화 과정을 이처럼 단순명료하게 표현해주는 말도 없다. 하고 싶은 말이 아무리 많아도 사료가 뒷받침되지 않으면, 역사가들은 침묵할 수밖에 없다. 사료는 과거와 현재 사이의 심연을 이어주는 징검다리와 같다. 돌과 돌 사이의 간격이 너무 넓어 한 발로 뛰어 건너기 어려운 경우라면, 역사가는 온전한 논문의 형태로 글을 쓰지 못한다. '사론史論'이라는 이름의 역사 에세이를 쓸 수 있을 뿐이다. 원자료를 증거로서 명기하는 각주나 후주가 없다면, 어떤 학술지도 그 글을 게재해주지 않기 때문이다. 이 모든 것이 랑케를 통해 확립된 근대 역사학의 전통이자 계율이다. 19세기 말에 랑케의 제자로 불리는 청년 리스Ludwig Riess(1861~1928)를 통해 도쿄제국대학에 전해진 이 철칙이 지금까지 우리나라를 포함한 동아시아 역사학계를 지배하고 있다.

그러나 여기에는 우리가 지나치지 말아야 할 문제점도 있다. 국공립 아카이브의 사료들이 말해주지 않는 과거는 어떻게 할 것인가? 문서로 기록되지 않은 기억들은 또 어떻게 할 것인가? 이 물음에 답하기 위해 역사가들은 여러 방면에서 노력을 기울여왔다. 무엇보다 비판적인 관점에서 공문서들을 (재)조명할 것을 강조했다. 이 과정을 통해 왜곡된 사실, 착색된 사실을 일부 수정할 수 있기 때문이다.

그러나 공문서가 아예 거론도 하지 않는 과거에 대해서는 또 다른 방식의 접근이 필요하다. 이 경우에는 사료의 범위를 공문서에서 사문서까지 넓히고, 문서에 한정되었던 사료의 범주를 비문자 텍스트까지로 확장하는 작업이 필요하다. 다양한 유물과 유적, 복식과 생활용품, 건축과 회화, 구전 민요와 민담, 의례와 춤이 여기에 해당한다. 이 속에 녹아있는 이질적인 기억들을 해독하는 방식은 기록된 기억을 읽어가는 방식과 상당히 다르다. 서로 다른 독법을 통해 건져진 정보에 관해서는 상호 대조를 통해 비판적 가공 작업을 이어가야 한다. 다양한 미디어의 특성을 이해하지 못한다면, 이 작업은 기대했던 결과를 산출하기 어렵다. 직업적 역사가가 문헌의 한계를 넘어 다양한 미디어의 세계를 부지런하게 공부해야 하는 이유도 여기에 있다.

29
역사란 지우고 다시 쓰는 기억의 양피지

독일의 철학자 헤겔은 두 가지 종류의 역사에 관해 말했다. 첫 번째 인 'res gestae'가 '과거에 발생한 사건'을 뜻한다면, 두 번째인 'historia rerum gestarum'은 '과거에 발생한 사건들에 대한 기록'을 의미한다. 사람들은 앞의 것을 객관적 역사, 뒤의 것을 주관적 역사라고 바꿔 부르기도 한다.

'과거에 발생한 사건이나 과거에 지속된 상태'라는 의미의 역사와 그 사건 및 상태에 관한 기록으로서 역사 사이에는 언제나 간격이 있다. 기록으로서 역사는 '역사서술'로 이해하면 되겠다. 건실한 역사기록은 과거를 충실하게 반영한다. 편집과 축약 과정에서 어떤 것은 주변으로 밀려나고 어떤 것은 배제될 수 있겠지만, 중요한 내용만큼은 온전하게 담아야 한다는 것이 우리의 기대다. 자질 부족이나 부주의 때문에

역사 문해력 수업

허위사실이나 부정확한 정보에 의존하는 경우가 아니라면, 과거에 관한 기록으로서 사료나 그 사료를 기초로 작성된 역사서술은 어느 정도 과거의 진실을 반영하게 마련이다. 때로는 수천수만 쪽에 달하는 3·1운동에 관한 기사들이 이렇게 단 한 줄의 문장으로 요약되기도 한다.

> 삼일운동은 고종 인산일에 민족대표 33인의 독립선언으로 시작된 비폭력 불복종 저항운동이었으며, 이 일로 인해 수많은 동포들이 고초를 당했고, 이를 계기로 대한민국 임시정부가 수립되어 대한민국의 기틀을 이루었다.

똑같은 내용, 비슷한 패턴이 반복되면 그럴 수밖에 없다. 이 과정에서 어떤 구체적 내용이 누락될 수 있지만, 용인할 수 있는 범위를 넘어서지 않는다.

문제는 입장과 관점과 시각과 의도다. 모든 역사서술은 중심 배치, 주변화, 배제라는 서술의 일반 규칙 속에서 이루어진다. 이 규칙에 선행하는 것이 인식과 조망을 결정하는 틀이다. 기자들은 이것을 프레임frame이라고 부른다. 프레임이 만들어지는 과정, 사건과 사실관계를 서술하는 틀을 만들어가는 과정이 바로 프레이밍framing이다.

과거의 특정 국면을 바라보는 관찰자의 위상을 결정하는 것이 입장이다. 어떤 것을 관찰하고 파악하여 서술할 때 그 주체가 되는 사람이 어디에 서 있는가는 결정적인 문제다. 입장은 비단 물리적 장소적 위치만 포함하지 않는다. 사료를 작성한 사람이 지배자의 입장에 서 있었는가, 아니면 기층민중의 입장에 서있었는가를 확인하는 일도 중요하다.

입장, 곧 두 발로 딛고 선 자리에 따라 관점이 정해진다. 지배 엘리트의 입장에 선 사람은 관찰 대상을 높은 곳에 서서 '아래를 향해from above' 조망한다. 반대로 민중의 입장에 서는 사람은 같은 대상을 '아래에서부터from below' 바라본다. 앞의 경우는 산꼭대기에 서서 사방을 조망할 수 있지만, 삶에 밀착된 생생한 묘사를 하기 어렵다. 뒤의 경우는 생생하고 구체적이지만, 시야가 제한적일 수 있다.

입장은 사용하는 언어에도 영향을 준다. 1894년 전라도 고부에서 시작된 농민들의 움직임이 당시 조정의 입장에서는 용납할 수 없는 '반란'이었지만, 당사자들 입장에서는 생존을 위한 '봉기'였을 뿐이다. 입장은 시각과 더불어 판단까지도 결정한다. 조선왕조는 이 농민 봉기를 국가의 근간을 위협하는 모반 행위로 보고, 신속한 진압을 위해 일본 군대까지 받아들였다. 그에 반해 농민군과 수뇌부는 대동大同세상의 실현을 꿈꾸며, 남접과 북접 연합을 통해 결성된 농민군의 대대적 북상을 결정했다.

동학농민군의 봉기가 연이은 패배로 끝난 후, 철저한 처벌이 뒤따랐다. 가혹한 응징이 끝난 후 사건들의 자초지종에 관해서는 왕조의 관점에서 기록한 공문서만 남았다. 다른 관점에서 작성된 기록은 아예 찾아볼 수 없게 되었다. 그 결과 오늘날 우리에게는 100여 년 전 농민군의 관점에서, 그들의 손으로 작성된 기록이 남아있지 못한 상태다.

이러한 결정적 핸디캡에도 불구하고, 1980년대에 몇몇 소장 역사가들은 이 사건에 대한 다시 쓰기를 시도했다. 그들은 먼저 이 사건에 '동학농민전쟁'이라는 이름을 부여했다. 1400년대 초반 독일 남부에서 발생한 농민들의 봉기에 마르크스와 엥겔스가 붙인 '농민전쟁

Bauernkrieg'이라는 명칭을 차용한 것이다. 농민들의 자연발생적 움직임을 계급투쟁으로 규정한 것은 '역사적 유물론'이라는 마르크스·엥겔스의 관점이었다. 1980년대 우리나라 역사학계에서는 사회주의적 지향을 가진 학자들 사이에서 바로 이 유물론적 역사관의 영향이 크게 작용했다.

시간이 다시 흘러 이제 한 세대가 지났다. 그 사이에 이 사건에 대한 명칭이 한 번 더 바뀌었다. 다수의 학자가 이제 '동학농민혁명'이라는 용어를 사용한다. 2004년에 특별법에 의해 설립된 '동학농민혁명 참여자 명예회복 심의위원회'에서 볼 수 있는 것처럼, 정부도 이 용어를 공인했다. 이 모든 과정에는 급격한 현실의 변화가 크게 작용했다. 무엇보다 1989~1990년 동유럽 현실 사회주의의 붕괴 이후 한국 사회에서 사회주의 혁명에 대한 열정이 싸늘하게 식어버렸다. 새로운 연구의 축적도 영향을 주었다. 연구가 거듭될수록 '농민전쟁'이라는 칭명은 실제의 모습을 담기에 너무 과하다는 공감대가 형성되었다. 이제는 변혁에 대한 우리 사회의 열망이 잦아들면서 이 사건에 대한 학계의 관심도 크게 줄어든 것처럼 보인다.

현재와 과거 사이의 끝없는 대화

역사가가 처한 현실과 역사서술의 상관관계를 설명하는 데 영국의 역사가 카E. H. Carr가 두 세대 전에 남긴 문장처럼 요긴한 것도 없다. 《역사란 무엇인가》에서 그는 역사적 사실에 관해 이야기하면서, 역사란

"현재와 과거 사이의 끝없는 대화an unending dialogue between the present and the past"라고 강조했다. 과거보다 현재라는 말이 앞서 나오는 점이 중요하다. 변화된 현실이 새로운 연구 관심을 자극하고, 새로운 관점에서 과거 사건에 관해 다시 쓰도록 재촉한다는 것이다.

하지만 이 자극의 역할은 문제를 제기하는 단계에서 중요하게 나타날 뿐, 역사가의 연구와 서술과정 전체를 지배하지는 못한다. 본격적인 재탐색 과정에서 새로운 사료가 발굴되고, 신구 사료 간의 상호 대조 속에서 역사가 다시 쓰이기 때문이다. 이 과정에서 과거의 텍스트들을 그 시대의 콘텍스트에 비추어 재해석하는 작업도 진행된다.

직업적 역사가는 관점의 지배만 받지 않는다. 역사가의 작업 결과는 입장을 달리하는 학자들의 공동체 속에서 평가받아야 한다. 이 과정에서 사료를 적절하게 인용했는지, 사료와 주장 사이에 너무 큰 간격은 없는지, 확인된 사실과 해석 사이에 불일치는 없는지를 검토해야 한다. 이 작업을 담당하는 것이 동료 평가peer review다. 이 지루한 과정 속에서 과거는 수동적 입장에 머무르지 않는다. 과거는 단순히 현재의 관심을 그 위에 그려가는 도화지나 흰색 프레스코 벽면이 아니다. 과거에 관한 기록이, 그리고 그 속에 녹아 있는 과거 현실이 후대 역사가의 서술에 긴장을 불어넣기 때문이다. 바로 이 점에서 역사란 현재의 독백이 아니라, 현재와 과거 사이의 상호 대화가 된다. 이 대화에는 끝이 없다.

이제까지 역사서술에서 역사가의 입장이 얼마나 중요한지에 초점을 두어 강조했다. 한 사람의 학자와 그가 서 있는 입장 간의 상관관계를 설명해주는 개념 가운데 '입장 구속성Standortgebundenheit'이라는 것이 있다. 학자들을 포함해 모든 사람의 생각과 주장은 정치-사회적 입장

역사 문해력 수업

에 좌우된다는 지적이다. 중요한 말이지만, 입장의 역할만 지나치게 강조하는 것도 위험한 태도다. 왜냐하면 학자들에게는 준수해야 할 학문적 규칙이 있고, 그 규칙의 준수 여부를 지켜보는 학문 공동체와 자신의 서술을 평가할 후세대 학자들에 대한 의식이 있기 때문이다.

또한 학자들에게는 입장 구속성에 배치되는 또 다른 힘이 작용한다. '의식의 부동성浮動性'이 바로 그것이다. 오스트리아-헝가리 출신의 사회학자 칼 만하임Karl Mannheim이 제시한 개념이다. 기업가의 가정에서 태어났다고 해서 모든 학자가 자본가의 편을 들지는 않듯이, 노동자의 가정에서 성장했다고 해서 모든 학자가 민중을 위한 학문을 하지는 않는다. 때로는 출신 환경이나 성장 배경보다 인도적 감정이 더 중요하게 작용할 수도 있다. 마르크스나 레닌은 모두 중산층 출신의 법학도였지만 사유재산제도의 철폐를 주장하며 공산주의 사회 건설에 헌신했다. 반대로 빈농의 집안에서 태어났으면서 그 누구보다 신자유주의 경제질서를 옹호하는 사람도 있다.

과거의 어느 한 시대, 어떤 인물이나 당파에 대한 평가는 세상의 변화에 따라 달라진다. 가장 중요한 것은 경제와 사회 구조, 그리고 그 변동이 초래하는 정치의 변화다. 예를 들면, 19세기 후반 대중mass의 등장과 더불어 세상의 현실이 크게 바뀌었고, 그에 따라 역사서술에도 엄청난 변화가 일어났다. 지배 대상으로 간주되었던 이들이 어렵게 쟁취한 보통선거권에 힘입어 정치에 참여하면서, 과거의 사료 속에서는 통치 받는 사람에 불과했던 사람들이 역사의 주요 행위자로 재평가되기 시작했다. 고대 로마에서 검투사의 반란을 이끌었던 스파르타쿠스가 노예제 사회의 모순을 폭로한 인물로 재조명을 받았고, 중세 농노들의 봉기가 근대의 서막을 여는 전령사로 재해석되었다.

정치 현실의 변화만 역사의 재해석을 가져오는 것은 아니다. 학문의 세계 안에 있는 논리의 변화도 역사 다시 쓰기에 영향을 준다. 독일의 사회학자 베버는 한 세기 전에, 학문의 변화를 거대한 진자운동에 비유했다. 그에 따르면, 경제사를 포함한 모든 인문사회 연구는 주관주의적 입장과 객관주의적 입장 사이를 오가는 거대한 진자운동 속에서 발전해왔다. 이 말을 역사학에 적용하면, 역사적 진실의 객관적 규명에 힘쓰는 시대가 있고, 모든 사람이 수용할 수 있는 진실은 없다는 전제에서 출발하여 다원적 접근을 강조하는 시대가 있다. 한 시대를 지배했던 논리가 극한에 도달하면, 바로 그 지점에서 새로운 학문적 입장과 논리의 도전이 시작된다는 것이다.

여러 가지 이유에서 역사는 거듭 다시 써야 한다. 심지어 새로운 사료의 발굴이 없는 경우에도, 역사는 새로 기록되기를 거듭했다. 프랑스 대혁명 연구에서, 냉전 연구에서 '정통주의' 해석은 한 세대가 지나기 전에 '수정주의' 해석으로 교체되었다. 수정주의는 다시 '신정통주의'의 도전을 받았고, 그것이 채 정점에 도달하기도 전에 또다시 '신수정주의' 서술의 도전을 받았다. 이것이 바로 학문의 발전과정이다. 이 점에 주목하여, 베버는 날로 젊어져야 하는 것이 학문의 숙명이라고 강조했다.

학문의 한 분과인 역사학도 재조명과 재해석과 다시 쓰기를 거듭하면서 발전해왔다. 이러한 과정은 양피지 위에 적었던 글씨들을 지우고 그 위에 다시 쓰는 것과 흡사하다. 이 재록再錄re—writing 작업은 어떤 때는 부분적인 수정으로 끝나지만, 어떤 때는 대대적인 첨삭을 요구한다.

어떤 때는 여백에 추기하는 것으로 족하지만, 어떤 때는 예전의 기록들 위에 새로운 색의 잉크로 아예 덧씌우는 경우도 있다. 그 모습을 역사 학계 바깥에서 누군가가 지켜본다면, 역사가 끝없이 다시 쓰여야 하는 운명에 사로잡혀 있다고 말할 것이다. 이 점에서 서술로서의 역사는 이 미 쓴 것 위에 다시 써야만 하는 재록 양피지palimpsest와 비슷한 처지에 있다.

오랫동안 인용문 속에서 단편적으로만 전승되어오던 키케로의 작품 《국가론De republica》의 전모를 찾아낸 사람이 있다. 그가 바로 재록 양피 지 연구의 창시자인 안젤로 마이Angelo Mai다. 이 모두가 종이 가격이 엄청나게 비쌌던 옛 시절의 이야기다. 바티칸 도서관에서 발견한 재록 양피지를 자르고 붙이기를 거듭했던 마이의 수고가 아니었다면, 우리 는 여전히 인용문을 통해서만 키케로에 관해 알고 있을 것이다.

이 점에서 보면 역사학의 역사를 공부하는 사람들에게 더 중요한 인 물은 고대 로마의 위대한 정치가이자 사상가인 키케로가 아니라 묵묵 히 고된 연구에 매진했던 문헌학자이자 추기경이었던 마이인지도 모르 겠다.

참고문헌

권내현, 《노비에서 양반으로, 그 머나먼 여정―어느 노비 가계 2백년의 기록》(역사비평사 2014).

김기봉, 《'역사란 무엇인가'를 넘어서》(푸른역사 2000).

김기봉, 《히스토리아, 쿠오바디스―탈근대, 역사학은 어디로 가는가》(서해문집 2016).

문화사학회 엮음, 《기억은 역사를 어떻게 재현하는가》(한울 2019).

윤택림 엮음, 《구술사, 기억으로 쓰는 역사》(아르케 2010).

스즈키, 모리스, 김경원 옮김, 《우리 안의 과거―과거는 미디어를 통해 어떻게 기억되고 역사화되는가?》(휴머니스트 2006).

이상신, 《역사학개론―역사와 역사학》(신서원 2005).

이승일, 《기록의 역사―한국의 국가기록관리와 아카이브즈》(혜안 2011).

에번스, 리처드, 이영석 옮김, 《역사학을 위한 변론》(소나무 1999).

젠킨스, 키스, 최용찬 옮김, 《누구를 위한 역사인가》(혜안 1999).

카, 에드워드. H, 김택현 옮김, 《역사란 무엇인가》(까치 2007).

코젤렉, 라인하르트 엮음, 최호근 옮김, 《역사》(푸른역사 2021).

헌트, 린, 박홍경 옮김, 《무엇이 역사인가》(프롬북스 2019).

헤로도토스, 천병희 옮김, 《역사》(숲 2009).

사마천, 소준섭 옮김, 《사기》(현대지성 2016).

코젤렉의
개념사 사전 16

역사

**Geschi-
chte,
Historie**

Geschichtliche Grundbegriffe

찾아보기

역사 문해력 수업

누구나 역사를 말하는 시대에
과거와 마주하는 법

2023년 6월 16일 초판 1쇄 발행
2025년 1월 3일 초판 6쇄 발행

글쓴이	최호근
펴낸이	박혜숙
디자인	이보용 김진
펴낸곳	도서출판 푸른역사

　　우) 03044 서울시 종로구 자하문로8길 13

　　전화: 02)720-8921(편집부) 02)720-8920(영업부)

　　팩스: 02)720-9887

　　전자우편: 2013history@naver.com

　　등록: 1997년 2월 14일 제13-483호

ⓒ 최호근, 2025

ISBN 979-11-5612-251-7 03900